우리, 헤어지은 날까지

실명 위기의 한 여류작가와
신부가 주고받은 삶과 절망과 영혼의 대화

우리, 헤어지는 날까지

소노 아야코 · 시리에다 마사유키 / 지음   이송희 / 옮김

제삼기획

시력 잃은 눈… 수술을 결정하고

시리에다 신부님을 처음 만나 뵌 것은 1972년 로마에서였다. 엄밀하게 말하자면 그 전에 도꾜의 로마 교황청 대사관에서 만나 뵈었지만, 나는 그 당시 이미, 한 번 만나 뵌 분의 얼굴 모습을 확실히 가슴에 새겨 두어야 할 만큼 시력을 잃고 있었다.

그 무렵 나는, 교또에서 '마음의 등불 운동'이라는 가톨릭 매스컴을 운영하시는 하야트 신부님 및 남편과 함께 몇 번인가 바티칸을 방문할 기회를 가졌었는데, 그곳 특명 전권 대사공관에 초대받게 됨으로써 시리에다 신부님을 깊이 알게 되었던 것이다.

지금도 생생하게 기억하고 있거니와, 그날 우리는 점심 대접을 받은 후 해질녘까지도 그 곳에서 물러나오지 못했다. 적당한 시간에 물러나는 것이 예의임을 우리 모두 너무나 잘 알고 있었으나, 그런 상식을 잊어 버릴 만큼 갖가지 영혼의 문제에 대한 대화에 열중해 있어 시간의 흐름조차 인식하지 못했던 것이었다.

그날 이후 시리에다 신부님은 나의 스승 가운데 한 분이 되셨다. 나는 내 스승님들을 '사단(師團)'이라고 부른다. 군대의 사단과는 다르지만, 아마도 나의 사단이 훨씬 더 강력할 것이다.

시리에다 신부님은 가톨릭뿐만 아니라 불교나 이슬람교에 대해서도 깊은 지식을 갖고 계신다. 그뿐만이 아니다. 신부님은 사물과의 관계를 명확하게 만들어 주시는 분이다. 그것은 캄캄한 어둠 속에서 등불을 비추어 받는 감각과도 비슷했다. 더우기 그 등불은 신앙의 등불이었다. 따라서 무리가 없고 자연스러웠다. 신부님을 만나 뵙고 있는 동안에 내 마음 속에 새겨진 것들로부터 내가 얼마나 많은 창작욕을 불러 일으켰던가를 생각해 보면, 창작의 에너지는 인간과의 관계가 발전되어 가는 과정에 있다는 말도 틀림없는 말인 듯하다.

점차로 나는 그 등불을 나 혼자서만 독차지해서는 안 된다고 생각하게 되었다. 사실은 신부님께 부탁드려 글을 쓰시게 하고 싶었으나, 신부님은 매스컴에 대해 겸손을 넘어서서 약간 겁을 집어먹을 정도의 자세를 가진 분이셨다.

그렇다면 할 수 없다, 먼저 내가 신변 잡기적인 것들을 적고 신부님이 그것을 받아 주시는 식의 '왕복 편지' 형식을 취하자, 하고 결정한 것은 내가 백내장(白內障) 때문에 시력을 잃고 난 후의 일이었다.

첫번째 편지는 내 눈을 수술하기로 결정한 직후의 것이다. 선천적 고도 근시인 눈의 백내장 수술이 얼마나 많은 위험성을 지니는 것이며 절망적인 결과를 낳기 쉬운가를 깨닫지도 못한 채, 태평스럽게도 수술이 가능해진 데 대한 기쁨만을 전달하는 것에서부터 이 편지는 시작되고 있다.

나는 그때 내가 시력을 완전히 잃게 되리라고는 생각하지 않았던 것 같으나, 만일 결과가 나쁠 때는 이 '왕복 편지'가 내 마음을 다시 다잡아 세우는 데 큰 역할을 해주리라는 막연한 느낌을 가졌던 듯하다.

연재 소설을 모조리 중단해야 할 정도의 시력으로 첫번째 편지를 쓸 수 있었던 것은 자료가 전혀 필요없었기 때문이었다. 그 무렵 나는 눈을 원고지로부터 5센티미터 정도까지 접근시켜 1분 정도는 활자를 읽을 수 있었으며, 원고지에 큰 글자로 아무렇게나 글씨를 쓴 후 나중에 비서를 시켜 정서하게 하는 일은 읽는 일보다 훨씬 쉬웠다. 그러나 이 편지가 계속되는 동안에 나는 시력을 되찾았으므로, 만약 시력을 되찾지 못했을 경우 이 편지들이 어떤 색채를 띠어 갔을까에 대해서는 뭐라고 단언할 수가 없다. 어쩌면 내 편지 내용이 보다 중후해지지 않았을까 하는 정도만 말할 수 있다고나 할까.

로마와 동경 사이의 편지 왕래는 각오는 하고 있었지만 역시 다소 곤란이 따르는 일이었다. '엇갈림'이 생긴 원인은 모두 다 수술 후의 심리적 혼란과 미숙함 때문에 마감을 잘 맞추지 못했던 나에게 있다.

나의 시력 및 심리 상태가 최저 상태에 놓여 있었던 1981년 2월 말, 시리에다 신부님은 교황 요한 바오로 2세의 방일(訪日) 수행원으로서 일본에 오셨었다.

신부님은 계속 교황님 옆좌석에 계셨고, 나는 시력을 보완하기 위해 쌍안경을 목에 건 모습으로 기자석에 있었다. 그런 나를 위해서 요소요소에서 필요한 자료를 건네 주시고 주제를 설명하기 위해 나를 불러 주셨던 신부님의 마음 씀씀이가 저 찬바람 불던 히로시마, 영하 2도의 나가자끼 설경(雪景) 속에서 나무 사이로 비쳐드는 햇살과도 같은 따뜻함으로 내 가슴을 덥혀 주었고 그 온기는 지금도 가슴 속에 남아 있다.

소노 아야꼬

우리, 헤어지는 날까지 / 차 례

□ 시력 잃은 눈… 수술을 결정하고 / 소노 아야꼬

제1장 모든 것을 잃었을 때 하느님을 봅니다

눈이 나빠진 지 1년 3개월이 되었습니다 / 소노 아야꼬 · 17
위로한다는 것과 위로받는다는 것 / 시리에다 마사유끼 · 29

제2장 고통이 우리를 구합니다

마침내 뭐든지 보이고 있습니다 / 소노 아야꼬 · 45
기적적인 시력 회복에 감동하며 / 시리에다 마사유끼 · 55

제3장 저에게 무엇을 기대하겠습니까

모든 것, 생명 역시 빌어 온 것이군요 / 소노 아야꼬 · 67
왜 신부(神父)가 되었느냐 말씀 드리면 / 시리에다 마사유끼 · 76

제4장 기다리는 사람은 행복합니다

어머님의 일생을 돌이켜 봅니다 / 시리에다 마사유끼 · 91
신부님 어머님처럼 생을 마칠 수 있다면 / 소노 아야꼬 · 99

제5장 물러서면서 미래로 들어갑니다

모처럼 단편(短篇)을 하나 썼습니다 / 소노 아야꼬 · 111
특공대원에게서 느끼는 인생무상(人生無常) / 시리에다 마사유끼 · 121

제6장 절망…, 그로부터 출발합니다

1.5짜리 안경을 맞춰 쓰고 나서 / 소노 아야꼬 · 135
이 세상을 적당적당히 보도록 하십시오 / 시리에다 마사유끼 · 143

제7장 소망을 지니고 있는 영혼이거늘

재회(再會)를 생각하니 설레는군요 / 시리에다 마사유끼 · 157
로마에서의 안내, 깊이 감사 드리며 / 소노 아야꼬 · 168

제8장 인간이 제아무리 현명하다 해도

원예(園藝)에 재미를 붙였습니다 / 소노 아야꼬 · 181
로마의 어두운 면만 보여 드린 것 같아요 / 시리에다 마사유끼 · 191

제9장 한결같은 마음으로 꽃을 피우듯이

이번에는 신부님의 시력이 걱정이군요 / 소노 아야꼬 · 205
엇갈리기만 하고 있는 것이 현대입니다 / 시리에다 마사유끼 · 215

제10장 하느님은 인간을 줍습니다

하나의 달이 몇 개씩으로 보입니다 / 시리에다 마사유끼 · 231
빨리 눈 검사를 해보시고 처방을 하십시오 / 소노 아야꼬 · 242

제11장 성서는 인간의 죄 이야기입니다

바티칸에 대해서 말씀 드려 봅니다 / 시리에다 마사유끼 · 257
인도네시아에서 돌아와 도꾸시마로 / 소노 아야꼬 · 271

제12장 죽음은 미완성의 완성입니다

끝은 새로운 시작이며 목적이기도 합니다 / 시리에다 마사유끼 · 285
인생은 살 만한 가치가 있노라 자위하며 / 소노 아야꼬 · 298

제1장
모든 것을 잃었을 때 하느님을 봅니다

눈이 나빠진 지 1년 3개월이 되었습니다
소노 아야꼬

위로한다는 것과 위로받는다는 것
시리에다 마사유끼

눈이 나빠진 지 1년 3개월이 되었습니다

소노 아야꼬

시리에다 신부님.

어젯밤에는 기뻐서 잠을 이루지 못했습니다. 기뻐서 잠을 이루지 못했다는 식의 감정은 국민학교 시절 이래로 잊어 왔던 감정인 것 같군요.

사실은 나고야 보건위생대학병원에 마지막 검사를 받으러 가, B 선생님으로부터 7월 칠석 전후쯤에 제 눈을 수술해 주시겠다는 말씀을 들었기 때문입니다.

마지막 테스트 한 가지 ─ 고도의 선천성 근시인 제 눈의 망막에 어느 정도나 능력이 남아 있는가에 대한 검사 ─ 의 결과는 아직 나오지 않았으므로, 꼭 백 퍼센트 오케이(OK)인 것은 아니다, 그렇게 기뻐할 일이 못 될지도 모른다, 하고 제 자신에게 경고를 하고는 있습니다만⋯⋯.

옛날부터 지독히 소심한 면이 있어서, 저는 뭐든 나쁜 방향으로만 해석함으로써 심리적 예행 연습을 하곤 합니다. 만일의 경우 잘 되지 않았을 때, 제 마음의 비참함을 조금이라도 부드럽게 어루만지고자 하는 예방책인 셈이지요.

작년 3월, 저는 시력이 지독히 나빠졌음을 느꼈습니다. 아무리 맑게 갠 날에도 눈부심을 느끼지 못했고, 아무리 커다란 전구를 달아도 물체를 볼 때면 어두워서 견딜 수가 없었지요. 나이 탓인가 싶어 안경을 바꾸기 위해 안과를 찾았다가 비로소 그곳에서 '중심성 망막염'과 '안저(眼底) 출혈'이라는, 다소 성가신 두 가지의 병이 생겼음을 알았습니다.

중심성 망막염이란, 눈동자의 '습성(濕性) 늑막염' 같은 것이라고 하더군요. 스트레스를 심하게 받고, 걱정거리가 많은 사람이 걸리기 쉬운 병이라는 설명을 듣고 저는 조금 기분이 좋아졌습니다.

평소 저는 가능한 한, 싫은 일은 하지 않고 책임을 다른 사람에게 슬쩍 떠넘기면서 편하게 살려고 하고 있었기 때문에, 걱정거리가 많은 사람들이 걸리기 쉬운 병에 걸렸다는 게 어쩐지 듣기에 그럴 듯하다고 생각했던 것이지요. 그러나 이 병은 반복됨에 따라 점점 시력이 떨어지는데다가, 제 경우—별로 예가 없는 일이라는데—양쪽 눈에 다 나타났기 때문에 얼마간 일을 중단하는 수밖에 없겠다고 생각했습니다.

저는 처음엔 이 현실을 상당히 냉정하게 받아들였습니다. 태어났을 때부터 그다지 잘 보였던 일이 없는 눈인지라 새삼스레 허둥지둥할 이유가 없다고 생각했지요.

제 시력에 장애를 주고 있는 세번째의 병은 8년 전에 발견된 백내장에 의한 3중시(三重視)입니다. 물체가 셋으로 보인다는 것은 당연히 두통을 유발하게 마련입니다만, 남편은 "미남 한 사람을 보더라도 셋으로 보이니 좀 좋은 일이오"라든가, "1만 엔짜리도 한 장이 석 장으로 보일 것 아냐" 하며 익살을 부렸고, 저 역시 정말 그렇다는 생각으로 웃곤 했지요.

다섯 개나 되는 연재(連載)를 계속하는 것은 불가능했으므로 저는 26년 동안의 작가 생활 가운데서 처음으로 완전한 휴가를 갖게 됐습니다. 처음 얼마 동안은 즐거워서 웃음이 만면에 가득 했었지만, 그러나 곧 현실의 본질을 깨닫게 되었습니다. 병이 발견된 지 2개월 후 저는 커다란 충격에 빠졌습니다.

제게는 전부터 폐소(閉所)공포증이 있었는데, 시력이 점차 떨어져 간다는 것은 암흑 세계에 갇혀 살고 있는 것이나 마찬가지였으니까요. 이제까지 몇 번이나 취재를 위해서 공사중인 터널 속에 들어가곤 했지만, 그때마다 숨이 막히는 듯한 느낌을 받았었지요.

콘크리트로 쌓아 올린 터널이 붕괴된다는 것은 상식적으로는 생각할 수 없는 일입니다. 그런데도 저는 터널 속에 갇혔을 경우 제 자신의 광란 상태를 머릿속에 떠올리면서, 안전모 아래로 배어 나오는 식은땀을 동행인들에게 눈치 채이지 못하게 슬쩍 닦아내곤 했습니다. 시력이 약해진다는 것은 갇혀 있는 감각, 바로 그것이었습니다.

5월 말, 72시간 정도를 저는 반광란 상태에 빠져들었습니다. 언젠가 불면증이 최고조에 달했을 때 입을 열지 못하게 되어 버린 적이 있었는데, 그때 이후 최대의 위기였었는지도 모르겠습니다.

제 의식 속에는 이 세상 저 끝에 하나의 폭포가 있었습니다. 물의 양이 많지 않은 보잘것없는 폭포입니다. 저는 스스로 원해서도 아니고 강제로도 아닌데, 어느 틈엔가 그 폭포 건너편 세계 속으로 들어가 버리고 만 듯한 느낌이 들었습니다.

그곳은 감정이 완전히 죽어 버린 건조한 세계였습니다. 젊은 시절 저는, 정신병이라고 하는 것은 육체적 고통이 없을 것이니 편안한 병임에 틀림없다고 생각했었지만, 지금은 그것만큼 괴로운 병도 없으리라고 생각하고 있습니다.

기쁨이나 증오, 슬픔 등등 우리 마음을 촉촉하게 적셔 주는 감정을 모두 인식하고는 있지만, 그러나 폭포 저 건너편 세계로 들어가 버리고 만 제 감정은 그에 의해 움직이는 일이 없게 된 겁니다. 부동성(不動性), 건조함, 딱딱함 등등이, 낮도 밤도 없는 달 표면과도 같은 감정의 황야 속에 어렴풋한 두통을 동반하고서 짙게, 자욱이 퍼져 있었습니다.

그때 저는 한 통의 편지를 썼던 것입니다. 그것은, 아직 인간다운 감정이 기억으로나마 남아 있는 동안에 ─그런 것이 금방 사라져 버릴 것으로 예측되었으므로─ 제 친구에게 감사의 마음을 전해 두고 싶었기 때문이었지요.

그 72시간 동안, 저는 눈이 잘 보이지 않는다는 사실과 동시에 왼쪽 눈의 아픔에 시달려야만 했습니다. 혹시 두번째의 안저 출혈이 일어난 게 아닐까, 중심성 망막염이 다시 되풀이되는 게 아닐까 하는 공포로부터 해방된 것은, 의사 선생님의 자세한 설명을 듣고 나서였습니다.

그 무렵 저는 실로 많은 분들로부터 정겨운 위로의 편지를 받았는데, 그 중 두 분의 말씀은 지금도 생생하게 제 마음 속에 남아 있습니다.

한 분은, 일본 매스컴을 통한 포교(布敎)를 위해 문자 그대로

헌신하고 계시는 하야트 신부님이신데, "그토록 괴로우셨다면 왜 일찍 알려 주지 않으셨습니까?" 하고 말씀하시더군요.

참으로, 사도 바울로의 다마스코 교외에서의 체험(유대교도로서 그리스도를 처벌하기 위한 여행을 떠났던 사도 바울로는 다마스코 근처에서 갑자기, 부활한 예수 그리스도의 목소리를 듣고 강렬한 빛에 의해 장님이 되어 버린다. 그후 회심, 다시금 시력을 얻게 된다)과도 비슷한 72시간 동안 — 체험 내용은 물론 천지 차이가 있지만 — 저는 어떻게 해서든지 폭포 이쪽의 올바른 세계로 돌아오기 위해 기도하고자 했습니다.

그러나 그때의 제 체험으로 저는 제가 지닌 정도의 신앙으로는 마음의 병을 구할 수 없음을 깨달을 수밖에 없었습니다.

폭포 저쪽 광기의 세계에는 소리도 없고, 살랑거리는 흔들림도 없으며, 따라서 인간 감정의 연쇄 반응도 완전히 끊겨져 있으므로, 당연한 일이지만 아무에게라도 "괴로우니 좀 도와 주십시오" 하고 말을 걸었더라면 좋았었을 것입니다.

그러나 제 마음은 완고하게 닫혀 있었습니다. 스스로도 자기를 구원하지 못하는데 어떻게 다른 사람이 구원해 주겠느냐는 생각은 어처구니없는 자만심이었습니다. 인간에게는 도움받는 기쁨과 동시에 남을 도와 줄 수 있다는 데서 오는 기쁨이란 것도 있는 법이므로 저는 좀더 순순히 도움을 청했더라면 좋았을 것입니다.

저는 지금까지 운좋게도 도움받는 쪽에 속해 왔었습니다. 극히 드물게 제가 도울 수 있는 경우에 처하게 되면 몹시 기분이 좋아지곤 했지요. 그러니 주위 분들께, 사람을 도와 줄 때의 그 좋은 기분을 맛보게 하기 위해서라도 저는 도움을 청했어야만 했던 겁니다. 하야트 신부님의 말씀을 들은 그때부터 저는, 홀로 견디기 전에 먼저 마음을 조금 여는 것도 꼭 악덕은 아님을 깨달았지요.

또 하나, 제 마음 속에 지금도 떨리는 듯한 두려움으로 남아 있는 것은 시리에다 신부님의 말씀입니다. 신부님은 그때 "소노 여사는 모든 것을 상실했을 때 하느님을 보게 될 겁니다" 하고 말씀하셨죠.

아아, 싫다. 저는 그렇게 뇌까렸습니다. 그래서 금방 "하느님 인지 뭔지 일생 동안 보지 않아도 좋으니 제 시력은 그대로 놓아 두십시오" 하고 기도 드렸던 것으로 생각되는군요.

그러나 그 당시 제가 떨기 시작한 것은 신부님의 그 말씀이 진실임을 깨달았기 때문이었습니다. 시력이 나빠진 후부터 저는 1미터 이상 멀리 있는 것을 막연히 바라보는 것과, 그보다 가까운 것 ─ 예를 들어 활자 ─ 을 응시하는 것 사이에는 노력에 있어서 얼마만큼 차이가 있는가를 통감하고 있었습니다.

그 무렵의 제 눈은 활자를 보려고 하면, 아무튼 통증이 심했습니다. 또 동시에 저는 보는 것과 관조(觀照)하는 것의 차이를 조금씩 예감하기 시작했던 것 같기도 합니다. 그러나 저는 원래 사색적인 성격이 못 되는지라 관조하기보다는 동물적으로 보는 데에 마음을 쓰고 있었지요.

실은 바로 그 무렵, 저희들이 1년이 훨씬 넘게 계획해 왔던, 사도 바울로에 관한 조사 여행 출발 날짜가 눈앞에 닥쳐 있었습니다.

저는 그때까지는 여행 따위를 두려워하는 일이 없는 사람이었습니다. 인도의 나병원에 갔을 때도, 쿠데타가 일어나 아옌데 정권이 무너진 직후의, 아직도 총성이 들리는 칠레의 샌디에고에 들어갔을 때도, 이 세상에 이렇게 더운 곳이 있을 수 있을까 싶을 정도인 페르시아 만 연안의 아랍 제국을 취재하고 다니던 때도, 저는 다른 사람들이 예상하는 위험을 거의 느끼지 못한 채 있을 수 있는 둔감이란 재능을 지녔더랬습니다.

그러나 그때만큼은 50일에 걸친 터키, 그리스, 이탈리아 조사 여행에서 다른 학자들이나 선생님들에게 거추장스러운 짐이 되지 않을 수 있다는 자신감을 잃었습니다.

또한 그 무렵의 저는, 하루에도 몇 번씩, 또는 며칠에 한 번씩, 폭포 건너편 세계로 갈 것만 같아지는 저 자신을 멈춰 세우는 게 고작이었지요. 제 모든 옷의 주머니나 핸드백 속에는 신경 안정제가 예비용 단추처럼 들어 있었으며, 바로 그것이 다른 사람들에게 폐를 끼치지 않는 유일한 수단처럼 생각되었습니다.

현실 문제로서, 저는 어떤 비행기가 몇 번 문으로 나오는가조차도 읽지 못하게 되어 있었습니다. 그 점은, 어느 날 퍼뜩 아이디어가 떠올라 목에 쌍안경을 걸고 다님으로써 해결되긴 했지만요.

우습게도 저는 그 조사대의 대장직을 맡게 되었답니다. 그 조사대는 예전에는 생각조차 할 수 없었을 정도의 호화 멤버로서, 총 열두 명의 인원이 헤브라이어, 그리스어, 라틴어를 포함하여 13개 국어를 구사할 수 있을 정도였습니다. 그중에서 저 혼자만이 전공이 없었기 때문에, 즉 바로 그 영광스런(?) 특수성 때문에 대장이 된 것입니다.

이스탄불에서 전원이 합류할 때까지 제 불안은 사라지지 않았지요. 그러나 결과만을 보고 드린다면, 저는 생각지도 않았던 일로 인해 그 위기를 넘겼습니다.

조사 여행에는 저희들 전용의 벤츠 버스도 딸려 있었고, 전문

엔지니어도 있었으며, 젊은 학자들은 저희들 중년층들을 참으로 예의 바르게 잘 돌봐 주었지만, 그래도 일본에서라면 생각할 수도 없는 피로와 공복감을 체험하는 때가 있었습니다.

그러나 물론 저는, 사도 바울로가 '자주 여행을 하면서 강물의 위험, 강도의 위험, 동족의 위험, 이방인의 위험, 도시의 위험, 광야의 위험, 바다의 위험, 가짜 교우의 위험 등 온갖 위험을 다 겪었습니다. 그리고 노동과 고역에 시달렸고, 수없는 밤을 뜬눈으로 새웠고, 주리고 목말랐으며, 여러 번 굶고 추위에 떨며 헐벗은 일도 있었습니다'(Ⅱ고린토 11, 26-27)라고 쓴 것의 흉내를 내는 정도의 고생은 겪어야만 한다고 생각하고 있었으므로 그것은 결코 고생으로도 불만으로도 느껴지지 않았으나, 그런 원시적인 공복감과 피로는 실로 제게 훌륭한 은혜를 베풀어 주었습니다.

신부님, 그 여행의 초기 무렵 저는 앞으로 저의 눈이 보이지 않게 될 것인가 어떨 것인가 하는 '먼' 걱정보다 오늘은 몇 시에 무엇을 먹을 수 있을 것인가라든가 내일은 이 처참하고 축축한 더위로부터 벗어날 수 있을 것인가 등등 '눈앞'의 일에 관심이 기울어졌습니다. 즉, 육체의 건강한 피로와 동물적인 단순한 욕구가 저를 예의 그 폭포 입구로부터 이쪽으로 멀리 떨어져 나오게 해 준 것입니다.

저는 지금도 생각하고 있습니다. 수면제를 끊을 수 없다든가 노이로제 증세가 있다면, 제가 체험한 것 같은 빛나는 공복감에 시달려 봄으로써 고치는 게 좋은 것이 아닌가 하고 말입니다.

조사는 순조롭게 진행되어 아무런 사고 없이 끝났습니다. 그리고 마지막으로 성 바울로가 순교하신 로마에서 신부님을 만나 뵙고 신부님께서 바티칸으로부터 특별 허가를 얻어 주셔서 성 바울로의 무덤 위 제단에서 여러분들과 더불어 감사 미사를 올렸을 때의 기쁨은 지금도 잊을 수가 없습니다.

그 무렵부터 저는 제 자신의 인생이 새로운 장(場)을 향해 열려 가는 듯한 느낌이 들기 시작했습니다. 30대에 불면증으로 고통을 당했을 때는 그저 고통스럽기만 했을 뿐이었죠. 그때 제 마음과 문학에 손을 내밀어 주시고자 했던 분들도 물론 계셨지만 극히 소수에 불과했습니다. 그러나 저는 지금은 따뜻한 인정에 둘러싸여 있는 것 같습니다. 지금 저는 '이 세상을 사랑하고 있다'고 해도 좋을 정도랍니다.

바로 그 때문에 저는 모든 것을 서둘러야만 하는 것이 아닌가 생각합니다. 지금과 같이 괴롭고도 즐거운 시기가 그리 오래 계속되리라고는 생각되지 않으니 말입니다. 그래서 오래 전부터 생각하고 있던 신부님과의 왕복 편지를 시작할 마음을 갖게 된 것입니다.

인간은 언제까지고 건강하게 살 것 같은 생각을 하곤 합니다만, 저희들의 신앙에서는 날마다 죽음을 생각하도록 습관지워져 있죠. 죽음이 있기 때문에 비로소 저희들은 삶을 인식하는 것이며, 그것은 단적으로 말해 죽음은 삶의 연장이라는 생각으로 이어집니다.

지금 저는 욕심쟁이가 되어 가까이 다가온 순간적인 이별의 날까지 즐거운 일, 기쁜 일, 마음에 걸리는 일 모두를 다 해두려고 생각하고 있습니다. 그렇다고 해서 '모든 것'을 다 할 수 있으리라고는 결코 생각하지 않습니다.

젊은 시절부터 실감하고 있는 것이지만, 사람들은 모두 미련을 남긴 채 죽어 갑니다. 그리고 미완이라는 점, 그것이 무엇보다 인간다운 것이며, 저는 그 사랑스런 자연스러움을 제게도 타인에게도 열렬하게 승인하고자 합니다.

설령 병 때문이 아니라 하더라도 현실의 눈이 점차 나빠지기 시작할 때쯤 참으로 아이러니컬하게도, 아니 운좋게도 인생을 지금까지보다 몇 배나 더 깊게 맛볼 수 있는 제2의 눈을 부여받는다는 사실은, 생각하면 참 재미있는 일입니다.

저희 부부는 엄밀히 말해 둘 다 가벼운 신체 장애자로, 남편은 한쪽 귀가 잘 안 들리며 저는 반 장님입니다만 이러한 특수성에 대해서도 저는 흥미 있는 발견을 했답니다.

인간은 스스로의 시각적 지식 섭취에 의해 이성과 관념의 세계를 구축하며, 귀로부터의 음성 정보 수집에 의해 정서를 키우는 것이 아닌가 생각됩니다. 눈이 나빴던 저는 음성에 대해서 퍽 민감해졌으며 ― 음치이긴 합니다만 ― 정이 깊어졌습니다. 정이 깊다는 것은 다른 사람들보다 훨씬 깊이 상대방을 미워한다는 것도 되니까 말입니다. 그에 비해, 남편은 방대한 양의 독서를 하고 분석을 하며, 그에 의해 관념의 세계를 쌓아, 언제나 냉정하다는 사실이 주는 조심성과 산뜻함 등 모든 것을 제게 가르쳐 주었습니다.

눈이 나빠진 이후 1년 3개월이 흘렀습니다. 친구들이 그 기간이 길게 느껴졌느냐고 물을 때 별 생각 없이 몹시 짧았노라고 대답하는 저 자신을 보면, 그 기간은 제게 있어서 결코 나쁜 기간이 아니었나 봅니다.

수술 결과에 대해서는, 제 망막의 능력이 최대 문제이긴 하지만 최고 시력 1.0이 나올 가능성이 있는가 하면 지금과 거의 다를 바 없는 예측지 못한 사태 발생 가능성까지 갖가지로 생각되고 있습니다.

그 결과가 제게 불확실한 것과 마찬가지로 의사 선생님들 역시 확실히 예측하지 못한다는 것은 또 얼마나 재미있는 일인지요. 만약 눈이 좋아지면 저는 금방 기분이 좋아져 힘들었던 때를 잊고 말 겁니다. 이제 와서야 겨우 하느님으로부터의 선물이라고 생각하게 된 이 기간을, 잊어 버리지 않을 동안에 써 두고 싶어서 이 첫번째 편지를 띄웁니다.

5월에 교황님을 저격했던 범인의 탄환은 끝이 우툴두툴한, 잔인하고 무서운 것이었다는 말씀을 신부님으로부터 듣고는 가슴이 아팠습니다. 그러나 교황님께서는 그것도 또한 당신에게만 내려진 특별한 선물이라고 생각하시겠지요.

만약 눈이 지금보다 좋아진다면 저에겐 새로운 시대가 시작됩니다. 더 나빠진다고 해도 새로운 시대가 시작됩니다. 어느 경우든 모두 하느님으로부터의 선물이라고 생각할 수 있도록 되었으면 싶습니다만.

여기까지 편지를 쓰는데 며칠이 걸렸는데, 저는 요사이 또다시 불안으로 인해 잠들지 못하곤 합니다. 만약 검사 결과가 나빠 수술을 해도 별 수 없다고 방치된다면 저는 이 밝지 못한 3중시의 세계와 두통을 얼마만큼이나 견디낼 수 있겠는가 하는 생각이 든 것입니다.

그러나 무슨 일이건 끝내 견디내지 못하는 사람은 없는 법이며, 솔직히 저는 이미 밝게 보였던 때를 잊어 가고 있는 만큼, 그렇게 되면 눈이 보이던 때의 일도 잊어 버릴 수 있게 되겠지요.

하지만 이 다음부터는 의기양양한 편지를 드릴 수 있으리라고 믿습니다. 그리고 잘 보이게 되면 신부님과 제 친구들 모두에게 "처음 뵙겠습니다" 하고 인사 드릴 생각으로 가슴이 뜁니다. 또

한 무엇보다 귀찮은 일이긴 하지만 제 자신의 얼굴에게도 "처음 뵙겠습니다" 하고 인사를 해야죠.

　연속되는 회의로 피곤하시리라 생각됩니다. 밤에 잘 주무실 수 있기를 빕니다. 신부님과 저까지도 포함해서, 이 세상에는 불면증형인 사람이 얼마나 많은지요.　　　　　(1981. 6. 28)

위로한다는 것과 위로받는다는 것

시리에다 마사유끼

〈제1신〉

소노 아야꼬 여사.

"아무것도 없다. 그저 푸른 하늘만이 가득할 뿐"이라고 노래하고 싶어질 듯한 태양의 도시 로마에서, 시력을 잃게 될 것인가 아닌가의 기로에 서 계시는 소노 여사의 편지를 읽고 나니 참으로 착잡한 기분입니다.

맨 처음 제 마음 속을 스쳐 간 것은 까뮈의 대표작 〈페스트〉의 한 장면이었지요. 쨍쨍 내리쬐는 태양 아래에서 이 세상의 어둠과 악을 상징하는 페스트가 아프리카의 평화스러운 마을을 습격합니다. 그날 밤도 그저 팔짱을 낀 채 서 있을 뿐인 무신론자인 의사와 예수회 신부 앞에서 한 젖먹이가 몸을 뒤틀며 죽어 갑니다. 의사는 "적어도 이 젖먹이에게는 죄가 없었다. 당신도 그것을 모를 리 없다"고 내뱉듯 말하고는 방을 나갑니다. '만약 신이 있다고 한다면, 그 신이란 얼마나 무자비한가' 하는 여운이 느껴집니다. 신부는 아무런 대답도 하지 않지요. 강론대 위에 섰을 때 이 신부는 중얼거리듯 말합니다. "이 아이들의 고통은 우리들에게 있어서 쓴 빵이었습니다. 하지만 이 쓴 빵이 없이는 우리들의 영혼은 정신적으로 굶주려 죽을 것입니다"라고.

우리 신부들은 자기 스스로는 도저히 어떻게도 할 수 없는 현실에 부딪힐 때가 자주 있습니다. 그때마다, "이 빵은 쓰다. 하지만 이것을 씹지 않으면 내 영혼은 아사(餓死)하고 말 것이다"라고 말하곤 합니다.

'쓴 빵'이라는 말은 얼마나 헤브라이즘적인 표현인지요. 헤브라이어로 빵은 '레헴'이라고 하는데, 이것은 '라함', 즉 '부서지다, 사라지다'라는 무시무시한 동사에서 온 것입니다. 빵이 생명의 양식인 것은 그것이 '죽음의 열매'이기 때문이라고 헤브라이인은 생각한 겁니다. 빵을 먹으면서 그들은 빵에 있는 고통의 냄새, 죽음의 맛을 씹은 것이지요.

생각해 보면, 한 알의 밀알이 죽어 싹을 틔우고, 열매가 열면 낫에 베어져 산산이 부서지고 물에 섞이며 드디어는 뜨겁게 구워짐으로써 그 맛있는 빵이 생겨나는 것입니다. 빵 속에 있는 눈물과 땀과 피의 맛은 바로 다름 아닌 인생의 맛, 그것입니다.

베들레헴, 다시 말해서 '빵의 집'에서 태어나신 예수 그리스도의 일생도 빵의 그것과 완전히 똑같지요. 실제로도 당신 스스로를 '생명의 빵이노라'라고 말씀하셨습니다. 그 땀과 피에 뒤범벅된 일생, "나의 하느님, 나의 하느님, 어찌하여 나를 버리셨나이까?"(마태오 27, 46)라고 외치시며 숨을 거두셨던 저 십자가의 죽음에서부터 신약(新約)의 빵은 출발합니다.

저희 신부 된 자들은, 한편으로는 죽음의 맛이 나는 그리스도의 빵을 먹고, 또 한편으로는 인간 드라마의 쓴 빵을 씹음으로써만 영혼의 양식을 얻습니다. 그런 의미에서 소노 여사의 눈의 비극도 '쓴 빵'으로서 생각하고 있습니다.

편지를 읽으면서 어떻게든 소노 여사를 위로해 드리고 싶다고 생각했습니다. 그러나 우리 인간들에게는 위로한다는 일도, 위로받는다는 일도 얼마나 어려운 것인지요. 그것은 구약성서 〈욥기〉를 읽어 보면 알 수 있습니다. 욥을 위로하러 온 세 친구는 확실히 호의를 지니고 있었지요. 하지만 그들 자신은 좋은 신분을 지녔고, 욥과 같은 역경에 있지 않았기에 그들의 위로는 위로가 되지 못한 채 오히려 욥의 반발만을 삽니다.

저는 최근 '위로한다'는 행위는 인간의 것이 아니라 오직 하느님으로부터만 오는 것임을 절실히 깨닫고 있습니다. 〈욥기〉에도 하느님은, '찌르고 나서 싸매 주시며 때리고 나서 낫게 해 주시는 이'(5, 18)라고 되어 있습니다. 하느님께서 인간에게 시련을 주시고 하느님께서 싸매 주시며 낫게 해 주시는 것이지요. 성 바울로도 "그분은 우리가 어떤 환난을 당하더라도 위로해 주시는 분이십니다. 따라서 그와 같이 하느님의 위로를 받는 우리는 온갖 환난을 당하는 다른 사람들을 또한 위로해 줄 수가 있습니다"(Ⅱ고린토 1, 4)라고 말하고 있습니다.

바울로가 말하고자 했던 것은 '하느님은 고통 속에 있는 사람을 꼭 위로해 주신다. 하느님으로부터 받은 그 위로를 같은 고통 속에 있는 사람들에게 가져갈 때에만 우리들의 위로는 진정한 위로가 된다'라고 하는 것이겠지요.

'위로한다'고 하는 뜻의 그리스어는 '파라갈레오'라고 하는데 '불러서 함께 있게 한다'는 것을 의미합니다. 하느님께서는 우리들이 하느님으로부터 멀리 떨어져 한없이 연약해져 있을 때 우리들을 부르셔서는 당신 품속으로 넣어 하느님과 함께 살게 해 주십니다. 이리하여 우리들은 고통 한가운데 있을 때 하느님께 꼭 끌어안겨 있기만 하면 되는 것입니다. 다른 사람을 위로해 주고 싶을 때에도 자기가 아니라, 우리들과 함께 계셔 주시는 하느님을 그 사람 곁으로 모셔 가면 됩니다. 하느님의 위로는 틀림없이 그곳에 계시니까요.

이렇게 말씀 드리긴 하지만, 지금의 소노 여사의 경우 제 자신이 그런 고통중에 있는 것이 아니므로 어떤 하느님을 모셔 가야 좋을지 알 수가 없군요. 아무런 도움도 되어 드리지 못해 죄송합니다.

편지를 보니 제가, '소노 여사는 모든 것을 상실했을 때 하느님을 보게 될 겁니다'라는 말씀을 드렸던 모양인데 참으로 실례의 말씀을 드렸다 싶어 후회스럽습니다. 부디 용서를 바랍니다.

그 말씀을 드렸을 때 제 뇌리 속에는 아시시의 성 프란치스꼬(*Francescod' Assisi*)의 이미지가 있었음에 틀림없었던 듯싶습니다. 그의 메시지는 나와 '내 소유'가 일체 없어진 후에야 비로소 하느님이 은혜로서 모습을 나타내시며, 자신도, 운명도, 이 세상의 모든 것이 형제 자매로서 그 품속으로 달려 들어온다고 하는 것이었습니다. 무소유(無所有)의 유(有), 선(禪)에서 말하는 무일물(無一物), 무진장(無盡藏)이라고 하는 걸까요?

'청빈에 있어서만이, 청빈을 통해서만이 하느님의 사랑이 있다'고 하신 프란치스꼬는 무소유에 있어서는 모든 것이 다 하사품(下賜品)임을 몸으로 증거했습니다. 거기에서부터 무한한 감사가 용솟음쳐 올라 '키 체 레티지아(*Gui c'é letizia* : 여기에야말로 기쁨이 있노라)!'를 되풀이 되풀이 외쳤던 것입니다.

  프란치스꼬는 최후까지 가난했습니다. 만년에는 실명하여 빛에도 굶주린 상태가 되었지요. 그러나 그 빛의 결핍 상태에서 빛이라는 풍성한 은총을 생각하지 않을 수가 없었던 것입니다. 〈태양 찬가〉는 그 어둠 속에서부터 샘솟아 나온 환희의 시였습니다. 어둠을 향해 "형제여"라고 불렀고, 죽음을 향해 "누이여"라고 말했던 이 성자는 최후에는 알몸으로 어머니이신 대지에 엎드려 숨을 거두었습니다. "대지는 따뜻하다"고 중얼거리면서 안기듯이 흙의 품으로 돌아간 것입니다.

  '모든 것을 상실했을 때 하느님을 볼 것'이라는 말은, 이 프란치스꼬의 이미지와 더불어 음미될 때에만 진실이며, 그렇지 않을 경우에는 폭언이라고 해야 할 것입니다.

  소노 여사의 편지는 저에게 커다란 등불이 되었습니다. 아시는 바와 같이 저는 3년 전에 어머님을 잃었습니다만 그날부터 시작된 어머님과 저와의 대화가, 이제 와서는 끊을래야 끊을 수 없는 은애(恩愛)로 연결된 모자(母子)의 새로운 나날과의 만남이 되었습니다. 성 아우구스티누스(Aurelius Augustinus : 로마 말기의 종교가, 철학자)의 '사자(死者)는 사라진 것이 아니라, 뗄래야 뗄 수 없게 생자(生者)와 결합된 것이다'라는 말이 현실로서 느껴져 옵니다.

  그런데 소노 여사의 체험기는 제 어머님 생애의 한 단면을 떠올려 보는 실마리가 되었습니다.

  어머님의 일기에, '1971년 10월 25일, 만 71세의 생일을 맞아'라고 된 곳이 있습니다. 바로 소노 여사와 마찬가지로 의사에게서 안저 출혈일지도 모른다는 말을 들으셨을 때의 심경을 적으신 것이지요.

 '…이 세상에 삶을 받은 지 71년, 감사하게도 꽤 오래 살았다. 가난하게 태어났지만 부모님은 내게 읽기, 쓰기를 배워 주셨으며 바느질을 습득시켜 주셨다. 그다지 뛰어난 솜씨는 아니지만 바느질을 시작한 지 어언 60년, 바느질은 진정 나를 도와주었다. 특히 남편의 전사 후, 그 일은 우리 가계에 얼마나 도움이 되었던가?
 내 천직(天職)도 눈을 잃어 버린다면 이제 끝이다. 서글픈 생각이 든다. 하지만 열심히 치료에 힘써 보도록 하자. 좋아지게 되면 이번에는 무리하지 않고 내 옷만이라도 꿰맬 수 있었으면 좋겠다. 좋아하는 일이었는데 싶어 몹시 유감스럽다. 그러나 그것은 나이와 함께 오는 현상이며, 하느님의 섭리이시기도 하다. 하느님께서 내게 조심하라고 가르쳐 주시는 것일 게다. 감사 드려야 할 것이다.
 주위의 분들이 여러 가지로 걱정을 해주셔서 황송할 정도이다. 70여 년을 살았으니, 이제는 아무것도 미련은 없다. 하지만 앞으로 2, 3년, 미찌꼬—수녀인 누나로서 당시 토리노 대학에 유학중이었죠—의 귀국을 기다리고 싶다.'

 생전 저희들 앞에서 약한 말씀을 하신 적도, 마음의 동요를 드러내 보이신 적도 없었던 어머님이셨습니다. 그랬는데 이 일기를 읽으면 완전히 반대되는 어머님의 진실이 보입니다. 한편에는 하느님께서 하시는 일이니 모든 운명에 복종하고자 하는 어머님의 신앙심이 있고, 또 한편에는 '혼자 사는 내 눈이 보이지 않게 되고 생계 밑천인 바느질까지도 불가능하게 된다면 어떻게 할 것인가' 하고 방황하는 인간의 마음이 있습니다.
 그 양자가 엇갈려 크게 흔들리는 것을 봅니다. 그런 어머님이 몹시도 그리워졌습니다.

 소노 여사가 72시간 동안 '광기(狂氣)의 세계를 방황한' 이야기에는 조금 뜨끔했습니다. '그것은 감정이 죽어 버린 메마른 세계였다'는 술회를 읽고는, 서구인들이 광기를 루너틱(lunatic)이라고 하면서 달을 연상했던 이유를 알 것만 같았습니다. 윤이 나고 싱싱한 푸르른 감정이 완전히 고갈되어 버린 달의 표면에 창백한 인식(認識)의 빛만이 흔들거리는 모습을 보고, 거기에서 광기의 혼(魂)을 느낀 것이겠지요.
 교황님의 용태는 현재로서는 일진일퇴의 반복입니다. 언젠가 어떤 책에서, 아름다움[美]이라는 글자는 커다란[大] 양(羊)을 의미하는 게 아니라, 양을 대(臺) 위에 놓고서 보이지 않는 것 앞에 '바쳐 올리는' 행위를 가리킨다고 쓴 것을 본 적이 있습니다. 교황님께서 당신의 무력함과 아픔을 하느님께 있는 힘껏 다 바치고 계시는 모습은 참으로 아름답습니다.
 가톨릭 교회는 지금, 언뜻 보기에는 무력한 교황님을 모시고서 오히려 더 잘 영위해 나가고 있지 않습니까. 그야말로 '하느님의 힘은 인간이 약할 때에 나타난다'고 한 바울로 말의 증좌(證左)인 듯싶습니다.
 소노 여사의 시력이 회복되기를 간절히 기도하고 있습니다. 제게는 아무것도 가능치 않지만 하느님께서는 그것이 가능하기 때문입니다. 만일 소노 여사의 눈이 번쩍 뜨인다면, 그때야말로 소노 여사가 진정 사랑해 마지않는 이 세상이, '얼마나 멋진가'로서가 아니라 '얼마나 자연스러운가'로서 그 눈에 비치게 되지 않을까 하고 상상하고 있습니다. 그렇게 되면, 저의 별명인 '개구리'를 꼭 닮은 제 얼굴을 보시면서 "처음 뵙겠습니다" 하고 말씀하실 것 같은 생각이 듭니다. 가능한 한 지금 '완전한 휴가'를 즐기십시오.

〈추신〉 저의 불면증을 걱정하셔서 계속 기도해 주신다니 참으로 감사합니다. 단, 저는 불면을 제 나름의 행(行 : 실천, 행위, 인간적인 행동 등을 뜻하는 철학 용어)으로 또는 식(識 : 사물의 시비를 판단하는 작용을 뜻함)으로 생각하고서 불면증 대신 철학증(哲學症)이라거나 수행증(修行症)이라고 이름 붙여 두고 있습니다.
　잠이 오지 않을 때에 저는 진실한 저 자신을 껴안으며, 불면 한가운데서 사색의 꽃을 피우고도 있습니다. 이런 고마운 불면증은 진짜 불면증과는 다른 것이겠지요. 너무 걱정 마십시오.

(1981. 7. 14)

〈제2신〉
　소노 여사.
　소노 여사의 양쪽 눈 수술이 성공했다고 하는 '좋은 소식'이 오기를 학수고대 했습니다만 오늘까지 소식이 없군요. 무사 태평한 이탈리아 우편 탓일지도 모르겠습니다. 아니면 수술 과정에서 소노 여사에게 뭔가 예기치 못했던 일이라도 일어난 것인지요. 약간 걱정이 됩니다.
　내일부터 당분간 일 때문에 로마를 비울 것 같군요. 올해는 출장이 잦은 해입니다. 1월에는 스위스의 제네바, 2월에는 교황님을 모시고 일본에, 4월에는 프랑스의 아라스, 5월에는 네

덜란드의 세스타베르크, 6월에는 또다시 일본을 다녀왔고, 이번에는 북이탈리아와 독일로 갑니다.

 9월은 일정이 꽉 차 있어서, 어쩌면 소노 여사의 두번째 편지가 제가 부재중에 도착되어 곧 답장을 쓰기 어렵게 될지도 몰라 일단 제 근황을 알려 드리는 것입니다. 부디 양해해 주십시오.

 로슈푸코(17세기 프랑스의 귀족, 저술가)는 '맨눈으로 볼 수 없는 두 가지 것은 태양과 죽음'이라고 말했습니다만, 암은 현대의 죽음의 얼굴로서, 죽음에서 얼굴을 돌리는 현대인에 대한 그야말로 하나의 도전입니다.

 작년 여름, 제 은사이신 미아노 신부님께서 암으로 돌아가셨습니다. 암이라는 것을 안 이래 5년 동안, 마지막 날까지도 바티칸 시국 차관과 살레시오 대학의 철학부장이라는 중책을 맡고 계셨지요. 암의 이미지에 지지 않고 '암과의 싸움은 바로 자기 자신과의 싸움'임에 사무칠 만큼 철저하셔서 뼈만 남으실 때까지 분투하셨습니다.

 아니, 이렇게 말하는 것은 과장에 불과할지도 모르겠습니다. 한 번은, 급우 중 하나가 미아노 신부님 방에 들어갔다가 혼자서 흐느껴 울고 계시는 그분을 목격한 일이 있었습니다. 미아노 신부님께서 드러내 보이신 약한 면에, 겁장이인 저는 왠지 휴하고 가슴을 쓸어내리며 구원받는 듯한 느낌을 가졌습니다.

 작년 6월, 극동 지방 출장을 떠나기 전 미아노 신부님께 인사를 드리러 갔을 때, "오늘은 이렇게 변 상태가 좋았다네" 하시면서 어린애처럼 기뻐하시며 그것을 보여 주시는 모습에 마음이 아팠었습니다. 여행에서 돌아와 미아노 신부님을 문병했을 때 "시리에다 군, 하느님 앞에 갈 날이 온 것 같네. 영원의 문지방을 잘 넘을 수 있도록 기도해 주게. 부탁하네" 하시면서 내미시는 손은 고목(枯木)과도 같았습니다.

"암의 특효약이 가까운 장래에 개발될지 어떨지는 알 수 없다. 그러나 그보다 더 중요한 문제가 있다. 그것은, 설령 암 특효약이 개발되어 사람들이 점점 더 오래 살게 된다 하더라도, 그것으로 사람들이 과연 보다 나은 인생을 살아갈 수 있을 것인가 하는 문제이다"라고 어느 암 센터 소장이 말씀하셨던 게 기억나는군요.

인간은 죽음을 눈앞에 두었을 때 삶의 충실화와 사랑의 심화를 꾀할 수 있게 되는 법입니다. 아직 앞날이 많이 있다는 생각은 하루를 헛되이 보내게 하고, 적당적당 슬슬 사랑하게 만듭니다. 오래 사는 것만이 능사는 아니겠지요. '깊이 있게 사는 것' 이야말로 인생의 가장 중요한 것입니다. 이런 의미에서 '암도 또한 하느님의 은총의 표시'라고 말씀 드린다면 꾸중하시겠습니까?

성 바울로의 〈사랑의 찬가〉 속에 '사랑은 오래 참습니다. … 사랑은 모든 것을 견디어냅니다'(Ⅰ고린토 13, 4 - 7)라는 구절이 있습니다. 이 참는다고 하는 말은 인간 실존의 본연의 자세와 깊이 관련되어 있지요. 삶의 성실성이란 바로 참아내는 것을 뜻하니까요. 그밖에 다른 어느 것도 아닌 인간, 자기 자신, 이런 남자, 또는 저런 여자, 때로는 병에 걸리기도 하는 그 모든 경우를 순순히 '수긍'하고 받아들이는 것입니다.

그러므로 성서에서 말하는 인내는, '아아, 괴롭다. 그러나 어쩔 도리가 없다'며 이를 악물고 인생고, 인간고를 견뎌내는 오기도 아니며 '우체통이 빨간색인 것도, 우리집 금붕어 눈이 퉁방울인 것도 모두 내가 나쁘기 때문'이라는 식의, 자학이라고도 자애라고도 할 수 없는 체념 등의 소극적인 것도 아닙니다.

파스칼이 평한 대로, '딱하기 이를 데 없는' 인간인 '나' '너' '그이' '그녀' 됨을 참는 것이지요. 사실 그리스어로 '마크로토미아(인내)'라는 단어는 모든 것을 수용하는 영혼의 크기를 의미하고 있습니다.

그런데도 인간들은 왜 이다지도 자기 자신 아닌 그 어떤 것이 되고자 하는 것일까요? 짐승으로 전락하기도 하고, 천사를 동경하기도 하며, 신이 되려고 하기조차 합니다. 그리고 타인에게 그것을 요구하기도 하고……. 그것이야말로 현실의 인간으로부터의 도피가 아니고 무엇이겠습니까?

바울로조차도 그러했습니다. "내가 굉장한 계시를 받았다 해서 잔뜩 교만해질까 봐 하느님께서 내 몸에 가시로 찌르는 것 같은 병을 하나 주셨습니다. …나는 그 고통이 내게서 떠나게 해 주시기를 간청했습니다."(Ⅱ 고린토 12, 7-8) 이때 하느님의 답변은 "너는 이미 내 은총을 충분히 받았다. 내 권능은 약한 자 안에서 완전히 드러난다"(Ⅱ 고린토 12, 9)였습니다. 그렇게 말씀하심으로써 있는 그대로의 바울로로 되돌아가게 해 주셨던 것입니다.

하느님 역시 어떻게든 우리 한 사람 한 사람을 견디고 계실 것입니다. 인간 실존의 무게, 죄의 짐은 신에게도 무거웠습니다. 예수님은 그 십자가를 등에 지고 죽어 가셨으니까요.

누구에게나 인생의 밤은 찾아옵니다. 그 어둠 속에서 유다는 배반하고, 베드로는 부인합니다. 그리고 주님의 깊은 눈길과 마주쳤을 때 베드로는 주님을 배반한 자신의 몸을 와락 부둥켜안고 '밖으로 나가서 슬피 울었다'고 성서는 말하고 있습니다. 아니, 성서의 원문을 찾아보면, 밖으로 나가면서 이미 울고 있었던 것입니다. 베드로는 울면서 주를 배반한 자기 자신을 한껏

참아낸 겁니다. 반대로 유다는 그러한 자기 자신을 허용하지 못해 목매달아 죽고 맙니다. 배반하느냐, 배반하지 않느냐에 차이가 있는 것은 아닙니다. 인간은 모두 배반합니다. 배반하는 그 자기 자신을 견디낼 수 있느냐 없느냐의 문제인 것이지요. 자신이건 타인이건 간에, 모든 인간을 있는 그대로 받아들이는 인내야말로 사랑의 또다른 이름이라고 바울로는 노래합니다.

    이 계절이 되면 '수구초심(首丘初心)'이라고나 할까, 일본이 몹시도 그리워집니다.
    옛날, 어머님이 아직 살아 계셨을 때는 매년 9월 이맘때쯤이면 규슈(九州)의 어머님께로 돌아가곤 했었지요. 그곳에서는 속내의만 입고 있어도 괜찮은 편안함이 존재하여, 저도 자연스레 있는 그대로의 제 자신으로 돌아가곤 했었습니다. 그래서 마음껏 정신적인 충전(充電)을 할 수가 있었지요.
    언젠가 소노 여사의 글 〈산께이 초(產經抄)〉에서 온갖 붉고 푸른 잎들을 떨어 버린 채 벌거벗고 우뚝 선 겨울 나무의 아름다움을 읽은 적이 있습니다만, 인간 역시 지위라든가 신분 따위를 모조리 던져 버린 채 있는 그대로의 모습으로 돌아갔을 때 가장 행복한 것이 아닐까요.

    나 자신이라는 것
    그것만이 절대이다
    나 자신보다
    클 필요도 없다

    나 자신일 때에만

하느님을 느낀다

　어느 시인의 좋은 시입니다. 중국에는 '있는 그대로 보낸 하루는 천국에서의 하루와도 같다'고 하는 속담이 있습니다만, 매년 어머님 곁에서 보냈던 3주일은 천국에서의 3주일을 선취(先取)한 것이나 마찬가지였습니다.
　이번 달 말쯤에 일본에 갑니다. 그때는 누님, 남동생과 셋이서 성묘라도 갈 생각입니다. 세 사람 모두 일생 독신인 수도자들이므로 그야말로 '뗄래야 뗄 수 없는' 마음으로 어머님을 마음에 끌어안을 수 있습니다. "이제 왔습니다, 어머님" 하고 말씀드려도 무덤 속의 뼈는 대답할 리 없겠지만, 어머님이 이미 되살아나셔서 우리들의 마음속에 살고 계시다는 것만은 재확인 될 수 있겠지요.
　현대 가톨릭 복음운동을 하는 젊은이들이 읊는 문구, '꽃잎은 떨어지되 꽃은 영구히 떨어지지 않으리' 바로 그대로입니다.
　소노 여사의 개안(開眼) 희소식을 기대하면서.　　(1981. 9. 4)

고통이 우리를 구합니다

마침내 뭐든지 보이고 있습니다
소노 아야꼬

기적적인 시력 회복에 감동하며
시리에다 마사유끼

마침내 뭐든지 보이고 있습니다

소노 아야꼬

시리에다 신부님.

좋은 소식입니다! 그런데도 보고가 늦어진 것 용서하십시오. 7월 8일과 8월 26일, 두 차례에 걸쳐 B선생님이 제 백내장 수술을 해주셨습니다. 그리고 수술은 대성공이어서 수술 전의 테스트가 기계적으로 예상했던 결과를 훨씬 웃돌고 있답니다! 며칠 전에 받은 검안 결과는 양쪽 눈 모두 1.0과 1.2였습니다. 난시와 극히 가벼운 원시 렌즈를 보충해 끼었더니 2.0, 다시 말해서 시력표 맨 아랫단까지 보일 정도였습니다. 그러나 이렇게까지 되는 동안에 왜 신부님께 편지 드릴 기분이 되지 못했는지 설명을 드리고 싶군요.

첫번째 눈 수술 후 처음으로 '보인다!'고 생각한 것은 2시간 뒤였습니다. 수술은 조금도 아프지 않았고, 저는 방으로 돌아가자 금방 잠들었는데, 눈을 뜬 후 맨 처음 느낀 것은 붕대를 약간 밀어올리고나서 본 바깥 경치가 맨눈으로도 '제법 보인다!'는 것, 그리고 머리가 아프다는 것이었습니다. '제법 보인다'는 것은 나중에 알고 보니 이런 이유 때문이었지요.

왼쪽 눈의 수술은 참으로 성공적이긴 했으나, 동공(瞳孔)이 몹시 빨리 닫혀 버리는 습관이 있어서 그 때문에 초음파로 파괴된 수정체 부스러기를 완전히 다 제거하지 못했고, 그 결과 마치 눈 속에 우유 한 방울을 떨어뜨린 듯한 느낌으로 사물을 보게 되는 것이었답니다. 하지만 그런 것은 대단한 문제가 될 수 없었습니다. 태어나서 처음으로 저는 저쪽 몇 미터 떨어진 곳에 있는 친구가 어떤 모습을 하고 있는가를 안경 없이도 볼 수 있었고, TV 뉴스 자막 역시 3, 4미터 떨어진 곳에서도 읽어낼 수 있었으니까요. 단, 그러한 기쁨과 더불어 저를 괴롭힌 것은 심한 두통으로, 이 두통은 다음 수술까지 약 50일 동안이나 계속되었지만 두번째 수술을 받은 이후에는 완전히 사라져 버렸습니다.

두번째 수술은 보다 극적으로, 저는 수술 후 첫번째와 마찬가지로 잠들었다가 2시간 후에 눈을 떴는데, 곧 옆의 빌딩이 이번에는 아무런 흐릿함도 없이 잘 보이는 것이었습니다. 보통 사람들은 백내장 수술 후에는 수정체를 제거해 버리므로 심한 원시가 되어 안경 없이는 아무것도 안 보인다고 합니다. 하지만 저는 그만큼 심한 근시였으므로, 기적적으로 맨눈으로도 무엇이든 다 보이게 된 것이었습니다.

50년 동안이나 — 양쪽 눈 수술은 제 50번째 생일 직전에 행해졌지요 — 부자유스럽게 살아왔으니 이번에는 그 보상을 얻은 셈이라고 말해 주는 사람도 있습니다. 저는 이상스런 기분에 사로잡혔습니다. 신부님도 상당히 심한 근시이시니 아시리라 믿습니다만, 저는 철든 이후 한 번도 사물을 똑바로 본 적이 없었습니다. 그러다가 갑자기 보이게 됐을 때의 그 이상스러운 느낌은 두통이 사라진 후에도 신부님께 편지 쓰는 것을 미룰 정도로 마음의 동요를 안겨 주었습니다─신부님, 저는 핑계대는 데 능숙한 것 같군요.

두번째 수술을 한 날 저녁, 저는 진찰을 받은 후 9층 제 병실로 돌아오다가 아! 하며 우뚝 멈춰 섰습니다. 숲과 밭으로 이루어진 지극히 평범한 전원 풍경이었지만 그 창 밖 풍경이 뚜렷하게, 그리고 뭐라 말할 수 없이 선연(鮮姸)한 저녁 노을 빛과 함께 제 맨눈에 다가들었기 때문이었습니다. 저는 그렇게도 붉고 섬세한 저녁 어스름 무렵을 본 적이 한 번도 없었습니다.

인간의 수정체는 저처럼 병에 걸리지 않는다 하더라도 나이와 더불어 조금씩 흐릿해져 갑니다. 흐릿함이 외계의 색조를 왜곡시킨다고 합니다만 저는 수정체를 제거해 버렸기에 색채를 흐릿하게 만들 요소가 사라져 버린 것이겠지요. 만약 갓 태어난 아기가 있어서 그 아기가 색깔을 구별할 수 있고 그것을 외계에 전할 수 있다면 바로 지금 제가 보고 있는 것과 똑같은 색깔로 보고 있으리라고 생각했습니다. 좀더 정확히 말하면, 왜곡된 인간의 마음에는 느껴지지 않는 하느님의 '은총'이 투명한 마음에는 느껴진다는 것을 암시하고 있는 듯했습니다.

제가 평소 얼마나 대단한 먹보인가는 신부님께서도 잘 아시는 일이지만, 보인다고 하는 것은 식욕을 잃게 할 정도의 대단한 일이었습니다. 10년 전 아우슈비츠에서 꼴베 신부님을 취재했을 때 저는 식욕을 잃고 심장 신경증과 기관지염에 걸렸습니다만─비교하는 것은 좀 이상하지만─그에 가까운 커다란 충격이었습니다. 물론 이번 경우 그 근본에 깔린 정열은 기쁨이지요. 그러나 너무나도 커다란 슬픔을 당했을 때는 눈물조차 나오지 않는 것과 마찬가지로 그런 커다란 기쁨 앞에서는 감사의 말도, 기쁨의 표정도 없어지는 것 같은 생각이 듭니다.

신부님, 이상한 일입니다만 눈이 보이게 된 이후부터 저는 죽음에 대해서 자주 생각하게 되었습니다. 그러나 그 죽음의 개념은 결코 슬픈 것도 어두운 것도 아닌, 분명히 삶의 연장으로서의 죽음입니다.

수술 후 3주 정도 지나 고아지로(小綱代) 만에 면해 있는 집으로 돌아갔을 때 저는 창 너머로 펼쳐지는 바다의 모습을 정말 처음으로 저 자신의 눈으로 보았습니다. 달려와 부딪는 파도, 저 멀리로 보이는 아슴푸레한 산들, 바다 위를 나는 갈매기들, 모든 것을 저는 처음으로 제 눈으로 보았고, 그것들은 모두 세밀화(細密畵)처럼 미세하게 반짝반짝 빛나고 있었습니다. 갈색 재를 뿌린 듯한 풍경이었던 것들이 모두 생명감에 넘쳐 떨리고 있었습니다. 그때 제가 무엇을 생각했으리라고 보십니까? 신부님, 저는 한량없는 감사와 더불어 '그 무엇이든 간에 모두 다 납득했사옵나이다' 하고 마음속으로 대답하고 있었습니다. 물론 지금까지도 쭉 그런 마음을 갖고는 있었지요.

소설을 쓴 덕분에 저는 정말 이 세상에서 여러 가지 재미있는 일들을 보아 왔습니다. 돈을 얻은 일들은 아닙니다. 인간 심리의 복잡함을 보아 왔던 것이지요. 저는 지금까지 몇 번이나 "참으로 감사 드립니다" 하고 읊조리면서 살아왔습니다만, 요즘은 새삼스레 그 감사의 깊이가 극에 달한 듯 느껴집니다.

인간에게 죽음은 필요한 것입니다. 만약 제가 지금과 같은 감동을 지니고 영원히 산다면 저는 너무나 지쳐 버릴 것입니다.

그리고 이건 옛날부터의 제 지론이었던 것 같습니다만, 인간은 단념을 알 때 비로소 평범한 힘으로라도 본질로 되돌아설 수 있을지도 모르니까요.

　단념은 방향(芳香)을 지니고 있습니다. 서글픔이 그 향을 더욱 짙게 하는 걸까요? 늙음도 죽음도 모두 다 그지없이 자연스러우며, 그만큼 당당하고 안정되어 있습니다. 그리고 그것보다도 훨씬 근사한 것은 인생이 미완(未完)이라고 하는 것입니다. 인간 존재 그 자체가 불완전하기 때문에 미완인 것이며, 무언가를 단념하고 죽음에 이르는 것은 인간 본성에 잘 들어맞기 때문입니다.

이야기를 현실적인 쪽으로 돌리자면, 저는 때때로 우뚝우뚝 멈춰 서 버리곤 하게 되었습니다.

　한참 회의중일 때면, 예전에는 두리뭉실하기만 했던 반대쪽 자리의 사람들 얼굴이 보이기 때문에 상상력을 불러일으켜 회의 내용을 잘 모르게 되어 버리기도 합니다. 또, 어느 날엔가는 늘상 다니던 백화점에 들어가려다가 길 저 멀리에 약간 낡은, 낮은 아파트가 있는 것을 보았습니다. 지금의 동경 한복판에 어떻게 저런 한가로운(?) 모습의 아파트가 있을 수 있을까 싶을 정도였습니다. 그 아파트 주민들은 옥상에 실로 갖가지 식물들을 재배하고 있었습니다. 그저 그뿐인 일이었지만 제게 있어서는 역시 '이 세상' 혹은 '인생'의 발견이었습니다. 저는 저도 모르게 길 한복판에 우뚝 멈춰 서서 자동차들의 시끄러운 클랙슨 소리를 들어야 했습니다.

　수술 후 동북(東北) 지방을 여행했을 때도 저는 때때로 풍경 앞에서 멍한 상태가 되곤 했지요. 포플러 잎이 은빛으로 물결치고 구름이 달을 흐릿하게 가리며 흘러가는 것을 별 하나가 뚫어지게 응시하고 있었습니다. 가을이 되면 새빨간 비단으로 덮인 것처럼 보일 단풍나무 잎 하나하나가 선명하게 눈에 들어올 때 저는 어찌해야 좋을지 알 수 없어질 지경이었습니다.

몇몇 분들은 제 눈이 보이게 된 것을 "기적입니다"라고 말씀해 주셨습니다. '기적'에 해당하는 말은 신약 성서에 세 가지가 나오는데 그중 하나는 그리스어로 '듀나미스'라고 하지 않습니까. 듀나미스는 '다이내믹'이라든가 '다이나모'의 어원이 되었다고 하는데 일반적으로는 '타고난 힘'이라든가 '능력'을 가리키죠. 물론 '기적을 행하는 능력' 또는 '기적' 그 자체를 의미하기도 합니다만.

오늘 신부님께 말씀 드리고 싶은 것은 그후부터의 일입니다. 기쁨으로 어쩔 줄 모르던 기간이 지나자, 저는 조금씩 침착하게 경과를 살필 수 있게 되었습니다. 그때야 비로소 저는 자신이 병들어 있는 게 아닐까 생각했던 것입니다. 수술 이래, 두통도 사라졌고 옛날에 지나친 복근(腹筋) 운동으로 생겼던 요통조차 사라져 버렸습니다. 그 부끄러울 정도의 건강에도 불구하고 저는 자신의 마음 일부가 병자의 그것과도 같다는 생각이 들었습니다. 옛날의 자신과 지금의 자신과의 사이에 쑥 빠져 나간 공백 부분이 느껴졌기 때문입니다.

인간은 누구나 무엇인가를 얻을 때 자신의 노력에 의해 그것을 얻습니다. 노력을 아끼지 않았던 사람, 돈을 많이 지불하고 비싼 물건을 구입한 사람, 오랫동안 그것을 기다려 왔던 사람, 그들은 어떤 좋은 결과가 나오든 간에 그것은 자신의 노력의 결과이므로 당연하다고 생각할 겁니다.

그러나 저의 경우, 저는 아무것도 하지 않았습니다. 저의 선천적 근시도(近視度)가 수정체를 제거함으로써 생겨나는 원시의 플러스 도와 딱 맞아떨어질 만큼의 마이너스 도였다는 것, 그러한 설계 위에서 제 눈을 만드신 분은 도대체 누구이실까요. 저와 같은 좋은 결과는 B선생님이 연간 7백 회 정도 행하시는 수술에서 서너 번밖에 경험하지 못하는 것이라고 합니다.

제가 아니더라도 누구나 이 결과를 마음속에 무겁게 느끼게 되는 게 아닐까요. 제가 겉치레 말을 늘어놓고 있다고 생각하시지는 말아 주십시오. 저는 다만, 이것이 예삿일로 끝나서는 안 된다고 생각지 않을 수 없었던 겁니다. 이것은 하느님께서 저를 일하게 하시려고 잠정적으로 제게 빌려 주신 눈이라고밖에 생각할 수가 없습니다. 그렇다면 저는 언제까지, 얼마만큼 일하면 그 빚을 갚는 게 됩니까, 하고 여쭐 수밖에 없지요.

만약 빌려 준 사람이 탐욕스런 사람이라면 편안할 것입니다. 그 사람은 당연히 자기가 빌려 주었노라고 털어놓을 것이고, 빌려 간 것을 빨리 갚으라고 재촉도 할 테니까요. 그러나 그러한 목소리가 제게는 그 어디서도 들려오지 않았습니다. 그러므로 얼마만큼 일하라고 하는 명령 역시 없었지요. 그 침묵이 점차 제게 무섭게 다가왔습니다. 그 무거운 부채(負債)를 잊기 위해 알콜 중독에라도 빠져 버릴까 생각했던 순간도 있었습니다. 사실, 제게는 마약 지향성이 있지만 원래부터 국법을 어길 만한 용기도 없었기에 현실 도피를 위해서는 고작 알콜 중독 정도밖에 생각해내지 못했던 것입니다.

그 누가, 뭔가를 먹을 때마다 일일이 '나는 지금 배가 고프다'라고 생각하겠습니까. 그러나 아직도 저는 '아, 지금 나는 보고 있다'고 생각하곤 합니다. 그리고 아무리 애써도 보이지 않던 것이 어찌하여 보이게 되었는지 이해되지 않는 것입니다. 그 느낌은 깊은, 보통의 경우라면 도저히 뛰어넘을 수 없을 듯한 도랑이 있었는데 퍼뜩 정신이 들어 살펴보니 저는 이미 이쪽으로 건너와 있고, 그 도랑의 폭을 볼 때 아무리 생각해도 스스로의 능력은 아니었다 싶을 때와 비슷했습니다.

9월 말, 병원에서 수술 후의 진찰을 받았을 때 저는 그곳에서 아홉 살 난 한 남자아이를 만났었습니다. 그 아이는 선천성 백내장 때문에 세 살 때 어느 유명한 안과에서 수술을 받았는데, 그후 녹내장이 되어 버렸다고 합니다. 그 병원에서는 아이의 부모에게도 그 사실을 감추고 있었는데, 아이의 진료 차트를 훔쳐본 어머니가 깜짝 놀라 어떻게 방법이 없을까 싶어 *B*선생님을 찾았던 것입니다.

그 아이의 부모님은 *B*선생님에게서 저를 소개받은 것이 왠지 행운의 시작인 듯한 기분이 든다고 말씀하셨습니다. 그리고 저는 외래 복도에서 소년을 만났지만, 그 모자(母子)에게 무슨 말을 해야 좋을지 알 수가 없었습니다. 그때의 소년과 저를 보면서 인간은 스스로의 힘에 의해서는 그 무엇도 될 수 없음을 통감했습니다.

옛날 유태인들은 병이나 죽음을 죄의 결과라고 생각했습니다. 만약 유태인의 논리대로라면, 저와 그 소년 중 어느 쪽이 더 나쁜 일을 했겠습니까? 제 눈이 찌부러져야만 앞뒤가 들어맞는다는 것이 당연한 일이지요. 그런데도 저는 교정 시력 2.0이 되었고, 소년은 물크러진 포도알 같은 눈을 하고 있는 겁니다.

저는 갈팡질팡했고, 제 자신을 잃을 것 같았으며 그리고 마지막으로 신부님의 말씀을 기억해냈습니다. 그것은 '모든 것을 상실했을 때 사람은 하느님을 본다'고 하는 말씀이었습니다.

신부님, 저는 바야흐로 그 자격을 잃었습니다. 신부님께서 말씀하신 것은 아마도 〈마태오〉 5장 3절에 나오는 '마음이 가난한 사람은 행복하다'라고 하는 것을 가리키는 것이겠지요. 여기에 나타나 있는 '마음이 가난한 사람'이라 함은 구약성서에서의 헤브라이어 '아나윔'으로부터 나온 의미를 포함하고 있다고 배웠습니다. '아나윔'이란, 국가로부터 버림받고 돈도 없으며 사회적 신분 역시 지극히 낮으면서도 오히려 그로 인하여 오직 하느님만을 믿고 온유하게 살아가는 사람을 뜻한다고 합니다.

  신앙만이 인간의 마이너스 상태를 플러스로 만드는 힘을 부여해 줍니다. 그 소년도 아마 그 눈의 부자유스러움으로 인해, 건강했을 때는 지니지 못했던 위대함을 나타내게끔 되겠지요. 그러나 그것은 제가 그 소년에게 들려 줄 수 있는 이야기는 아니었습니다. 저는 그저 소년의 손을 잡아 뺨에 몇 번 대주었을 뿐입니다. 원래 굳건치 못한 인간인지라, 저는 금방 이 불연속감으로 인한 고민에서 벗어나게 될 것이고, 반 년만 지나면 마치 태어날 때부터 이런 시력을 지녔다는 듯한 얼굴을 하고 다니게 되겠지요.

  10월에는 조금 옛날 생활로 되돌아가고자 합니다. 제가 완치되었음을 알리는 인삿장에 '여러분의 얼굴을 다시 익히는 작업도 시작하고 싶다'고 썼더니 남자분들의 놀라움은 대단했답니다. '나는 얼굴에 자신이 있다'라든가 '지금까지 나를 만나 주었던 것은 내가 미남이기 때문인 줄 알았는데, 보이지 않았다니 쇼크다'라는 등등 반응은 갖가지였어요.

  수술 후 제가 초대면해서 실망했던 얼굴은 제 얼굴 하나뿐이었습니다만, 스스로의 얼굴은 그리 자주 만나지 않아도 되니 고마운 일입니다.

  10월 말에는 한국의 이경재(李庚宰) 신부님께서 나환자들을 위해 만드신 성 라자로 마을이 30주년을 맞으므로 그 축하를 위해 안양에 다녀올 예정입니다. 다음번 편지를 드릴 때는 좀더 여느때의 저답게 씩씩하고 튼튼한 자세로 돌아가 있으리라고 생각합니다.

〈추신〉 누님 되시는 루치아 수녀님으로부터 생각지도 않게 10만 엔짜리 우편환이 든 편지를 받았습니다.
 잘 아시는 신자분의 남편께서 당뇨병으로 시력을 잃고 말았는데, 제 눈이 나았다는 소식을 듣고는 그분이 축하의 뜻으로 전하고 싶어했다는 것이었습니다. 물론 저로서는 전혀 모르는 분입니다.
 루치아 수녀님께서 "그렇다면 소노 여사가 모금하고 있는 성 라자로 마을을 위한 기금에 바치는 게 어떻겠느냐"고 하셨더니, "익명으로 해 달라"며 10만 엔이나 되는 돈을 보내 주셨다고 합니다. 이런 일도 있을 수 있군요.
 신부님, 어제부터 저는 가슴이 미어지는 것 같은 기분에 사로잡혀 있습니다. 저는, 자기 자신의 눈은 빛을 잃었으면서도 다른 사람의 눈의 회복을 축하하여 10만 엔이나 되는 돈을 보내 주시는 분이 계시리라고는 생각도 해보지 못했습니다. 자신이 고통 속에 있으면서도 타인의 행복을 축복할 수 있다니요. 얼마나 대단한 분입니까? 저는 도저히 그렇게는 될 수 없었을 겁니다. 그분에게도 저는 빚을 지고 말았습니다. 물론 깊고 깊은 존경과 더불어 말입니다…….
(1981. 10. 1)

기적적인 시력 회복에 감동하며

시리에다 마사유끼

소노 여사.

지금 동경으로부터 로마에 도착해서 막 한숨 돌린 참입니다.

동경이라고 하는 도시는 왠지 마음이 가라앉질 않는 곳입니다. 무엇이든 다 최신식이어서 역사가 소외되어 있는 탓일까요? 그렇지 않으면 밀집된 거리들이나 신경질적으로까지 보이는 생활의 회전이 인간의 시야와 마음의 폭을 좁혀 버리기 때문일까요? 오늘날의 동경에서는 타인에 대한 배려도, 자기에의 깊은 침잠도, 영원한 진리의 울림도 기대할 수가 없을 것 같습니다. 물론 생텍쥐페리의, '사막은 아름답다. 오아시스를 품고 있으므로'라는 구절처럼, 잿빛 콘크리트의 동경 사막에도 역시 마음이 서로 통하는 오아시스가 몇 군데 있긴 하겠지만 말입니다.

그에 비해 로마는 제게 얼마나 편안함을 주는 도시인지 모릅니다. 설령 도둑이 지갑을 빼앗아 간다고 하더라도 거기에는 웅대함이 쇠퇴해 가는, 허물어지는 모습이 깃들어 있습니다. 영원이라는 것을 배경에 놓고 볼 때, 로마만큼 뚜렷하게 무상(無常)의 아름다움을 노출시켜 주는 도시는 세계에 또다시 없으리라 생각되는군요.

로마는 이른바 인간의 모든 야망의 말로(末路)가 이미 과거형, 아니 완료형으로 수록된 한 폭의 모자이크라고 저는 생각하고 있습니다. 곳곳에 인간의 우행(愚行)을 말해 주는 무수한 바벨탑이 비참한 모습으로 비에 씻기고 햇빛에 바랜 채 역사의 심판을 견디어내고 있는 것을 보노라면 오히려 애처롭고 기특할 정도입니다.

옛날 네로 황제는 콜로세움 언덕 위에 '도움즈 아울레아(금빛집)'를 세워 자기의 권세를 세상에 자랑했습니다. 그 그로타 양식의 잔해가 오늘날에는 그로테스크라는 형용사가 되어 사람들의 비웃음을 사고 있는 것을 생각할 때, 일본의 *GNP* 신앙과 같은, 그저 물질적 영광만을 좇는 인간의 어리석음의 종말이 아름다운 로마의 석양과 더불어 눈앞에 그려져 옵니다.

10월 5일의 소노 여사 답신 속에 씌어진 양쪽 눈 수술 경과와 여사의 내면적 풍경 속에 생겨난 갖가지 기복이나 명암은 감동 없이는 읽을 수 없는 것들뿐이었습니다.

솔직히 저 역시 소노 여사의 시력 회복, 아니 회복이라기보다 시력 완성은 '기적'이라고 생각하고 있습니다. 공관복음서(共觀福音書 : 마태오, 마르코, 루가를 말함)에서 말하는 '듀나미스(하느님의 신비스런 행위)'보다도 오히려 요한이 말하는 '세뫼옹', 다시 말해서 그리스도를 증거할 '은총의 표시'라는 의미에서 저는 이 기적이라는 단어를 쓴 것입니다.

소노 여사가 자신에게 일어난 시력의 완전한 회복을 그대로 하느님의 선물로서 받아들이고 거기서 하느님의 의지를 읽어 나가실 수 있다면, 이 틀림없는 은총의 표시는 소노 여사의 인생에 '새로운 과제'를 던져 줄 것이며 작가 활동의 '새로운 시작'을 뜻하는 것이 되리라 믿습니다.

'히나 아나브레프소(보일 수 있도록)'는 성서적 인간의 기본적 희구를 나타내는 구절입니다만, 그것은 단순히 외계의 사물이 보인다는 것뿐만 아니라 그 이상의 것, "나는 빛이다"라고 말씀하신 하느님의 진실을 간파할 안력(眼力)을 의미하고 있습니다. 신앙의 눈이라고나 해야 할까요.

원래 우리 범부(凡夫)들은 눈뜬 장님이어서, 때때로 "너희들은 눈이 있어도 보지 못하는가"라든가 "보이지 않으면서도 보인다고 우기는 데에 너희들의 죄가 있다"는 주님의 꾸중을 듣곤 하는 것이지요.

저는 소노 여사의 개안을 축하하여 한국의 성 라자로 마을에 10만 엔을 기증하셨다는 기이한 분을 생각하고 있습니다. 그분은 소노 여사와는 반대로 병 때문에 시력을 잃고 지금은 완전히 맹인이 되신 분이라고 하셨지요. 그런데도 그분은 실명이라고 하는 인간적 비극을 소노 여사의 완전한 시력 회복의 경우와 똑같이 '하느님의 선물'로서 감수하셨다고 하겠습니다.

실명 속에서조차 '하느님의 계획에 따라 부르심을 받은 사람들에게는 모든 일이 서로 작용해서 좋은 결과를 이룬다'(로마서 8, 28)는 섭리를 감지하셨다면, 그것은 눈먼 가운데 그분의 심안(心眼)이 열려 하느님의 모습을 보셨기 때문이라고 저는 믿고 있습니다.

소노 여사의 시력 완성이 기적이라고 한다면 그분의 실명도 또한 기적이라고 저는 말하고 싶군요. 아픔이나 고뇌를 그대로 하느님의 선물로서 적극적으로 긍정하고 받아들일 수 있다는 것은 기적이 아니고 무엇이겠습니까? 이러한 마음의 전환은 물리적 아픔의 치유보다도 훨씬 더 중대한 것입니다. 그렇지 않다면 기적은 단순한 이익과 아무런 차이도 없습니다.

'내가 고통으로부터 구원받는 것'이 아니라 '고통이 나를 구하는 것'입니다. 고통으로부터의 구원이 아니라, 고통 그 자체가 구원이라는 것이 그리스도 십자가 기적의 진의가 아닐까요? 고통의 밑바닥을 파들어 갈 때 거기에서 자연스레 끓어오르는 '환희, 환희의 눈물'에서 저는 진정한 은총의 표시를 느낍니다. 바로 그렇기 때문에 그분은 자신의 실명 가운데서도 소노 여사의 시력 회복을 진심으로 기뻐하며 축복 드릴 수 있었던 것입니다.

지난번 편지에서도 언급했었습니다만, 이번 귀국길에 저는 누님과 남동생과 함께 규슈에 돌아가 어머님 성묘를 마쳤습니다.

돌아오는 길에 이소이찌(五十市)라고 하는 자그마하고 한적한 시골역에 들렀습니다. 놀랍게도 그곳은 무인역(無人驛)이 되어 있었고, 인적 없이 쓸쓸한 곳에 새빨간 칸나와 똑바로 뻗어 나간 두 줄기 레일만이 보일 뿐이었습니다.

그래도 그곳은 저에게는 잊을 수 없는 유일한 마음의 역입니다. 그곳은 31년 전 처음으로 신부를 지망하여 어머님 곁을 떠나던 날, 플랫폼 한쪽 구석에서 언제까지고 손을 흔들고 계시던 어머님의 모습이 지평선 저 끝으로 사라져 갔던 역입니다.

그 역두(驛頭)에 섰을 때, 지금은 고인이 되신 어머님의 당시 심경이 사무치게 그리워 마음이 크게 흔들렸습니다. 인생의 가을에 들어서서야 비로소 젊은 날의 잘못과 젊은 날에 알지 못했던 일들을 깨닫게 된다는 것 또한 인생의 아이러니라고 할까요?

신부가 되는 길은 엄하고도 십수 년의 세월을 요하는 것이었습니다. 가톨릭 사제는 일생을 독신으로 지내야 하며, 더욱이 저와 같은 수도 사제는 어머님을 곁에 모시는 일이 허용되지 않습니다.

1963년 2월, 저는 이탈리아의 토리노에서 사제 서품을 받았습니다. 그때 어머님은 당신의 심경을 녹음 테이프에 담아 보내 주셨지요. 내용을 소개해 드리겠습니다.

마사유끼. 초지 일관, 사제가 된 것을 축하한다.

아마 1949년 여름이었던 것 같구나. 너와 함께 날품팔이 노동에서 돌아오던 길에, 언덕 아래 짐수레를 놓고 잠깐 쉬고 있을 때였다. 네가 "엄마, 나 신부가 되려고 하는데 허락해 주시겠어요?" 하고 물었었다. 나는 그 질문이 나올까 봐 얼마나 두려워하고 있었는지 모른다. 그리고 막상 그런 질문이 나왔을 때는 얼마나 고통스러웠는지……

그 무렵 나는 무척 열성스런 불교 신자였지. 보통의 엄마들과 마찬가지로 나도 네가 집에 남아 장남으로서 가계를 이어받고 내 노후를 보살펴 주리라 기대하고 있었다. 그때까지 너를 위해 열심히 살아 왔으니까. 솔직히 말해, 신부 따위가 된다는 것을 원하지 않았었다. 또 어느 정도 키워 놓으니까 "어머님 안녕히" 하는 네가 노엽게도 생각되었다.

하지만 나는 고민했단다. 만약 진실한 사랑이란 것이 하느님께서 인간 하나하나에게 주시는 운명을 존중하는 것이라고 한다면, 지금 너의 고매한 이상을 반대하는 것은 너에게 일생 이기적인 엄마라는 낙인을 찍히는 것이라는 생각이 들자, 도저히 견딜 수가 없었지. 그래서 한밤중, 아직 공부하고 있는 네게로 갔었다. 그리고 말했었지. "마사유끼, 엄마 걱정은 안해도 된다. 부디 훌륭한 신부님이 되어 다오"하고.
 하지만 마사유끼야, 너는 정말로 그때의 엄마 기분을 알아주었지?

 저는 어머님의 이 말씀에 가슴이 무너지는 듯했습니다. 그때까지 그런 어머님의 기분을 전혀 깨닫지 못하고 있었으니까요.

 파스칼은 모성애에 관해서 말할 때면 꼭 그 특징적 장점으로 '합일의 정열'을 듭니다. 자식과 함께 있고 싶다, 함께 살고 싶다고 하는 모성의 정열이지요. 자식과 운명을 함께 하고 싶다고 바라는 그 합일의 정열이야말로 여성의 본능이며 위대함이기도 합니다. 사실, 한자(漢字)에서는 여성[女]과 자식[子]을 한데 합쳐서 '좋다[好]'라는 뜻으로 읽고 있지요.
 하지만 여기에서 파스칼은 합일의 정열만으로는 자식을 훌륭하게 키울 수 없다고 말합니다. 그것은 자식의 어리광을 조장할 따름입니다. 자식의 가장 가까이에 있는 존재라는 바로 그 점으로 인해, 어머니가 자식의 인격 형성에 최대의 장애가 되지 말라는 법도 없다는 것입니다.
 그래서 파스칼은 모성의 '분리의 정열'이 필요함을 말합니다.
 언제였던가요. 소노 여사는 젖도 안 떨어진 듯한 어른을 만들어내는 일본의 교육 현상을 걱정하셔서 〈다로오 이야기〉를 쓰기 시작하셨지요. 바로 그 무렵이었던 듯싶군요. 제가 소노 여사와 함께 바티칸 주재 일본 대사 댁에 저녁식사 초대를 받았던 것이. 그때는 밤늦게까지 이야기가 끊임없이 나왔지요.

그날 밤 소노 여사가 마지막으로 하신 말씀을 저는 지금도 잊을 수가 없습니다. "어머니의 사랑이란 아이를 떼어내는 데 있습니다. 떼어내면서 멀리에서 계속 지켜 보는 것이지요. 이것이야말로 여성에게 부과된 가장 엄격한 행위입니다." 정에 겨워 아이를 꼭 껴안는 것이 사랑이라면, 정을 억누르고 떼어내는 것은 보다 큰 사랑의 표현이라고 할 수 있을 것입니다.

〈다로오 이야기〉 해설에는, '남녀의 사랑은 두 사람이 하나가 되는 사랑이지만, 모성애는 하나였던 것이 두 사람의 별개 인간으로 나뉘는 사랑이다. 모성애란 이별과 상실을 최종목표로 한 서글픈 사랑인 것이다'라고 씌어 있더군요. 사실 태아는 어느새 모태에서 미끄러져 나와 곧이어 젖이 떨어지고 마침내는 〈창세기〉 결혼관에 나오듯 '어버이를 떠나'(2, 24) 남자와 여자가 한 몸이 되어 갑니다.

그 해설은 계속해서 '어머니라는 역할의 최종 단계를 다하기 위해서 어머니는 사랑하는 자를 멀리 놓아 주는 능력, 이기심이나 독점욕이나 지배욕을 버리고 그 대신에 이타심을, 주는 능력을, 사랑하는 자의 행복만을 바랄 뿐 보답을 바라지 않는 능력을 길러야만 한다. 이 시련을 돌파하는 것은 참으로 어려운 일이다'라고 쓰고 있더군요.

교육이란 자립할 수 있는 인간을 만들어내는 창조적 작업을 말합니다. 자식이 자립할 수 있게 되어 부모의 손길을 필요로 하지 않게 될 때, 배반당했다고 느끼고 세상을 비관하는 부모들이 있습니다만 왜 그것을 기뻐하지 않는 것일까요? 실은 자식을 독립시켜 준 그만큼 자식은 부모를 독립시켜 주는 셈인데요. 그것이야말로 부모에 대한 자식의 보은이라고 해도 좋을 것입니다. 자식의 도약대로서 짓밟히고, 자식의 비료로서 썩어 갈 각오가 어머니 쪽에 있을 때에 비로소 자식은 주체성을 지닌 인격으로 커가는 겁니다. 이것은 동서고금을 막론한 교육론의 근본이며 마음가짐입니다.

가톨릭에는 성모 숭배의 전통이 있습니다. 가장 숭고한 모성에는 '합일의 정열'이 아니라 그야말로 '분리의 정열' 속에 있음을 마리아는 몸소 증거해 보였습니다.

아드님 예수를 신전에 바쳤을 때 마리아는 시므온에게서 '검이 당신의 마음을 찔러 뚫으리라'는 예언을 듣지요. 마리아에게 예수는 가슴이 무너지는 듯한 생각으로 키운 아들이면서도 커감에 따라 점점 어머니로부터 떨어져 가기만 하는 아이였던 것입니다. 예수가 열두 살 때, 그리고 가나의 혼례식 때(요한 2, 4), 그후에도 몇 번인가 마리아는 예수에게서 "당신이 나와 무슨 상관이 있습니까"라는 말로 물리침을 당합니다.

예수는 자신의 아들인 동시에 하느님의 아들이기도 했던 것입니다. 비정해 보입니다만 사실은 여기에 커다란 진리가 깃들어 있습니다. '어머니는 자기 자식을 하느님의 뜻에 따라, 하느님을 위해서, 하느님을 향해 상실함으로써 진정한 어머니가 된다'는 것이지요. 이 분리의 고뇌를 일생 걸머지고 살았던 마리아였기에 '성모'라는 이름에 값하는 겁니다. 분리의 고뇌를 알지 못하는 마음은 불결한 마음입니다. 마음이 깨끗하다면 저절로 분리의 모정이 솟구쳐 오르는 것이라 해도 좋겠지요.

마리아는 예수로부터 물리침을 당해도 계속 그를 지켜 보며 뒤를 쫓아다닙니다. 십자가의 길에서도 그랬습니다. 그래서 마리아의 분리의 정열이 클라이맥스에 달한 저 골고다의 언덕에서 인류를 대표하는 요한을 향해서 예수께서는 말씀하셨던 것입니다. "이분이 네 어머니시다"(요한 19, 27)라고. 이리하여 마리아는 전 인류의 어머니가 되셨습니다.

이 세상의 모든 어머니들도 합일의 정열에 있어서는 마리아와 다를 바 없을지도 모릅니다. 그러나 분리의 정열에 있어서야말로 마리아는 모성의 귀감이셨습니다. 하느님을 위해서 자식을 멀리하면 할수록 세계의 어머니, 인류의 어머니로 승화되어 갑니다. 그 사랑이 전 세계를 감싸고 땅의 면모를 새롭게 해 나가는 것이야말로 현대의 구원이 아닐까요?

이소이찌 역 홈에 서서, 새삼 다시 한번 하느님을 향해 저를 떠나 보내셨던 제 어머니의 분리의 정열에 한 줄기 감개와 감사를 느꼈던 일본 여행이었습니다.

"수십 년 동안이나 오직 길가의 꽃만을 계속 그리는 사이에 최근에야 겨우 그 모양이 보이게 되었다"고 술회한 사람이 있었습니다만 소노 여사도 지금쯤은 '뚜렷하게 보이는 눈'으로 계속 글을 쓰면서 그 진실의 모습을 보충해 나가실 수 있기를 기도 드리고 있답니다.

(1981. 10. 20)

저에게 무엇을 기대하겠습니까

모든 것, 생명 역시 빌어 온 것이군요
소노 아야꼬

왜 신부(神父)가 되었느냐 말씀 드리면
시리에다 마사유끼

모든 것, 생명 역시 빌어 온 것이군요

소노 아야꼬

시리에다 신부님.

덕분에 수술 후의 눈은 매우 좋습니다. 한때의 한없는 기쁨으로부터 겨우 안정을 되찾은 저는 나름대로 필요한 정신적 변화를 겪고 있습니다.

사실은 위가 약간 나빠졌습니다. 눈에 보이는 것들이 너무나도 강렬해서 — 그것은 제게 있어서는 기쁨의 감정 이외는 그 아무것도 아닙니다만 — 위장에는 필시 자극의 연속으로서 안정감이 없었던 것이겠지요.

지금의 솔직한 심정은 다시 한번 시력을 잃게 될 날이 있을지도 모른다는 것을 생각해서 이 집행유예의 나날을 가능한 한 농밀(濃密)한 감사와 더불어 보내고, 만약 와야 할 날이 운명으로 주어진다면 그날이 지난번에 신부님이 편지에 쓰신 것처럼 '고통이 나를 구하는 것'이 되도록 마음의 준비를 하고 싶습니다. 장님이 된다는 사실을 아무렇지도 않게 받아들일 가망성은 전혀 없습니다만…….

왜 이런 심리 상태가 되었느냐 하면, 어느 날 제 눈에는 여전히 망막 박리의 위험성이 남아 있다는 것을 확실히 인식했기 때문입니다. 그러나 이제부터의 생활을 제2차적 재해를 두려워하면서 멈칫거리며 살아갈 생각은 전혀 없습니다. 물론 눈과 몸이 과로하지 않도록 신경을 쓰긴 하겠지만 산다는 것은 어두운 방에서 눈을 감아 시력을 보존하는 것과 같은 그런 일은 아니지요. 제가 어떠한 결과를 맞을 것인가는 아무리 생각해 보아도 역시 하느님의 손에 달려 있습니다.

저는 이번에 눈의 생리를 뒤늦게마나 공부하게 됨으로써 새삼스레 하느님이 하시는 일이 어떤 것인가를 알게 된 느낌입니다. 인간이 사물을 보는 능력은 망막 위에 있는 황반부(黃斑部)라는 장소에 모여 있다고 합니다. 그것은 직경 1, 2밀리미터의 작은 면적으로 거기에 병변만 일어나지 않으면 시력은 유지된다는군요. 반대로 말하자면, 망막의 다른 부분이 모두 건강하다 하더라도 황반부가 상하면 볼 수 없게 되는 것이지요. 그 조그마한, 바늘 머리만한 장소의 정상, 비정상을 그 누가 조종할 수 있겠습니까? 그것은 하느님의 뜻이라고밖에는 말할 수가 없습니다. 제가 제 자신의 눈의 능력을 지킨 것이 아니라 하느님께서 지켜 주셨던 것입니다.

저는 어느 사이엔가 제게 주어져 있는 그 모든 것들은 다 빌어 온 것이라고 생각하는 일만은 가능해지게 되었습니다. 지금 일본에서는 대여업(貸與業)이라는 것이 성행해서 상점의 화분이나 열대어 수조에서부터 장례식날 쓰는 방석에 이르기까지, 심

지어는 토목 작업용 중기계까지도 빌려 준다는군요. 제 건강도, 생명도, 생각해 보면 모두 다 빌어 온 것들입니다. 소설을 쓰는 데 적합한 약간의 성벽(性癖)까지도 하느님으로부터 잠정적으로 빌어 온 것이지요. 그것도 공짜로 말입니다!

이렇게 생각하면 그것들을 언제 다시 거두어 가시든 불평할 수 없음을 깨닫고는 있습니다. 그런데도 저는 눈만은 거두어 가시지 마옵소서, 시력을 잃게 하실 것이라면 차라리 제 생명을 거두어 가시옵소서, 하고 하느님과 교섭을 하고 있는 것입니다.

대담 관계로 구스타프 포스 신부님을 만나 뵈었습니다. 신부님과의 이야기는 주로 '부친 부재(父親 不在)'에 대한 것이었습니다.

저는 제 아버지에 대해서는 쓸쓸한 기억만을 갖고 있습니다.

아버지는 동경 토박이로, 옛 게이오(慶應) 의숙 출신이셨지요. 젊은 시절의 사진을 보면 상당히 말끔한 얼굴을 하고 계십니다. 그러나 까다로운 분이셔서 어머니와 저는 언제나 아버지를 두려워했습니다.

아버지는 당신 마음에 들지 않는 일이 있을 때는 저희에게 벌을 주셨습니다. 가장 괴로운 것은 마음이 풀릴 때까지 불평을 하시면서 밤새껏 저희들을 재우지 않는 것이었습니다. 그 결과 어머니는, 한 번은 저와 동반 자살을 꾀하기도 하셨고, 제가 철들 무렵부터는 심장 신경증으로 몇 번 입원을 되풀이하셨지요.

저는 아버지에 의해 보호받고 감싸졌던 기억이 한 번도 없습니다. 그 결과, 어쩌면 저는 심리적 불구자가 되어 버렸는지도 모릅니다. 저는 보이프렌드에게서도, 연인에게서도, 남편에게서도 '아버지'만을 구했습니다. 저를 지켜 주는 사람이라면 그 누구라도 좋았습니다.

　훨씬 나중에, 그러한 심리가 갖가지 위험을 낳는다는 것을 조금씩 알아 가게 되자 저는 저 자신을 인위적으로 강인하게 만들었지요. 저는 '두렵다'거나 '괴롭다'고 말하는 것을 스스로에게 용납하지 않았습니다. 혹시 어쩌면 두렵지 않게 해주거나 괴롭지 않게 해주는 사람이 나타날는지도 모른다, 그러면 나는 그 사람을 좋아하게 될 테고, 그렇게 되면 일은 복잡하고 귀찮아질 게다, 하고 생각했던 것입니다.

　제게는 폐소(閉所)공포증이 있는데도 불구하고 왜 일부러 터널 현장을 자주 찾느냐고 묻는 사람도 있습니다만, 그것은 가장 단적으로 제 자신의 약함이 드러나는 장소부터 공격하고 견뎌 나가야만 한다고 생각했기 때문입니다.

　제가 아버지 흉만 보고 있다고 생각하신다면 슬퍼질 겁니다. 아무리 마이너스적 형태일지라도 그만큼 강렬하게 '아버지'에의 생각을 남겨 주신 제 아버지께 저는 지금은 진심으로 감사하고 있으니까요. 그런 아버지가 아니셨다면 오늘날의 저는 존재하지 않았을 겁니다.

　포스 신부님과의 대화중에 몹시도 기쁘게 생각되었던 것이 있습니다. 그것은 제가, 신앙은 제게 있어서 '해방과 쾌락'이라고 말씀 드렸을 때입니다. 흔히들 신앙은 '속박과 금욕'이라고 생각하는 경향이 있어서 제가 해방과 쾌락 운운하면 대개의 사람들은 깜짝 놀란 듯한 얼굴을 하는데, 포스 신부님은 1, 2초 정도 생각하시더니 그 표현에 전적으로 찬성을 해 주셨거든요.

　만약 이 정도의 보잘것없는 신앙이나마 없었더라면 저는 뭔가 발언을 할 때 다른 사람의 안색을 살폈을 것입니다. 또는 지금 세상에서는 이런 생각이 주류(主流)를 이루고 있으니까 하는 생각으로 제 자신의 생각을 억눌러 버렸을 겁니다. '하느님만을 두려워하고 사람을 두려워하지 않는' 것이 인간의 올바른 삶의 줄기입니다만 그렇게 하기는 참으로 어렵습니다. 저 역시 다른 사람들과 마찬가지로 때때로 사람이 두려워지지만, 그래도 신앙 덕분에 자그마한 자유는 얻고 있구나 싶을 때도 있습니다.

신앙은 이 세상의 모든 것을 깊이 맛보게 하므로 쾌락에는 불가결의 요소이죠. 불경스럽게도 저는 포스 신부님께 "괜찮은 간통소설이란 그리스도교가 존재하는 덕분에 있는 것"이라고 말씀드리기도 했습니다.

연애에 있어서 가장 감동적인 장면은 '간통'을 하고 있다는 죄의식과 스스로 납득하고 떠나가는 경우의 '비련(悲戀)'이라고 생각합니다만, 하느님에 대해서건 인간에 대해서건 아무런 규율이 없는 지금의 일본에서는 이 두 가지의 편린(片鱗)이나마 찾아보기가 극히 어려워졌습니다. 간통과 비련의 달콤함을 묘사할 수 있는 이는 실로 그리스도교도, 예를 들어 소노 아야꼬 같은 사람뿐이라고 누군가에게 선전하고 싶은 기분입니다.

간통은 금지되어 있다는 바로 그 점 때문에 유혹적인 것이므로 일부일처(一夫一妻) 제도가 사라지게 된다면 명작 간통소설은 그야말로 절대로 생겨나지 않을 것입니다.

비련도—지난번 편지 속에서 신부님께서 어머님 생각을 하시며 말씀하신 바와 같이—분리의 정열, 즉 단념으로부터 시작되죠. 스스로 물러나는 것이 사랑일 경우는 흔히 있으며 그것은 모자(母子)의 경우이건 남녀의 경우이건 같은 종류의 정열이라 생각됩니다. 그러나 현대는 어머니이건 여성이건 '물러선다는 것, 상대방이 자기 생각을 눈치채지 않게 하는 것, 그런 것들이 사랑이다'라고 하는 말은 전혀 통용되지 않는 시대처럼 보여집니다.

　하지만 저는 지금도 단념이라는 것을 상당히 좋아합니다. 그리고 또한 다른 일에 있어서는 서툰 점이 많습니다만 단념에 있어서만은 뛰어난 것도 같습니다. 그렇다면 시력도 단념하시오, 라고는 말씀하지 마십시오. 그럴 정도라면 역시 생명을 끊어 주십사고 하느님께 부탁 드려 주십시오.

　친구 쯔루바다(鶴羽)와 그밖의 몇 사람과 함께 한국에 다녀왔습니다. 예의 그 이(李) 신부님이 이끌어 나가시는 성 라자로 마을 30주년 기념식에 다녀온 겁니다.
　쯔루바다가 시리에다 신부님께 세례를 받던 날 이 신부님께서 우리집을 찾아 주셨던 것은 지금 생각해도 정말로 우연이라기엔 지나칠 정도입니다. 한국 안양시에 살고 계시는 이 신부님과 로마에 계시는 시리에다 신부님이 동경에서 서로 만나신다는 것은 사실 있기 힘든 일이니까요. 요즘 하느님께서는 갖가지 만남의 장(場)을 마련해 주고 계시는 듯한 생각이 듭니다.
　제가 한국에 간 것은 사실은 30주년 축하보다도 환자분들께 감사의 뜻을 표하기 위해서였습니다. 수술이 결정된 이후 성 라자로 마을의 환자분들은 오랫동안 매일 되풀이해서 제 눈이 보일 수 있게 되기를 기도해 주셨습니다. 신부님, 저의 기도로는 안 된다 하더라도 그분들의 기도라면 들어 주실 것 같은 느낌, 이해하시겠죠?
　하느님께서는 우리들이 탐내는 것을 꼭 주시는 것은 아니지만 희망은 들어 주십니다. 하물며 고통을 걸머진 분들의 희망이라면 더더욱.
　성 라자로 마을 사람들은 다른 사람들보다 건강을 '보다 덜'

지니고 있는 듯이 보입니다. 경제적으로 보더라도 일본의 평범한 샐러리맨보다 '보다 덜' 갖고 있는 듯이 보이지요. 상식적으로 말하면, 건강에 있어서건 물질에 있어서건 제가 환자분들보다 '더 갖고 있는' 것처럼 보일 것입니다.

하지만 이번에는 그분들이 제게 주셨습니다. 그분들 외에는 그 누구도 제게 줄 수 없는 귀중한 것을 주신 것입니다. 더구나 그 결과 제가 받은 것은 제 노력으로도, 또는 돈을 내고서도 받으리라고는 장담할 수 없는, 지금의 제가 목숨보다 더 중요하다고 생각하고 있는 바로 그것입니다.

환자분들의 존재는 그분들에게 원조의 손길을 뻗을 수 있도록 허락받은 사람들의 기쁨이기도 합니다만 지금 제게는 더욱더 귀한 것이 되었습니다.

서울에 도착한 날 밤, 전에 장관을 지낸 바 있는 홍성철(洪性澈) 선생님이 성 라자로 마을 후원회 멤버로서 우리들을 초대해 주셨습니다.

홍 선생님 같은 분을 만나게 될 때면 저는 언제나 세계 공통의 지성과 그 지성이 지닌 활달한 인생의 수용 태도에 감명을 받곤 합니다. 그날 그는 자신이 왜 가톨릭 신자가 되었는지에 대해 참으로 드라마틱한 이야기를 들려 주었습니다. 서울 상대 출신인 그는 6·25 때 자원 입대했었다는군요.

신앙인이 된 경위를 여기에 쓰면 길어질 테니까 다음에 다시 신부님을 만나 뵙게 될 때에 말씀 드리기로 하지요. 아무튼 홍 선생님은 미국 유학을 마치고 조국으로 돌아왔을 때—6·25 후 아직 얼마 되지 않았을 때였겠죠—미국에 비해 한국이 얼마나 가난한가를 뼈저리게 느끼고 가슴 아파했다더군요. 당시 한국만이 가난했던 것은 아니었지요. 일본 역시 극심한 가난에 시달렸으니까요. 우리들에게도 미국은 동경(憧憬)의 나라였으며, 미국인과 같은 집에서 살고 미국인과 같은 자동차를 갖는 것이 꿈이었습니다. 홍 선생님은 그때, 어떻게든 한국인의 생활을 언젠가는 미국인 정도로 끌어올리고 싶다고 생각했었답니다.

저는 그때 눈시울이 뜨거워졌습니다. 나라를 생각하는 젊은 청년으로서 그 이상 솔직하고 뜨거울 수는 없겠지요. "홍 선생님, 그 희망을 어느 정도는 달성하신 셈이 아닙니까? 축하드립니다." 저는 이렇게 말했고, 함께 있던 분들과 함께 축배를 들었습니다.

한국에는 이처럼 우국지사(憂國志士)라고 할 만한 분들이 많이 계십니다. 그것은 역시 훌륭한 일이 아니겠습니까? 자신에게 가까운 사람, 즉 동포부터 행복하게 되기를 바라는 마음, 그것이 애국심의 기본입니다. 저 역시 그런 애국심을 지니고 싶습니다만, 오늘날 일본에서는 동포를 사랑하는 일조차 오해를 받지요. 그것은 다시 말해서 타국을 멀리하고, 타국에 전쟁을 일으키는 것으로 금방 비약해서 생각해 버리니 말입니다.

그러나 자기 나라 국민을 무시하고서 다른 나라 국민을 사랑한다는 것은 이상한 일이며, 가정의 평화조차 유지시키지 못하는 사람에게는 인류애 따위가 있을 수 없을 겁니다. 자기 주변 사람들의 불행을 방치해 두고서 본 적도 없는 먼 나라 사람을 원조한다는 것은 부자연스런 일이지요. 그러므로 모든 사람들은 자기 가까이에 있는 것에서부터 손을 뻗어 나가야만 되지 않겠습니까?

이런 말씀을 여쭙는 것은 용기가 필요한 일입니다만, 저는 아직 신부님께 진지하게 "왜 신부님이 되셨습니까" 하고 질문한 적이 없었습니다. 저는 수다스러운 편이어서 왜 자신이 소설가가 되었는지에 대해 때때로 단편적으로 이야기한 적은 있는 것 같습니다만…….

퍼뜩 마음 속에 떠오른 질문을 그대로 써 버리고 말았지만, 이것은 타인의 마음에 흙 묻은 발로 뛰어들어 짓밟으려 하는 것과도 비슷한 것이겠죠. 부디 실례를 용서해 주십시오.

동경은 완연한 가을빛을 보이기 시작했습니다. 이제부터는 언제 시력을 잃어도 괜찮도록 '이것이 최후의…'라고 생각하며 살아가렵니다. 하지만 만약 그렇게 생각한다면 이 세상이 훨씬 더 매력적으로 눈에 비치지 않을까 싶습니다. 난처한 일이군요.

몸조심 하시길 바랍니다. 적당한 육체적 피로가 숙면을 가져오는 법이니 운동에도 신경을 쓰시기를. (1981. 11. 3)

왜 신부(神父)가 되었느냐 말씀 드리면

시리에다 마사유끼

소노 여사.

어제 편지 받았습니다.

소노 여사의 눈도 일희일우(一喜一憂)의 경과를 되풀이하는군요. 죽는 날까지 그것이 계속된다면 일생 기도가 필요해지는 것이 되는 겁니까? 그렇다면 저도 신부로서 삶의 보람을 얻는 셈이지요. 제가 기도해 드릴 수 있으니 말입니다.

소노 여사의 '모든 것은 빌어 온 것들로서, 현재 사용하고 있을 뿐 때가 오면 돌려 드려야 할 것'이라는 생각에는 대찬성입니다. 생각해 보면, 맨몸으로 이 세상에 왔으면서 뭐가 부족해서 자기 소유를 고집하는가 싶습니다. 죽으면 그 모든 것을 다 두고 가야 하는데요.

소노 여사의 눈 때문에 저도 제 눈에 관심을 갖게 되었습니다. 어제는 제 황반부에는 과연 별 이상이 없을까 하고 생각하기도 했지요.

플로렌스(피렌체의 영어 이름) 사투리에서는 몸의 어떤 부분이 컨디션이 나쁘거나 아프거나 하면 그 부분을 '느낀다'고 말합니다. 예를 들어 '이가 아프다'고 하는 대신에 '이를 느낀다'고 하지요. 재미있지 않습니까?

아무 탈도 없으면 인간은 누구나 자기에게 32개의 이가 있다는 것 따위는 느끼지도 못합니다. 그러나 그 이가 하나라도 아프기 시작하면 갑자기 그 존재를 느끼는 거지요. 아픔도 감각도 원래는 하나인 것이므로 '아프다'라고 말하거나 '느낀다'라고 말해도 되는 겁니다.

일본의 공해는 '아프다 아프다 병'(허리, 무릎이 쑤시고 아프다가 전신 쇠약으로 죽는 병. 공해가 원인임)으로 대표됩니다만, 정신 공해는 '아프지 않다, 아프지 않다 병'이 되는 게 아닐까요. 타인의 일이나 타국에 관해서는 '느끼지 않는다'라고 한다면 말입니다.

마더 데레사는 얼마전에도 "사랑이란 타인의 아픔을 함께 아파하는 마음이다"라고 말씀하셨지요.

이야기가 옆길로 샜습니다만 저는 요즈음 제 눈을 '느끼게' 되었습니다. 눈동자 위에 언제나 엷은 안개가 낀 것처럼 느껴집니다.

하느님께서 이런 낡은 눈을 주셨던 게 아니라 제가 혹사했기 때문이니 자업자득이라고밖에는 말씀 드릴 수가 없군요. 그래서 요즘은 제 눈도 그리스도 신비의 일부라 생각하고 부드럽게 위로하기로 작정하고 있습니다. 요컨대 독서량을 줄인 것이지요. 제 에너지 절약 작전입니다.

포스 신부님과의 대담 부분은 흥미 있게 읽었습니다. 신부님께서는 자신의 저서 《일본의 아버지에게》의 주제인 '부친 부재'에 대해 말씀하셨던 모양이군요. 그것은 좋은 책이었습니다. 하지만 신부님의 아버님 같으신 분은 지금의 독일에도 극소수일 겁니다.

제 인생 속에서 아버지의 그림자는 엷습니다. 중일전쟁 발발 직후 화북(華北) 지방에서 전사하셨죠. 제 나이 다섯 살 때였습니다.

아버지의 유언은 '여보, 애들을 잘 부탁하오. 애들아, 엄마 말씀 잘 들어야 한다'라는 두 줄뿐이었죠. 어머님은 평생 이 유언을 지키셔서 모성애와 더불어 부권(父權)을 행사하셨던 것 같습니다. 어머님의 부드러움 속에는 언제나 아버지의 엄격함이 깃들어 있었습니다.

어머님은 독실한 불교 신자여서 아침 저녁 불단 앞에서 불경을 외곤 하셨지요. 저희들에게도 몇 구절을 암기시켜 소리내어 읽게 하셨습니다. 제가 나쁜 짓을 했을 때 어머님의 꾸중은 대단했으며, 마지막으로 손을 모아 잘못을 빌면 꼭 먼저 "부처님 앞에 가서 사과하고 오너라" 하고 말씀하셨습니다.

'아무도 안 보더라도 부처님만은 다 보고 계신다'고 하는 어머님의 종교 교육이 어쩌면 '부친 부재'를 보충해 주었는지도 모르겠군요.

그러나 좋은 부모를 둔 이상적 가정이라고 해서 꼭 아이가 훌륭하게 자란다고 할 수는 없지요. 저는 그 실례(實例)를 너무나도 많이 보아 왔습니다. 유럽의 테러리스트들은 대부분 좋은 가정, 훌륭한 부모에게서 자란 사람들입니다.

언제였던가, 프랑스의 명감독 트뤼포의 〈용돈(*Argent de poche*)〉

이라는 영화를 본 적이 있습니다. 그는 이 작품에서 곡절 많은 소년 시대를 거친 인간은 그럴 수 없이 좋은 환경에서 순조롭게 자란 아이보다 어른이 된 후 인생 문제에 대처하는 능력이 뛰어남을 증명하고 있습니다. 아마도 그것은 감독 자신의 체험이었겠죠. 찰스 디킨스의 〈데이비드 커퍼필드〉가 하고자 하는 이야기도 그런 것이 아닐까요.

저희 살레시오 수도회를 창립했던 성 돈 보스꼬 역시 가정적으로는 참으로 불우한 소년이었습니다. 그러나 그 마이너스 면을 플러스로 전환시켜 천재적 교육자로 성장한 것입니다. 불우, 그것이 그대로 비료가 된 듯한 느낌입니다.

돈 보스꼬가 신부가 되고자 했던 이유는 너무나 많은 보잘것없는 신부들을 보아 왔기 때문이었습니다. '만약 내가 신부가 된다면 저런 신부는 되지 않겠다'고 하는 데서부터 그의 이상적 사제상이 나옵니다. 언제나 종교적인 따뜻한 미소를 얼굴에 가득 띤 채, 모든 사람들 특히 가난한 청소년들을 격의 없이 포옹할 수 있는 좋은 아버지의 마음씨를 지닌 신부님 말이지요. 소노 여사도 아버지에 대한 쓰디쓴 경험을 플러스 면으로 만드신 것입니다. 은총의 작용 여하에 달린 것이라고나 할까요.

요즈음엔 바티칸 및 교황립(敎皇立) 대학에서의 일에 열중하고 있습니다. 11월 말 국제 회의가 있고 저도 강연을 하게 되어 있습니다만, 당면 관심사는 오로지 제 로마 친구뿐입니다.

제게는 20여 년을 가까이 지내고 있는 주리오라는 멋진 로마 친구가 있지요. 그는 대학 교수이며 세계적인 과학자이기도 합니다. 일본의 각 대학으로부터 초빙을 받아 몇 차례 일본에 가기도 했지요. 그 주리오가 요즘 불행의 연속 속에 있습니다.

프랑스 파리 태생인 그 친구의 부인은 지금 암으로 누워 있지요. 딸 안나 마리아는 결혼에 실패해 남편과 헤어진 지 1년 이상이 되었구요.

안나의 남편은 안나를 불행 속에 빠뜨리는 데만 집념을 불태우고 있습니다. 괴로워하는 그녀를 보는 것이 이 세상 최고의 기쁨이라고 한다는군요.

그는 안나 마리아의 신경을 온통 엉망으로 만들어 놓고 아들 알렉산더를 그녀에게서 빼앗아 갔으며, 재판을 걸어 그녀가 살고 있는 지금의 집을 45일 이내에 명도(明渡)하라는 승소 판결까지 얻어 놓고 있답니다. 그 선고를 받은 다음날 안나 마리아는 정체 불명의 차에 치여 어깨뼈가 부러져서 지금 병상에서 신음하고 있습니다.

"내가 도대체 무슨 나쁜 짓을 했단 말인가? 이렇게 심한 처사를 하느님으로부터 받아야 하다니!" 하며 우는 주리오를 보노라면 저 역시 안타깝습니다. 이 세상에서 명성을 얻었다는 인간의 인생도 참담하기 그지없습니다. 저는 그저 그 옆에서 기도하는 수밖에는 없습니다.

언젠가 소노 여사는 〈부재(不在)의 방〉이라는 작품에서, '기도한다는 것은 미신도 아니며 하느님에게만 의지하는 것도 아니다. 오히려 그지없는 연약함과 서러움을 지닌 인간으로 돌아가는 것이다'라고 말씀하셨습니다만, 지금만큼 그 정의의 진실을 깊이깊이 곱씹어 본 적은 없습니다. 다만 거기에 예언자 에스겔의 '그리고 나의 눈을 오직 하느님의 마음에 둔다'라고 하는 문구를 덧붙이고 싶을 뿐입니다.

주리오의 외침은 "저는 무엇 하나 불의를 행한 적이 없거늘 어찌하여 당신은 이렇게도 저를 괴롭히시나이까?" 하며 하느님을 향해 절규하는 욥의 탄식과 일치합니다. 이 세상에서 그 누구도, 고통을 당하는 당사자도 또 국외자도 그 의미를 알 수 없다는 데에 고통이 지닌 어두움이 있습니다.

그래도 하느님은 인간의 비통한 외침을, 설령 그것이 모독으로 가득찬 것이라 할지라도 최후까지 들어 주시며 고통받는 자와의 대화를 결코 중단하지 않으십니다. 또한 하느님이 행하시는 사랑의 조처는 인간의 보잘것없고 초라한 사고(思考)를 훨씬 넘어선 원대하고도 심오한 것임을 〈욥기〉는 우리들에게 가르쳐 줍니다.

인간은 이 세상에서 마치 자수(刺繡)의 뒷면을 보고 있는 것이나 마찬가지입니다. 갖가지 색깔의 무수한 실들이 뒤섞여 있어서 뭐가 뭔지 전혀 알 수가 없는 것이지요. 그러다가 일단 사선(死線)을 넘어 하느님의 빛에 닿을 때 비로소 앞면이 드러나 아름다운 꽃무늬가 찬연히 펼쳐지는 것입니다. 이 세상에서 불행이라고 생각되던 것이 그야말로 은총으로 가득한 보물의 뒷면인 것입니다.

바로 그렇기 때문에 요셉 비티히(1926년 파란만장한 생애를 마친 독일의 신학자, 법학자)는 '누구이든 간에 인간의 전기(傳記)는 출생부터가 아니라 그 죽음에서부터 씌어지기 시작해야 한다'고 말했던 것입니다.

기회가 좋은 것 같으니 소노 여사가 편지에 쓰셨던 '신부님께서는 왜 신부가 되셨습니까'라는 질문에 답변을 해보도록 하죠.

그것은 종전(終戰) 이듬해였습니다. 전쟁은 저에게서 모든 것을 다 앗아가 버렸습니다.

우선은, 아버님의 전사지요. 1945년 6월에는 제가 태어나고 자란 집이 공습으로 불탔으며, 저희들 네 식구는 겨우 목숨만 부지한 채 할머님 댁으로 피난을 갔습니다. 친구들도 여기저기로 흩어졌지요. 또 패전(敗戰)은 군인이 되어 아버님의 뒤를 엿고자 했던 저의 어린 꿈을 산산이 부숴 버렸습니다. 동시에 저의 불교에 대한 신앙의 열기도 식어 버렸지요. 전쟁은 끝났지만, 이제 더 이상 부처님의 은혜를 감사 드리는 매일매일이라고는 말할 수 없게 되었던 겁니다.

그래도 살아 나가야만 했습니다. 우선 어머니, 누나, 동생, 저 네 사람이 살 집부터 마련하자고 생각했지요. 그래서 저는 어느 날 거리로 나와 당시 미군의 원조로 건축중이던 가톨릭 교회에 못을 훔치러 들어갔습니다.

반짝반짝 빛나는 미제 못을 황급히 보자기 속에 집어 넣고 있는데 갑자기 검은 옷을 입은 외국인에게 목덜미를 잡혔습니다. 저는 순간 창백해졌습니다. 어둠침침한 감옥과 슬픈 듯한 어머님의 얼굴이 눈앞에 떠올랐습니다.

그러나 놀랍게도 그 외국인은 저를 때리지도 않았고, 체포하려 하지도 않았으며, 오히려 보자기를 가져가더니 그 안에다 못을 가득 채우기 시작했습니다. 그리고 가톨릭에 대해서는 한 마디도 하지 않은 채 저를 돌려보내 주었습니다. 문 근처에서 "부족하면 또 오너라" 하고 한 마디 했을 뿐이었지요.

여우에 홀린 듯 저는 그날 밤 한숨도 잠을 이루지 못했습니다. 다른 사람이 주는 것이라면 무엇이든 받지만 자기는 다른 사람에게 무엇 하나 주지 않는 그런 전후(戰後)의 시대에 '준다'고 하는 일의 귀중함을 가르쳐 준 그 외국인의 우엉과도 같은 굵은 손가락과 한없이 맑은 푸른 눈동자가 머리에서 떠나지 않았습니다.

　새벽녘, 저는 "이상(理想)을 발견했다!"고 외치자마자 벌떡 일어나 그대로 교회까지의 4킬로미터 길을 달려갔습니다. 그리고 그 외국인을 발견한 순간, "선생님, 저는 육군 대장이 되려던 것을 그만두렵니다. 선생님처럼 되고 싶습니다. 부탁입니다. 가르쳐 주십시오" 하며 머리를 조아렸지요.

　지금 생각해 보면 웃음 나는 이야기죠. 그러나 그것은 제 거짓 없는 마음이었습니다. 가톨릭 교도가 되겠다는 말은 하지도 않았거니와 생각해 보지도 않았습니다. 그저 다만 그분처럼 되고 싶었던 것입니다.

　그 외국인은 제게 있어서 참으로 좋은 인생의 스승이었습니다. 그리스도는 '나는 생명이다'(요한 14, 6)라고 선언하셨습니다만, 그 생명의 스승을 저는 그분 속에서 찾아낸 것입니다. 저는 아무런 후회도 없이 제 인생을 그분에게 넘겨 드렸습니다.

　저는 세례를 받았습니다. 그리스도의 심오한 가르침 따위는 알 리가 없었지요. 하지만 가톨릭 교도는 하느님의 크나큰 사랑의 증거로서 십자가 위에서 돌아가신 그리스도 위에 자기 인생을 놓는 자라는 확신만은 흔들리지 않았습니다. 하느님의 사랑 위에 놓여진 인생이 다른 사람들의 인생과 다른 것은 아니지만 입신 출세라거나 돈을 모은다거나 성공을 거둔다는 것과는 관계가 없지요. 사랑의 길은 그리스도를 십자가로 이끌어 갔습니다. 십자가의 죽음이야말로 하느님이 인간에게 주신 사랑의 최고 증거이며, 완성이었습니다.

　제 인생의 스승인 그 외국인은 로칸트라는 이름의 신부님이셨지요. 1955년 2월, 동경 육영학원 화재 때 미처 피하지 못한 저의 동료를 구하려고 불 속으로 뛰어드신 후 결국 다시 밖으로 나오지 못하셨습니다. 젊은이를 팔에 꼭 끌어안은 채 불에 타 돌아가셨던 것입니다.

로칸트 신부님은 수재도 아니셨고, 명 설교가도 아니셨습니다. 하지만, 강론대에 서서 "우리들 일본인"이라고 말씀하실 때의 그분이 저는 참 좋았습니다. 일본인 이상으로 일본을 사랑하고 존경했던 분이셨지요. 그리고 늘 입버릇처럼 "마사유끼, 나는 일본의 흙이 되고 싶다"고 거듭거듭 말씀하셨습니다.

그 말씀대로 일본의 흙이 되고 만 로칸트 신부님의 한 줌 유해 앞에서 다시금 하느님의 사랑 위에 놓여진 인생이 어떤 것인가를 가르침받았습니다. 저는 마음 속으로 제2의 로칸트 신부님이 될 것을 맹세했지요. 그리고 그분의 어머님 마마 로자의 아들이 되어 드리기 위해 윗분의 허락을 얻어 이탈리아로 건너갔습니다.

로칸트 신부님의 20주기 기념일이었습니다. 마마 로자가 이 세상을 뜨셨지요. 저는 그 죽음 앞에서 아들로서, 또 신부로서 유해를 장례 지내며 하느님께서 주신 기이한 인연에 눈물을 흘렸습니다.

지금 다시 한번 요셉 비티히의 이야기로 되돌아가 보죠. 만약 로칸트 신부님의 전기(傳記)를 출생에서부터 쓰기 시작한다면, 다시 말해서 '나는 인생에서 무엇을 기대할 수 있는가' 하는 발상으로 쓰기 시작한다면, 로칸트 신부님의 인생만큼 비참한 것은 없습니다. 열여섯 나이에 부모 형제와 헤어져 고국을 떠나서 타향 땅 일본에 와, 전쟁중에는 군(軍)의 학대로 고통을 겪고, 전후(戰後)에 겨우 자유로이 복음 전도를 할 수 있게 되자 불에 타 돌아가시고 말았으니까요.

그러나 그분의 전기를 죽음에서부터 쓰기 시작한다면, 즉 '인생이 내게서 무엇을 기대할 수 있는가' 하는 180도 다른 발상의 전환 아래에서 쓰기 시작한다면, 그분의 생애만큼 휘황(輝惶)한 것은 없습니다. 자기가 사랑했던, 그지없이 사랑했던 일본의 흙이 되셨으니 말입니다. 그리스도 말씀의 씨앗은 그 토양에서 확실히 싹 트고 열매를 맺게 되겠지요.

'밀알 하나가 땅에 떨어져 죽지 않으면 한 알 그대로 남아 있고 죽으면 많은 열매를 맺는다'(요한 12, 24)라고 그리스도는 말씀하셨습니다. 이러한 사랑을 위한 순교자의 죽음에서 솟구쳐 나오는 성성(聖性)의 삶이 사실은 그리스도의 교회를 살리며 윤택하게 해 주는 것입니다.

작년 9월 이 이야기를 들으신 부군(미우라 슈몬 : 소노 아야꼬의 남편)의 말씀이 걸작이셨습니다. "아, 그러면 시리에다 신부님께서는 로마의 흙이 되시죠. 신부님께서 언제까지고 로마에 계셔 주신다면 저희들이 조국을 떠나 타향 땅을 헤매더라도 정신적으로 퇴화되지 않을 수 있을 테니까 말입니다. 하하!"

그때 저는 '로마의 흙이 된다? 지금까지 생각해 본 적도 없었던 일인데……. 그러나 그것도 나쁘진 않겠구나' 하고 생각했습니다. 모든 것은 하느님 손 가운데 있는 것이니 말입니다.

대선배 한 분의 풍모(風貌)가 문득 생각나는군요. 그토록 염원하던 땅 로마에 와서 순교하여 로마의 흙이 된 성 바울로의 모습입니다. 소노 여사가 인솔하셨던 성 바울로 사적 조사단의 멤버로서 그의 묘 앞에서 미사를 올리던 때가 몹시도 그립습니다.

소노 여사, 사랑한다는 것은 얼마나 멋진 일입니까? 사랑한다는 것은 '사랑을 만들어낼 능력'(에리히 프롬)을 지니는 것, 감히

'자신을 계속 주는 에너지'를 지니는 것입니다. 그러한 능력과 에너지를 지니는 것은 고통스러운 일이기도 합니다. 때로는 로칸트 신부님이나 아우슈비츠에서 동향인을 대신해 죽으셨던 꼴베 신부님처럼 죽음까지도 선택하지 않으면 안 되니까요. 하지만 그래도 사랑이 없다면 인간은 인생을 살았다고 할 수 없습니다. 죽음을 대상(代償)으로 할 정도의 쾌감도, 죽음을 초월할 정도의 희열도 맛볼 수가 없는 것이지요. 사랑은 죽음보다도 강하며 영원히 끊이지 않는 것입니다.

성인(聖人)이란 결점이 없는 완전한 인간을 말하는 것이 아니라 사랑의 에너지에 살고, 사랑의 에너지를 살려 간 사람을 말하는 것이겠지요.

방금 주리오에게서 전화가 왔습니다. 저더러 "언제 와줄 수 있느냐"고 하는군요. "금방 가겠다"고 대답했으니 이제 이쯤에서 펜을 놓아야겠습니다.

'불행은 침묵하고 있다'(시몬느 베이유)고 합니다만, 자신의 불행을 다른 사람들에게 말할 수 있을 동안은 아직 완전하게 불행한 것은 아니죠. 진정한 불행은 인간을 고독하게 합니다. 주리오는 지금 고독을 통해서 자기 속의 자기와 겨루고 있는 겁니다. 그것이 때때로 견디기 힘들어지면 저를 부르지요.

저는 신부가 되길 정말로 잘했다고 생각합니다. 신부가 독신이라는 건 얼마나 커다란 은혜입니까? 하느님께서는 신부가 철저히 고독하기를 바라셨지요. 철저히 고독한 후에야 비로소 다른 사람들의 고독을 찾아내는 눈과 그것을 부드럽게 애무(愛撫)할 수 있는 마음이 길러지는 것이니까요. 앙드레 프로사르(유물론적 무신론자였다가 가톨릭으로 개종한 가톨릭 사상가)가 '사제란 타인이 고독하지 않도록 스스로는 홀로 살아가는 사람이다'라고 말한 것이 기억납니다.

   밤에 숙면할 수 있도록 운동을 권해 주신 것에 감사 드립니다. 소노 여사도 부디 몸에 신경을 쓰십시오. 시력을 단념하고 싶지 않으시다면 무리하지 마시기를!   (1981. 11. 15)

기다리는 사람은 행복합니다

어머님의 일생을 돌이켜 봅니다
시리에다 마사유끼

신부님 어머님처럼 생을 마칠 수 있다면
소노 아야꼬

어머님의 일생을 돌이켜 봅니다

시리에다 마사유끼

소노 여사.

오늘은 로마 중심부로 나간 김에 폴로 로마노 주변을 서성거리다 왔습니다. 저녁 노을에 콜로세움이 새빨갛게 불타고 있는 모습은 언제 보아도 인상적이지요. 인공(人工)과 역사와 자연, 그 삼자(三者)가 공연해 주는 유니크한 '주홍빛 제전(祭典)'이라고나 할까요? 해는 조용히 옛 왕궁터인 파라티노 언덕으로 잠겨들고 있었습니다.

저는 그때 붉게 물든 하늘이 그대로 일본까지 계속되어 있는 듯한 착각에 휘말려 들었습니다. 그리고 그 해 뜨는 곳에 있는 나라에서는 지금쯤 빠알간 아침 해가 떠오르리라 상상해 보았습니다. 이쪽에서는 저녁 해가 지고, 그쪽에서는 아침 해가 떠오릅니다. 사람들 눈에만 진다거나 떠오른다거나 하는 식으로 비칠 뿐, 태양 그 자체에는 아무런 변화도 없지요. 하느님 앞에 서 있는 우리 인생의 부침(浮沈), 성패(成敗), 생사(生死)도 역시 이와 같다고 할 수 있겠지요.

11월 말, 밀라노에 있는 친구 어머님이 암으로 돌아가셨습니다. 그와 똑같은 때에 일본에서는 8년 전 제가 세례를 주었던 여성에게서 첫 아이가 태어났습니다. 이렇게 도처에서 '영원한 현재'가 이루어내고 있는 하느님의 창조적 다이너미즘에 마음이 설렙니다. 주위에 있는 언덕의 소나무와 사이프리스가 황혼에 흔들리는 것을 보면 그것이 세상을 떠난 이들을 애도하며 통곡하는 것으로도, 갓 태어난 아기의 출생을 기뻐하며 날뛰는 것으로도 보입니다. 그 무어라 말할 수 없는 시적 아름다움에 취해 저는 잠시 몰아(沒我)의 경지에서 그곳에 우뚝 서 있었습니다.

아름다움의 편린 하나에도 이렇게 탄복할 수 있는 동안은 아직은 하느님을 찾는 마음에서 그리 멀리 떨어진 것이 아닐지도 모른다고 스스로를 위로하며 한길로 나오니, 그곳은 거친 로마인들이 운전하는 현대의 소악마—자동차—들이 뒤섞인 사바(娑婆) 세계였습니다. 눈 깜짝할 사이에 그때까지의 기분 좋은 시정(詩情)도 감상도 휙 날아가 버리고 말았습니다. 참으로 속세란 괴로운 세상이군요.

지난 주 월요일 교황님을 만나 뵈었습니다. 이제 완전히 좋아지셔서 저격 사건 이전의 컨디션으로 돌아오신 듯 보였습니다. 아무튼 정력적이며 건장하신 분이십니다. 하루에 16시간에서 18시간 동안이나 일을 보시니 말이죠.

11월 18, 19 양일간 이탈리아 공산당은 로마 교외의 프라토케에 있는 당 중앙연구소에서 〈현 로마 교황과 그 노동 회칙(回

則)에 관해서〉라는 주제로 세미나를 열었습니다. 캬란테라든가 카르디아 등등 쟁쟁한 문화인들도 함께 한 토의였지요. 결론으로서, 현 교황 요한 바오로 2세가 현대 세계에 있어서 점점 더 도덕적, 정신적 지주가 되어가고 있다는 사실을 확인했습니다.

옛 중국의 귀종(歸宗) 선사에게 이런 일화가 있지요.

어느 날 노사(老師)가 부엌 쪽으로 가니 거기에 탁발승들이 모여 있었습니다. "오늘은 무슨 일들을 하였는가" 하고 노사가 묻자 탁발승들은 "맷돌을 갈았습니다." 하고 대답했습니다. 겨였는지 콩이었는지 밀기울이었는지는 모르지만 아무튼 젊은 스님들은 맷돌을 갈았던 것이지요. 그러자 노사는 "맷돌을 가는 것은 좋지만 한가운데의 심봉(心棒)만을 갈지 말라"는 의미 있는 말씀을 남기고는 사라지셨다는 이야기입니다.

이 세상은 격심하게 움직이고 있으며 인간 역시 함께 움직이지 않으면 안 되지만, 그를 위해서는 한가운데에 그것을 지탱하는 부동(不動)의 심봉이 필요함을 귀종 선사는 말하고 싶었던 것이겠지요.

탈것이건 무엇이건 빠른 것보다 더 좋은 건 없습니다. 하지만 그러려면 중심에 움직이지 않는 차축(車軸)이 필요합니다. 동(動)과 정(靜)의 일치라는 묘미를 만들어내는 심봉이야말로 소홀히 해서는 안 되는 것이지요. 특히 가톨릭 교회 안에서 '바티칸은 낡았다, 딱딱하다, 융통성이 없다'는 비평을 듣곤 합니다만, 이탈리아 공산당이 교황님을 세계의 정신적, 도덕적 심봉이라고 본 그 형안(炯眼)에는 실로 깜짝 놀랐습니다.

교황직이란, 그 글자 자체로 보면 '베드로의 자리'란 뜻으로서 반석처럼 오래고 굳세며 부동(不動)인 것이 특징이지요. 바로 그렇기 때문에 격동하는 세계에 있어서 그것을 지탱하는 심봉

역할을 감당해낼 수 있는 것입니다.
 성 바울로는 초대 교회의 신자들을 향해 '이 세상을 본받지 말라'(로마서 12, 2), '인간의 간교한 유혹이나 속임수로써 사람들을 잘못에 빠뜨리는 교설의 풍랑에 흔들리거나 이리저리 밀려다니는 일이 없도록 하라'(에페소 4, 14)고 훈계하고 있습니다. 바티칸도 이 세상의 인기나 유행을 좇지 말고 오직 그리스도의 변치 않는 등불을 높이 들고 그것을 날마다 새로이 세상에 보이고 증거하는 사명에 철저히 임한다면, 그것으로 좋다고 생각합니다. 어떤 의미에서는 이 심봉만 튼튼하다면 세계가 격동하더라도 걱정할 일이 없다고 말할 수 있지요.

 벌써 주 예수 그리스도의 강림을 기다리는 대림절(待臨節)로 들어섰군요. 로마의 거리와 가게 앞에 크리스마스 트리용 어린 소나무, 전나무들이 빼곡이 들어차 팔리고 있습니다.
 대림절이란 크리스마스 전 4주일의 준비 기간을 말합니다만, 이 가톨릭 의식에서 머리에 떠오르는 것은 '주님이 오시기를 기다리며 준비하는 인간'의 모습입니다. 루가복음 속에는, 주님의 내방을 깨어서 기다리는 이의 행복이 기록되어 있지요.(루가 12, 37)
 성서에서 말하는 인간은 결코 철학적 현자나 윤리적 유덕자(有德者)나 정치적 걸물이 아닙니다. 종교적 자각자(自覺者)조차도 아니지요. 그것은 주 하느님이 오시기를 눈을 뜬 채 기다리는 인간입니다. 인간의 훌륭함이 문제가 아니라 자신이 지은 죄의 깊이를 인식한 후에 구원하시는 하느님, 용서하시는 하느님이 오시기를 기다리는 태도야말로 성서가 문제시하는 것이지요.
 도스토예프스키의 소설 〈죄와 벌〉에서 소냐의 아버지 마르멜라도프가 선술집에 퍼질러앉아 사람들의 비웃음을 샀을 때, '이 작은 술병이 내 기쁨이 된다고들 생각하는가? 나는 이 병의 바닥에서 서러움을 구하고, 눈물을 구했노라. 그것들을 찾아냈기 때문에 맛을 보기도 했지. 그리하여 나는 하느님만이 나를 불쌍히 여기시고 용서해 주신다는 것을 알았어. 오소서, 주 예수여! 당신의 나라가 임하옵기를' 하고 말하는 구절이 나옵니다. 또한 '이 세상 인간들에게 자기를 이해해 주기를 바란다든가 구해 주기를 바라는 것은 어리석은 일이다. 가엾이 여기시며 용서하시는 하느님이 오시기만을 기다리고, 거기에서 삶의 힘과 용기를 얻어야만 한다'고 마르멜라도프는 말합니다. 이것은 그야말로 성서적 인간상입니다.

성서가 '오소서, 주 예수여!'라는 말로 끝나고, 미사 때 우리들이 암송하는 사도신경이 '육신의 부활을 믿으며 영원히 삶을 믿나이다'라는 희망의 표명으로 끝나는 이유가 여기에 있는 것입니다.

기다릴 줄 모르는 인간에게 하느님은 죽음의 얼굴로 도둑처럼 찾아오시지만, 생기에 넘쳐 깨어 기다리는 인간에게는 하느님은 친구처럼, 아니 신랑처럼 찾아오시리라고 그리스도는 말씀하셨습니다. 기다리는 마음, 그것만 있으면 하느님께서는 틀림없이 와 주십니다. 그리고 사실은 이 기다리는 마음에 인생의 행복이 깃들어 있다고 루가복음은 가르치고 있습니다. '기다리는 사람은 행복하다'는 말은 그대로 '마음이 가난한 사람은 행복하다'와 통하는 것이지요.

제 어머님의 일생을 되돌아보면 거기에는 지극히 가난한 여자의 일생이 있습니다. 그것은 영웅 이야기 같은 미담도, 훌륭한 조각(彫刻)도 될 수 없는 것이지요. 그러나 그 무섭도록 평범한 생애에 '기다리는 마음'이 일관되어 있음을 볼 때 한 줄기 빛이 반짝이며 나오는 듯합니다.

 25년 전, 처음으로 유럽으로 떠나기 전에 윗분의 허가를 얻어서 저는 며칠 동안 어머님과 같이 지낼 수 있었습니다. 그때, "몇 년 동안이나 유럽에 있게 될 것이냐"고 묻는 어머님께 저는 "기껏해야 4년 정도일 것"이라고 대답했습니다. "4년이나 되니? 길구나" 하신 어머님은 일어나 나가시더니 쌀알 3백 65개의 4배만큼을 세어 작은 상자에 넣어 가지고 오셨습니다. 그리고는 "오늘부터 매일 한 톨씩 덜어내어 이 상자가 텅 비게 되면 너를 만날 수 있게 되는 거구나" 하시면서 조용히 웃으셨습니다. 그러나 저의 유럽 체재는 4년은커녕 10년을 넘겨 버렸지요. 어머님께는 참으로 긴 세월이었을 것입니다. 하지만 하루하루 제가 돌아오기를 기다리신 어머님이셨습니다.

 어머님의 일생을 한 마디로 요약한다면 그것은 기다리는 일생이었다고 할 수 있지요. 그리고 루가복음에 나오는 기다리는 사람의 행복과 마찬가지로 거기에 어머님의 유일한 삶의 기쁨과 행복이 있었던 듯싶습니다. 시골의 초라한 집에 홀로 사시는 것도, 말하자면 자식들이 돌아오기를 기다리기 위해서였습니다. 특히 하느님께 바친 세 자식들이 돌아오기를 기다리시는 어머님의 모습 속에 그리스도의 재림을 기다리고 바라는 신자의 모습이 2중으로 겹쳐 보였습니다.

 '마사유끼, 엄마도 열심히 건강에 힘쓰고 있단다. 내가 죽어버리면 네가 돌아올 집이 없어지게 된다고 생각하면 하루라도 더 오래 살아서 네게 힘이 되어 주어야 한다고 마음을 다진단다. 하느님께서도 다 알고 계실 테니 틀림없이 잘 보살펴 주시겠지. 물론 어딜 가든 하루 이틀쯤 편히 쉬지 못하겠느냐. 하지만 자기집만큼 편안히 오래 있지는 못하겠지.

　마사유끼, 언제라도 엄마 곁에 오려므나. 나는 언제나 네가 돌아오기를 목을 길게 늘이고 기다리고 있으니까.'

　이 글이 제가 어머님으로부터 받은 마지막 편지가 되고 말았습니다.

　3년 전 1978년 3월, 출장으로 아시아 5개국 방문을 마친 후 저는 열흘 정도 일본에 머물렀지요. 그때 어머님께서는 저를 만나고 싶어 일부러 상경하셨습니다. 공무를 모두 마친 어느 날 저는 어머님을 만나 뵈었습니다. 어머님께서는 너무나 기뻤던 탓인지 안심하셨던 탓인지 저의 팔 안에서 그대로 돌아가시고 말았습니다. 순식간의 일이었지요. 뜰에는 홍매화, 백매화가 가득 피어 있었고, 하늘에는 부활절을 앞둔 둥근 달이 구름 사이로 숨었다 나왔다 하고 있었습니다.

　진작부터 어머님은 "마사유끼가 일본에 있을 때 죽고 싶다"고 말씀하셨고, 또 그렇게 되기를 하느님께 기도 드리고 계셨으니, 그렇게도 계속 기다려 오시던 이 장남의 팔 안에서 그야말로 미켈란젤로의 피에타의 모습—물론 어머님과 아들의 위치는 바뀌었습니다만—으로 돌아가신 것은 어쩌면 어머님 숙원(宿願)을 푸신 것인지도 모르겠습니다.

　임종의 괴로움이 사라진 후의 어머님의 얼굴은 이 세상 것이라곤 생각할 수 없을 만큼 아름다웠습니다. 그토록 아름다운 사안(死顔)을 새기기 위해서 어머님의 일생은 있었던 것일까요? 저는 거기에서 어머님 생애의 집약을 보았습니다.

로셀리니의 〈무방비 도시〉라는 영화의 라스트 신에, 레지스탕스 청년을 감추어 주었다고 하여 한 신부가 총살형에 처해지는 장면이 나옵니다. 같이 있던 젊은 사제가 "신부님, 훌륭하게 죽어 가 주십시오" 하고 말하자 신부는 빙그레 웃으면서 대답합니다. "훌륭하게 사는 것에 비한다면 훌륭하게 죽는다는 것은 아무것도 아닌 일입니다." 이것이 신부의 유언이 되고 맙니다.

총성이 울리고 신부는 대지에 푹 쓰러집니다. 신부를 아버지처럼 따랐던 아이들이 형장에서 저녁 노을 진 외딴길로 돌아가고, 그들의 눈에는 눈물이 흘러 넘칩니다. 참으로 죽음은 삶의 완성입니다. 사람은 산 것처럼 죽는 것이니까요.

네로 황제의 스승이었으나 황제의 미움을 사 자살하고 만 로마의 철인(哲人) 세네카가 "신비스럽게도 사람이 삶을 배우는 데는 일생이 걸린다. 더더욱 신비스럽게도 사람이 죽음을 배우는 데는 또 일생이 걸린다"고 했던 중후한 말을 오랜만에 반추해 보았습니다. 인생의 총결산으로서 일생에 단 한 번 주어지는 기회인 '죽음'이라는 큰일만은 결코 그르쳐서는 안 된다고 생각합니다. 하지만 그것을 잘 성취해내기 위해서는 '오늘 하루를 잘 사는' 길, 그밖에는 방법이 없습니다.

크리스마스를 진심으로 축하합니다. 영구히 변치 않는 하느님의 말씀이 시시각각 변해 가는 시간의 한가운데에 새겨집니다. 형용할 수 없는 영원과 순간의 감응도교(感應道交)! 소리조차 없는 크리스마스의 신비! (1981. 12. 17)

〈추신〉 폴란드 비상 사태가 일어난 후 요 며칠간 교황님께서 많이 마음 아파하고 계십니다. 저희들도 바티칸 사무 중간중간에 기도를 드리고 있습니다.

신부님 어머님처럼 생을 마칠 수 있다면

소노 아야꼬

언제나처럼 저의 생활 이야기부터 시작해야겠군요.

덕분에 눈은 아주 상태가 좋습니다만, 저는 2년 동안 '긴 휴식'을 취하고 있는 사이에 아주 얼이 빠져 버린 듯 저널리즘 속에서 잘 빠져 나오는 방법을 잊어 버린 것 같습니다.

저는 옛날부터 한꺼번에 좋은 일 두 가지를 같이 해내지 못해서 뭔가 한 가지만 중대한 것을 고른 후 두번째 것부터는 눈을 감아 왔었지요. …그리고 그 제일 중요한 것은, 제게는 역시 소설을 진지하게 쓰는 일입니다만……. 그런데도 일의 순서가 잘못된 결과로 인도네시아에 갈 기회를 놓치고 말았답니다.

인도네시아의 수마트라 섬에서는 이미 수년 전부터 도버 호수의 물을 이용하여 발전소를 만들고 그 전기를 해안으로 끌어들여 알루미늄 정련 공장을 만든다고 하는 계획이 세워져 있어서 몇 번인가 저도 그곳엘 다녀왔었지요.
 이번에도 발전 개시를 눈앞에 둔 공사 상황을 살펴보러 갈 계획이었습니다만, 예정된 날까지 가려면 밤새워 글을 써야만 하고, 그것은 아무리 생각해도 눈에 좋을 리가 없다 싶어서 급히 계획을 취소하고 그 대신 친구 쯔루바다와 둘이서 이즈(伊豆) 온천에 다녀왔습니다.
 제가 자주 가는 곳은 '백벽장(白壁莊)'이라는 여관입니다. 이즈는 어느 곳이나 눈부실 정도의 햇빛으로 넘치고 있더군요. 그래선지 친구는 "겨울이 되면 이 근처가 어떻게 변할까"하는 우문(愚問)을 던져서 저를 당황하게 했답니다. 지금이 벌써 겨울인데 말입니다. 그녀의 말을 빌면, 그녀의 고향인 북녘의 겨울은 훨씬 춥고 어둡고 음산하며 폐쇄적이라는데, 이곳은 모든 것이 다 그 반대입니다.
 일본해(日本海) 쪽에 사는 사람들과 태평양 쪽에 사는 사람들에게 같은 세율이 부과되는 것은 잘못이라고 그녀는 역설했고 저 역시 일리 있는 말이라고 생각했습니다. 그러나 만약 지역에 따라 그 기후에 따른 세율 차이를 둔다면 태평양 쪽에 사는 사람들이라도 산간벽지의 주민들은 낮은 세율을 요구할 것이니 실제로 실시하기는 어려운 일이겠지요.
 친구와 함께 근처의 절까지 산책을 나가 보니, 지바(千葉) 현 근처에서부터 단체버스가 나이를 먹더라도 다른 사람들에게 대소변 시중만은 들게 하고 싶어하지 않을 선남선녀들을 태우고 와 있더군요. 그런대로 젊은 사람들도 섞여 있기에 쯔루바다와 저는 감주(甘酒)를 마셔 가며 쳐다보았지요.
 표현은 약간 토속적이었지만 결국 그들 모두가 바라고 있는 것은 '깨끗한 죽음'이었습니다. 신부님께서 써 보내 주셨던 어머님의 최후와 같은 훌륭한 죽음을 모두가 마음 속으로 바라고 있는 것이라고 생각되었습니다.

제가 그것을 처음으로 느낀 것은 헤로도투스(*Herodotus* : 고대 그리스의 역사가)의 글 속에 나오는 아테네인 솔론과 사르데스인 크로이소스 사이에 오고간, 크레오비스와 비튼 형제 이야기를 읽던 때였습니다.

이 두 아들의 어머니는 헤라 여신의 신전까지 가야만 했는데, 타고 갈 소가 밭에 나가고 없었습니다. 그러자 이 효성스러운 두 아들은 소 대신에 자신들이 멍에를 메고 약 8킬로미터의 거리를 끌고 갔다는 유명한 이야기입니다.

이 이야기의 마지막은 슬프고도 마음 따뜻한 것이지요. 주위 사람들은 젊은이들의 체력을 높이 추켜올렸고, 여자들은 입을 모아 그 어머니에게 좋은 아들들을 두셔서 행복하시겠다고 말했습니다. 그러자 그 어머니는 기뻐하며 신에게 기도 드렸지요. "이 세상에서 인간으로서 얻을 수 있는 최고의 것을 이 두 아이들에게 내려 주소서" 하고 말입니다.

희생물을 바치고 연회가 즐겁게 진행된 후, 피곤에 지친 두 아들들은 신전 안에서 기분좋은 잠 속으로 빠져 들었고, 그후 두번 다시 깨어나지 못하고 말았습니다. '이 세상에서 최고의 것'을 주시기를 기도 드린 그 어머니의 바람은 이런 형태로 이루어졌던 것이지요.

이것은 제가 좋아하는, 조금은 마약 지향적(痲藥志向的)인 이야기일지도 모르겠습니다. 그러나 어쨌든 이 젊은이들은 결코 이 세상이 살 만한 가치가 없다고는 생각하지 않았을 듯합니다. 그들은 통속적인 의미에서도 그 청춘의 절정에, 사람들로부터 충분히 보답을 받고, 더 나아가 타인—어머니—을 위해 온 힘을 다한 후 죽는다고 하는 내면적 충실감도 맛본 후 죽을 수 있었기 때문입니다.

하지만 신부님의 어머님처럼 생을 마칠 수 있다면 그것이 최고지요. 저는 진작부터 신부님과 신부님의 어머님께서는 어머니와 아들이 지니고 싶어하는 최고의 모자 관계를 유지하셨을 것이라고 생각해 왔습니다. 그것은 결코 자식을 쫓아다니지 않고 오직 돌아올 집이 필요할 때를 위해서만 기다리시는 어머님의 모습입니다.

대부분의 어머니들은 이렇게는 되지 못합니다. 아이들을 쫓아다니고, 심할 경우에는 아이에게 매달리며 죽이기까지 하는 어머니조차 있지요. 그리고 그런 어머니들 대부분은 결코 자기가 아이에게 나쁜 일을 하고 있다는 자각을 하지 못하며, 오히려 아이를 사랑하기 때문에 그렇게 하고 있다고 생각합니다. 아이를 무능하게 만들어 둠으로써 자기가 나설 자리를 승인받는 겁니다. 그리고 그런 부모들은 자식들에게 신세지는 것을 당연하게 생각합니다.

이 세상에 '당연'한 인간 관계라는 것은 없는 것이 아니겠습니까? 인간은 어떠한 인간 관계에서든 일방적으로 포기할 수가 있습니다. 즉, 우리들은 쉽게 버림받을 수 있는 거지요. 그러므로 어떠한 대우든지 만약 그것이 좋은 것이라면 과분한 것이 주어졌노라고 생각해야만 하겠지요.

저는 올해부터 연하장 쓰기를 그만두고 말았습니다. 이제 앞으로 몇 년 못 살리라고 생각하니 — 이렇게 말하면 그런 사람은 아흔 살까지도 살더라고 말하는 사람도 있습니다만 — 조금은 서둘러야 하겠다 싶어집니다. 하지만 이것은 그저 표면상의 구실일 뿐이고 내심으로는 아, 이렇게 해서 올 연말은 좀 편해지겠구나. 낮잠도 좀 자고, 영화도 보고, 저녁에는 저속하다는 평판을 듣는 TV 드라마나 보면서 위스키도 한 잔 하고, 이렇게 생각하고 있었지요.

그런데 신부님께서도 잘 아시는 한국의 나병 환자촌 성 라자로 마을을 11월에 방문했을 때 이경재 신부님께서 겨울 연료비 때문에 고민하고 계시다는 것을 알았습니다. 성 라자로 마을은 연간 5백만 엔이나 되는 연료비가 든다고 합니다. 그러나 이 신부님은 우선 월동 연료비로 1백50만 엔만 어떻게든 확보하시겠다는 생각이셨습니다.

그렇다고 해도 24시간 내내 난방을 한다는 것은 도저히 바랄 수 없는 일이랍니다. 여자 숙소만은 우선 연탄 온돌이 아닌 스팀 설비가 되어 있다는데 그것도 하루에 2시간씩 아침 저녁으로만 난방이 된다고 합니다. 그런데다가 한국은 지금 기온이 영하 10여 도를 밑돌고 있지요.

다행스럽게도 한국을 방문했을 때 저는 '주간 요미우리(週刊讀賣)'의 유능한 여성 기자인 이께다(池田) 씨와 동행했습니다. 이께다 기자는 먼저 '주간 요미우리'에 그런 사실을 알리는 기사를 썼고, 그 다음에 '요미우리' 조간 '편집 메모'란에 또다시 성 라자로 마을 이야기를 썼지요.

그날부터 믿을 수 없는 일들이 일어났습니다. 저희집에 우편 배달부가 몇 번씩 들러 그때마다 상당히 두툼한 현금 서류 다발을 척척 전해 주고 가는 것이었습니다. 저는 으레 그렇듯, 받아들이는 태도도 나쁘고 비관적이므로 처음에는 "꼭 우리집에서 장례식이라도 하는 것 같네" 하고 중얼거렸지요. 만약 저희집의 누군가가 죽는다면 이런 식으로 하루에도 몇 번씩 조전(弔電)이

전달될지도 모르겠다고 생각했던 거지요.

　돈이 그런 식으로 모여져도 저는 '50만 엔만 모이면 좋겠다. 그러면 1백50만 엔의 연탄값 중 3분의 1은 일본에서 모은 것이 되니까' 하고 생각하고 있었습니다. 그러나 저는 다시금 기적을 보고 말았습니다. 24시간 동안 74만 엔이 도착한 날도 있었지요. 친구 쯔루바다와 비서인 사와다(澤田) 씨는 그 돈을 기록부에 옮겨 놓느라고 대단히 바빴습니다. 그리하여 1월 7일까지 드디어 3백40만 엔을 돌파했습니다.

　저는 현금 서류 속에 같이 들어 있는 편지를 읽는 것이 무엇보다 기분 좋았습니다. 홀로 사는 '한 노파'라고 쓰신 분께서 5천 엔이나 보내 주신 일도 있었습니다. 신부님, 돈 말고는 아무 것도 의지할 게 없다고 생각하기 쉬운 노인이, 혼자 쓸쓸하기는 하지만 그래도 따뜻하게 지낼 수 있는 것을 감사하며 내주는 5천 엔의 무게가 얼마나 무거운 것인가를 상상해 봐 주십시오. 그분들은 준다는 것이 무엇인가를 알고 있는 진정한 성인(成人), 진정한 사람들이었습니다.

　받는 것만을 권리라고 생각하며 그를 위해 광분하는 사람들을 저는 이유 여하를 막론하고 존경할 수가 없습니다. 그 속에는 맹인들의 돈도 들어 있었습니다. 그들은 제가 강연에 갔을 때, 한 분 한 분 따뜻한 악수를 건넸던 분들입니다. 이런 분들을 만나면 육체적 핸디캡 따위는 참된 인간의 조건을 구비하는 데에 아무런 방해도 되지 않는다는 것이 명확히 드러납니다.

　신부님, 저는 이번 일을 통해서 제 동족, 일본인에 대해 새삼스레 깊은 존경을 지닐 수 있게 되었음을 깊이 감사 드리고 있습니다. 일본에도 타인의 아픔을 자기 것으로 느끼고 있는 분들이 이렇게나 많이 계셨다니요! 그리고 공적을 드러내기를 결코 원하지 않으시는 분들 또한 이렇게 많으셨다니요!

어느 날 배달되어 온 한 통의 보통 우편물 봉투는 무게 때문에 우표가 3백 엔어치나 붙어 있었는데, 봉투를 뜯어 본 친구 쯔루바다는 자기도 모르게 손이 떨리는 것 같았다며 웃었습니다. 거기에는 익명으로 25만 엔이나 되는 현금이 들어 있었습니다. 그분은 익명으로 하고 싶었기 때문에 현금 서류로 할 수가 없었던 것이지요. 저는 그런 우편물을 안전하게 제 집까지 전달해 준 일본 우체국의 여러분께 깊은 감사를 드렸습니다.

그리하여 낮잠, TV, 위스키 운운하는 제 우아한(?) 연말 계획은 무산되어 버리고 말았지요. 2백 통이 넘는 편지의 답장 겸 감사장을 써야만 했으니까요. 언제나 생각하는 일입니다만 하느님은 정말 능청스러운 분이세요. 제가 이렇게 될 것을 미리 아시고 연하장 내는 것을 면제해 주신 것이 틀림없거든요. 나쁘세요, 하느님은.

세모에는 쯔루바다와 함께 고아지로(小網代)의 바닷가에 있는 저의 작업실에 갔습니다. 맛있는 고구마를 갖다 주신 분이 계셔서 친구는 그것을 금방 낙엽을 태운 불에 구워 군고구마로 만들었답니다.

겨울 뜰에는 낙엽들이 은총처럼 가득히 깔려 있었습니다. 솔잎, 대나무 잎, 월계수 잎, 선인장 등등. 허물 벗은 살무사 껍질도 두 마리분 정도 섞인 낙엽으로 구워낸 고구마는 무엇보다도 희미한 월계수 잎의 향내가 스며들어 기막히게 향기로웠습니다. 거기다 제가 크림 치즈와 버터, 설탕, 소금으로 간을 맞춰 스위트 포테이토를 만들어, 친구로부터 이 세상에서 한 번도 먹어 본 적이 없을 만큼 맛있는 것이라는 절찬을 받았답니다. 이래 보여도 저는 요리는 잘하는 편이거든요.

저는 언젠가는 이곳으로 옮겨 와서 1주일에 나흘 정도를 이곳에서 살고 나머지 사흘은 동경에서 보내는 생활을 계획하고 있습니다만, 한 가지 문제는 이곳에서 보이는 전망이 지나치게 아름답다는 것입니다.

바다도, 파도도, 저녁 노을도, 별도, 그곳에서는 너무나도 청아하기 때문에 저는 때때로 왜 사는 걸까, 왜 살아 있지 않으면 안 되는 것일까 알 수 없어지곤 합니다. 좀더 현학적으로 표현하자면, 저는 때때로 삶의 의욕을 잃어 버리고 마는 것입니다. 그런 점에서 대도시는 별 걱정이 없지요.

저는 대도시 한가운데서 살고 싶습니다. 사람들이 밀치면 심술 사납게 되밀쳐내고, 싸움이 벌어지거나 불이 나면 서둘러 구경하러 달려가고, 멋진 여자가 있으면 휘휘 휘파람을 불어대고 하는 그 '한가운데'에서 살고 싶습니다. 나중에 고아지로 이사할 때는 저는 거기에 자그마한 성당을 짓고 매일 저녁 기도 정도는 올릴 수 있기를 바랍니다. 이렇게 멋진 지구를 만들어 주신 하느님을 칭송하며……. 이런 말을 하면 성당이 없어도 저녁 기도는 올릴 수 있지 않느냐고 나무라실 것 같군요.

신부님의 눈이 대단히 걱정됩니다. 3중시는 일단은 난시 탓이겠지만 조속히 안경 조정을 하시기 부탁 드립니다. 그리고 왠지 모르게 독서량이 줄어들었다고 느끼는 것도 위험 신호입니다. 저는 최근에야 그것을 깨달았죠. 요즈음 저는 재미있는 책을 손에 잡을 경우 하룻밤 만에 그것을 읽는 것쯤은 아무것도 아닙니다. 하지만 요 3, 4년간 그런 속도로 읽었던 적은 없었죠. 즉, 제 시력은 3, 4년 전부터 서서히 나빠져 가고 있었던 것입니다.

가까이 계시다면 제가 침을 놓아 드릴 텐데요. 제 침술은 지금도 소설보다 낫다고 하는 사람이 있을 정도로 뛰어나서 —— 제 손 끝에 눈이 달린 것처럼 생각될 때도 있지요 —— 때때로 정말로 학교에 다니면서 면허를 따 볼까 생각하기도 합니다.

  밤에 조금 일찍 잠자리에 드시도록 하십시오. 저는 요즈음 한국 인삼을 소주에 담가 놓은 것을 먹고 있습니다만 이렇게까지 해서 도대체 무얼 하자는 건가 싶어지기도 합니다.

  3월에 로마를 방문할 일정에 관해서는 결정되는 대로 알려 드리겠습니다. 아들 다로오와 며느리도 함께 로마에서 만날 것입니다.

  언젠가 신부님께서 다로오를 보시고 "재미있는 아이인데 신부가 되지 못한 게 유감이다"라고 말씀하셨던 것이 지금도 제 가슴 속에 최대의 칭찬으로 남아 있답니다. (1982. 1. 10)

물러서면서 미래로 들어갑니다

모처럼 단편(短篇)을 하나 썼습니다
소노 아야꼬

특공대원에게서 느끼는 인생무상(人生無常)
시리에다 마사유끼

모처럼 단편(短篇)을 하나 썼습니다

소노 아야꼬

　신부님, 그후 건강은 어떠신지요. 또다시 바쁘게 이곳저곳 다니시는 것은 아닌지요.
　저는 수술 후 최초의 단편 〈달 구경 세상 구경(觀月觀世)〉을 발표했습니다. 눈이 뜨이지 않았더라면 결코 태어나지 못했을 작품이라고 생각하니 신기한 느낌이 듭니다.
　이 작품의 내용은, 몇몇 남녀들이 매달 보름 달밤에 모여들어 이 세상 얘기를 하는 모임을 갖는 것입니다.
　그 모임에 모이는 사람들은 모두 어떤 이유에선가 이 세상의 평가를 믿지 않게 된 사람들이지요. 전쟁중 말라리아에 걸려 부대로부터 버림받고 일단 죽은 것으로 생각되었다가 현지인에게 구원을 받아 살아 남은 남자가 그 모임의 중심 인물이 되어 있습니다.

이렇게 말씀 드리면 금방 알아채시겠지만, 저의 〈테니스 코트〉라는 작품의 등장인물이 두 사람 정도 그대로 다시 새로운 소설 속에 섞여 들어가 있습니다.

'달 구경 세상 구경'회에 모이는 등장 인물들은 일단 자기 이름과 직업을 얘기합니다만, 그것은 사실일 수도 있고 거짓말일 수도 있습니다. 그리고 서로가 주고 받는 이야기 역시 사실인지도 모르고 거짓말인지도 모릅니다. 그러나 이야기되는 세계는 사실이 아니라 하더라도 '세상 구경'을 위한 하나의 '진실'이 되는 거지요.

사실 요즘 저는 때때로 이와 비슷한 '달 구경 세상 구경' 모임을 열고 있습니다. 등장 인물 구성원은 소설과 전혀 다르며, 장소도 딱히 정해져 있는 것은 아닙니다만…….

그런 밤에는 전등불을 끄고 굵은 초에 불을 켜고서 이야기를 합니다. 퍼뜩 정신이 들어 보면 새벽 한두 시가 되어 있을 때도 적지 않지요.

이번에 신부님이 오시면 초대하겠습니다. 참으로 저희들은 호사를 누리는 셈입니다. 이 세상을 이야기로 밝히는 일은 쉽게 할 수 있는 일이 아니니까요.

그곳에 초대하는 분들의 특징은 네 가지입니다. 첫째, 이 세상의 현실이라는 것이 어떤 의미에서는 보잘것없는 것이라고 보든지, 또는 이 세상을 그리 확고한 것이라고는 믿지 않을 것. 둘째, 언제나 분열된 사고를 하고 있을 것. 즉 출세라든가 인도주의라든가 권세라든가 여자라든가 어느 하나에만 집착하지 않을 것. 셋째, 부끄러움을 알고 있을 것. 넷째는 타인에게 관대하고도 냉혹하며, 따뜻할 것 등입니다.

그러나 그 소설이 발표되는 동안에는 싫은 일들도 있었습니다. 제 작품 속에 차별어(差別語)가 있으니 그것을 빼지 않겠느냐, 그러지 않았다간 고소당할지도 모른다는 것이 편집자측의 이야기였지요. 그것도 '순문학'을 싣고 있는 '순문학 잡지'의 편집부에서 말입니다.

저는 눈먼 사람들에게 대놓고 '장님'이라는 식의 나쁜 표현을 했던 것이 결코 아닙니다. 저는 저의 눈이 반장님 상태였을 때 그 말을 자주 들었습니다만, 따뜻한 느낌은 들지언정 차별어라고 느꼈던 적은 단 한 번도 없었습니다. 차별어에 대한 지금의 일부 사람들의 압박은, 약간 낡은 표현을 빌자면 '언론 자유에의 명백한 협박'이며 '사상의 탄압'이고, '민주주의에 대한 위협'이라고 생각하고 있습니다.

저는, "취지는 잘 알겠지만 그 부분을 뺄 생각은 없다, 만약 고소당한다면 편집부와는 관계 없이 나 혼자 상대하겠다"고 말했습니다.

신부님, 전쟁중 저희들보다 약간 윗세대 분들은 군부에 의한 언론 통제 시대를 살았고, 그 일부는 영합했으나 일부 작가들은 붓을 꺾으면서도 지조만은 지켰습니다. 그 일들이 아직 잊혀지지도 않았는데 오늘날 일본에서는 차별어 문제로 편집자들이 먼저 스스로 나서서 그 말을 잡는 데에 합세하고 있는 것입니다. 그에 대항해서 싸우는 소수 편집자들의 존재를 저는 깊은 존경과 더불어 결코 잊지 않을 것이며, 그것을 다음 세대에도 전달해 주려고 생각합니다.

차별이라는 것은 언어의 문제가 아니라 의식의 문제입니다. 특히 문학에 있어서 그 말을 바꾸라는 것은 근본에서부터 문학을 부정하는 것이지요. 문학은 이 세상에 존재하는 모든 것을 쓰는 것이므로, 이 세상에 존재하는 모든 말을 자유스럽게 구사할 수 있어야만 합니다.

마침 크리스마스 이브에 *NHK TV* 프로그램에서, '내게 있어서의 한 권의 책'이라는 이야기를 하면서 저는 바울로의 〈고린토인들에게 보낸 첫째 편지〉 제12장 12절～26절을 예로 들었습니다.

'몸은 하나이지만 많은 지체를 가지고 있고 몸에 딸린 지체는 많지만 그 모두가 한 몸을 이루는 것처럼 그리스도의 몸도 그러합니다.

유태인이든 그리스인이든 종이든 자유인이든 우리는 모두 한 성령으로 세례를 받아 한 몸이 되었고, 같은 성령을 받아 마셨습니다.

몸은 한 지체로 된 것이 아니라 많은 지체로 되어 있습니다.

발이 "나는 손이 아니니까 몸에 딸리지 않았다"고 말한다 해서 발이 몸의 한 부분이 아니겠습니까?

또 귀가 "나는 눈이 아니니까 몸에 딸리지 않았다"고 말한다 해서 귀가 몸의 한 부분이 아니겠습니까?

만일 온몸이 다 눈이라면 어떻게 들을 수 있겠습니까? 또 온몸이 다 귀라면 어떻게 냄새를 맡을 수 있겠습니까?

그래서 하느님께서는 당신의 뜻대로 각각 다른 기능을 가진 여러 지체를 우리의 몸에 두셨습니다.

모든 지체가 다 같은 것이라면 어떻게 몸을 이룰 수 있겠습니까? 그래서 한 몸에 많은 지체가 있는 것입니다.

눈이 손더러 "너는 나에게 소용이 없다"고 말할 수도 없고 머리가 발더러 "너는 나에게 소용이 없다"고 말할 수도 없습니다.

그뿐만 아니라 몸 가운데서 다른 것들보다 약하다고 여겨지는 부분이 오히려 더 요긴합니다.

우리는 몸 가운데서 별로 중요하게 여기지 않는 부분을 더욱 조심스럽게 감싸고 또 보기 흉한 부분을 더 보기 좋게 꾸밉니다. 그러나 보기 좋은 지체들에게는 그렇게 할 필요가 없습니다.

이렇게 하느님께서도 변변치 못한 부분을 더 귀중하게 여겨 주셔서 몸의 조화를 이루게 해 주셨습니다. 이것은 몸 안에 분열이 생기지 않고 모든 지체가 서로 도와 나가도록 하시려는 것입니다.

한 지체가 고통을 당하면 다른 모든 지체도 함께 아파하지 않겠습니까? 또 한 지체가 영광스럽게 되면 다른 모든 지체도 함께 기뻐하지 않겠습니까?'

저는 특히 마지막 부분을 대단히 좋아합니다. 그것은 실로 자연스러운 감정이니까요.

사실 저는 지금까지도 상당히 자유스럽게 글을 써 왔습니다만, 그런 일로 항의 전화나 항의 편지를 받은 적은 단 한 번도 없습니다.

즉, 설령 제가 말을 좀 거칠게 사용했다 하더라도 제 문장을 읽으면 거기에 차별 의식 같은 건 전혀 없음을 독자들은 알고 있는 것이지요. 알지도 못한 채 그저 두려워하기만 하면 된다고 생각하는 것은 방송 관계자나 신문 기자 그리고 편집자들인 것 같습니다.

저는 앞으로도 때때로 거친 말을 사용할 생각입니다. 저 자신이 바보인 주제에, 스스로가 바보임을 너무나도 잘 알면서 상대방에게 '바보!'라고 말할 수 있을 때 왠지 즐거워지고 기뻐지며 마음이 완만해지고 기분이 좋아지니 말입니다.

중국에 갔을 때 저는 통역을 맡은 사람에게 "바보라는 말을 중국어로는 뭐라고 합니까?" 하고 물어 봤었지요. 그러자 그는 "이곳에서는 그처럼 남을 나쁘게 말하는 단어는 사용하지 않습니다"라고 하더군요.

유머 센스 제로, 리얼리티 제로가 아닐 수 없지요. 이런 식의 말을 하고 있는 한 중국은 대국은커녕 소국에 불과하리라고 생각했습니다.

신부님의 향리(鄕里)에 다녀왔습니다. 찌란(知覽)에 말입니다. 가고시마(鹿兒島)보다 훨씬 남쪽에 위치한 그 자그마한 곳의 너무나도 맑은 햇빛에 놀라고 말았습니다. 그리고 이 도시는 무엇보다 특공기(特攻機)가 떠났던 비행장이 있는 곳으로 유명하지 않습니까? 그래서 저는 맨 처음 특공 유품관을 찾아 그곳에서 찬란하게 쏟아져 내리는 듯한 햇빛을 음미했습니다.

이곳으로부터 오끼나와를 향해 날아갔던 많은 청년들은 20대 초반의 나이였습니다. 가령 지금 살아 있다고 하더라도 아직 예순이 안 되었을 사람들도 있지요. 저는 인간이 예순 살까지 사는 것과 스무 살로 죽는 것의 차이를 생각했습니다.

제 자신이 만약 스무 살로 죽게 되었다면, 저는 자신의 운명을 원망했을지도 모릅니다. 그러나 지금 이 나이까지 살고 보니, 인간 일생의 만족도는 결코 얼마나 오랜 세월을 살았는가라든가 이 세상에서 어느 정도 성공했는가와는 관계가 없다는 것을 깨닫게 되는군요. 즉, 인간은 자기가 진정으로 즐거웠다고 생각되지 않으면 결코 납득하지 않는 법입니다.

　임종 때 인간은 본심을 털어놓기 마련이므로 죽는 순간에 자기 인생을 돌이켜 보면 진심으로 만족했는지의 여부를 판별할 수 있겠지요. 물론 가신 분들의 진짜 마음 속을 들여다본다는 건 불가능한 일입니다만, 유품관에 진열된 사진을 보고 유서 몇 통을 읽으면서도 거기에서 도저히 어두운 느낌을 받을 수 없었던 것은 신기한 일이었습니다.

　죽어간 청년들은 자신을 쫓고 있는 운명이 납득되지 않아 이불 속에서 눈물을 흘리며 밤을 지새기도 했을 겁니다. 그러나 신부님, 저는 감히 이것 자체는 문제가 아니다, 라고 말씀 드리고 싶습니다.

　인간의 마음 속에 그 어떤 슬픔의 끈적끈적한 침전물이 있든 간에 그것은 자연스러운 일이라고 생각합니다. 문제는 거기에서부터 우리들이 어떻게 일어서느냐 하는 것이지요. 아니, 어떻게 죽음과 떳떳하게 마주서느냐 하는 것입니다.

　하지만 그 당시의 청년들은 얼마나 훌륭했는지요. 그리고 죽음을 눈앞에 두게 되자, 자신에게는 전혀 문학적 재능이 없노라는 식으로 말하던 청년들이 얼마나 가슴을 때리는 듯한 글을 썼는지 모릅니다.

　와세다(早稻田) 대학 학생이었던 스물두 살 난 한 소위는 출격 전에 시를 써 남겼습니다.

　　너무나 아름다운 푸르름에
　　오늘, 지금부터
　　죽으러 가는 일조차
　　잊어 버리고 말 듯하다.

짙푸른 하늘
무심히 떠도는 흰구름
6월의 찌란은
벌써 매미소리 들리고
여름을 생각키운다.

〈작전 명령을 기다리며〉

작은 새 노래 즐겁고
"나도 이번에는
작은 새가 될 거야."
햇빛 비치는 풀 위를
뒹굴며
스기모도가 이런 말을 한다.
웃기는구나.

  이것은 자신의 일생을—사소한 서러움과 미련이 남아 있더라도—수락하고 납득하며 사라져 가는 훌륭한 어른의 표정입니다.
  특공기를 탔다가 살아 남은 분의 이야기를 전해 들은 적이 있는데, 당시 죽음을 예감하고 있던 사람들은 모두들 자기 죽음의 이유를 찾아내려고 했다는군요. 가장 쉽게 그것을 찾아낸 사람들은 애인이 있는 청년들이었답니다. 그것은 그녀를 지키기 위해서라면 자기는 죽을 수 있다고 생각했기 때문이겠지요.
  그러나 애인이 없는 이들은 가족, 부모, 형제를 지키는 것이라는 생각으로 납득했었다고 합니다. 반면에 어떤 이유에선가 진심으로 사랑하는 가족이 없는 이들도 있었다고 하더군요.

그 경우, 솔직하게 말해 나라를 위해서라든가 천황 폐하를 위해서라는 말은 실감이 되지 않았습니다. 만요(萬葉 : 일본에서 가장 오래 된 시가집)의 세계로 회귀(回歸)할 것을 생각했던 것은 바로 그런 사람들이었다고 하더군요. 그 시에 읊어진 아름다운 일본의 국토, 그것을 위해서라면 자기는 죽을 수 있노라고 생각했던 것입니다.

실은 세모(歲暮)의 어느 날 저는 라디오 취재를 위해 어느 병원의 의사 선생님을 만나 뵈었습니다. 그분은 암이 발견되었을 때 그것을 환자에게 알려주는 것을 원칙으로 삼고 계시는 분이었습니다. 그렇게 함으로써 환자에게 암과 싸울 수 있는 기력이 생겨나며, 남편이 암으로 세상을 떠난 후 굉장히 높은 비율로 그 아내에게 발생하는 '후발성 암'도 막을 수 있다고 생각하고 계시더군요.

남편이 암일 경우 대부분의 아내는 그것을 환자에게 알리지 못합니다. 게다가 입원비에 대한 걱정, 남편의 죽음을 혼자만 마음 속에 간직한 채 살아가야만 하는 고통, 남편이 죽은 후 자기는 어떻게 살아야 좋을까 하는 불안 등이 한꺼번에 몰려옵니다. 이 스트레스가 아내에게 발생하는 암의 원인인지도 모른다는 생각이겠지요.

그분은 암 발생율이 현저히 낮아졌던 시기가 있었는데 그것은 제1, 2차 세계대전 때였다고 말씀하시더군요.

"전쟁은 스트레스가 안 되는 겁니까?" 하고 여쭈어 보았더니, 그분은 아니라고 하셨습니다. 전쟁은—도덕적인 면은 별개로 하고—많은 인간들에게 명확한 목표를 주고 자기가 납득한 목표일 경우, 도중에 상당한 고통이 따르더라도 인간은 그것 때문에 병을 일으키지는 않는다는 것이었습니다.

사실 저는 이 납득이란 것은 노년에 이르러서나 할 수 있게 될 것이라고 생각하고 있었습니다. 그러나 지금 저는 이것은 인간이 살아 있는 한은 언제나 행해야만 하는 조작(操作)이라고 생각하게 되었습니다. 그리고 그것을 납득하는 순간은 하느님과 상대하는 가장 훌륭한 순간이라고도 할 수 있겠지요.

일본은 지금 무가 한창입니다. 여러 가지 무 요리가 맛있을 때죠. 맛있는 이야기만을 보내 드리고 싶습니다.

항상 몸 건강하십시오. (1982. 1. 17)

특공대원에게서 느끼는 인생무상(人生無常)

시리에다 마사유끼

소노 여사.

오늘은 근래에 보기 드물게 좋은 날입니다. 소노 여사로부터 두 통이나 잇달아 편지를 받았으니까요.

〈마태오 복음〉 6장의 '걱정하지 말라'는 주님의 가르침에도 불구하고, 11월 3일 편지를 마지막으로 소식이 뚝 끊겨 몹시 걱정을 했었습니다. 예기치 못했던 사태인가, 여행에서 무슨 일이 생긴 것인가, 드디어는 망막 박리인가 하는 식으로 생각이 점점 나쁜 쪽으로만 흘러 어쩔 줄 몰랐었지요. 바로 그러는 중에 두 통의 편지를 받았습니다. 무사하셔서 안심했습니다.

최근에는 저도 뻔뻔스러워져서—이것은 수도자로서는 가장 경계해야 할 일입니다만—예수 그리스도의 부르심을 받으면 "네" 하고 기세 좋게 한 걸음 앞으로 나서지만, 다음 순간 그리스도께서 모든 것을 다 거두어 가시려는 생각이신가보다 싶으면 두려워져서 반 걸음 뒤로 물러난답니다.

 '이별의 날'이 그렇게 급히 닥쳐 오면 곤란하지요. 그래서 저는 주님 앞에 나서면, "주여, 소노 여사에게서 시력을 거두어 가신다면 가만 안 있겠나이다" 하고 기도인지 위협인지 알 수 없는 말씀을 드리곤 했습니다. 그랬더니 오늘 이렇게 좋은 소식이 오는군요. 예배실로 뛰어들어가 "주님, 감사합니다" 하고 머리를 숙였더니 예수님께서는 웃어 주셨답니다.

 늦어졌습니다만 새해를 축하 드립니다. 소노 여사는 한국의 성 라자로 마을 난방 자금 조달 문제 때문에 바쁘게 정월을 보내셨으니 더더욱 말입니다.
 저는 설날, 일본을 생각하며 홀로 밥을 지어 먹었습니다. '이탈리아의 쌀로 밥을 지어 홀로 먹는 이 황혼녘의 짭짤한 냄새여! 머나먼 나라에서 짓는 밥의, 모래처럼 깔끄럽게 입에 닿는 외로움이여!'까지는 아니지만, 애수(哀愁)만이 마음 가득 괴더군요.
 20여 년을 유럽에 있었어도 설날만은 일본이 그리워집니다. 일본인이 일본인으로 돌아가 한숨 돌리는 날이니까요. 유럽은 주일—앵글로 색슨계에서는 '태양의 날(Sunday), 라틴계에서는 '주의 날'이라고 부르지만 내용상으로는 '인간의 날'이죠—마다 한숨 돌리고 생활을 즐기고 있으므로 설날이라고 해서 특별할 게 없지요. 한밤중의 야단법석이 끝나면 '그라스 마티네(늦잠 자기)'를 만끽하는 정도가 고작입니다. '축하합니다'라는 말도 별로 하지 않으며, 그런 얼굴도 하지 않고, 또 사실 조금도 축하하고 싶지가 않습니다. 그러므로 더더욱 일본이 그리워지는 겁니다.

일본에서는 백귀야행(白鬼夜行)의 섣달 그믐날이 제야(除夜)의 종과 더불어 밝으면, 새로이 심기 일전하여 영험(靈驗) 뚜렷한 신년을 맞습니다. 그러면 어제는 이미 어제가 아니라 작년이 되고 새로운 시간이 시작되는 거죠.

이 상쾌함, 깨끗함을 맛보기 위해서 연말에는 망년회가 풍성하게 벌어집니다.

언젠가 소노 여사가 〈다로오 이야기〉 속에서 대학생이 된 다로오로 하여금 "그리스도는 참 고집이 센 분이군요. 하느님인지 뭔지는 모르겠지만 어물어물 넘기는 것이 없고, 밑바닥의 밑바닥까지 깡그리 털어놓아 물에 흘려 보내는 것 같다니까요. 그건 사막(沙漠)의 사고(思考)일까요?" 하고 말하게 하신 것에 저는 완전히 동감입니다.

눈을 잘 뜨고 보면, 마음으로는 시간의 흐름의 비연속을 바라더라도 현실 세계는 연속되어 있는 것입니다. 교통·공해·먼지·소음 등도, 교내 폭력·수뢰(受賂)·비행·범죄 등의 사회 현상도, 개개 인간의 이기심·결점·고정 관념 등도 모두 해를 넘겨 이어져 갑니다. 백팔번뇌(百八煩惱)를 뜻하는 제야의 종도 1백7번은 그 해가 끝나기 전에 치고 나머지 한 번은 해를 넘긴 후에 치는 게 본래의 법도라 합니다. 그 역시 번뇌의 연속성을 상징하는 것이겠지요.

유럽에서는 연말에 망년회가 아니라 상년회(想年會)를 하는 관습이 있습니다. 지나가 버린 1년을 회상하는 이른바 수양회죠. 그것은 소노 여사가 말씀하시는 '숨겨진 것의 미학'과 관련되어 있습니다.

그리스도교의 하느님은 숨겨진 것을 좋아하셔서 당신 자신이 숨어 계시며, 인간의 숨겨진 생각이나 행동을 보시고 또한 숨겨진 방법으로 은총을 내려 주십니다. 하느님은 인간이 무엇인가를 요청할 때 "좋고 말고"하며 즉석에서 무엇이든 다 내려 주시는 그런 호인형 '나의 아버지'는 아니십니다.

사람이 전혀 아무것도 생각지 않고 있을 때, 그 사람에게 있어서 가장 귀중한 것을 살짝 발밑에 놓아 주시는 것이 하느님께서 하시는 일의 방식입니다. 숨어서 기도하고 숨어서 좋은 일 하는 사람을 좋아하시는 하느님께서는, 똑같이 몰래 사람들에게 은총을 베푸시기를 좋아하십니다.

그러므로 우리들이 '지금, 하느님께서 내게 은총을 쏟아 주고 계신다'고 하는 직접 체험을 하는 경우란 결코 없습니다. 만약 있다고 한다면, 그것은 —중세에는 그러한 체험이 어느 특정한 영혼에게 주어진다고 말한 신비가도 있었습니다만— 독단이거나 독선이죠.

따라서 인간은 과거를 조용히 돌이켜 봄으로써만 자신의 발밑에 놓여진 하느님의 은총을 발견해내는 것입니다. 회상이라든가 반성의 습성을 잃어 버린 현대인이 하느님의 은총을 깨닫지 못한 채 일생을 보내며, 은총 따위는 없노라고 간단히 결론을 내려 버리려는 것은 안타까운 일입니다.

'옥스퍼드 운동'(영국 교회에서 일어난 운동으로, 기독교 사회주의 및 자유주의적 종교 사상에 반대하여 복장이나 중세풍의 습관 및 의식 등에 유의함으로써 정신 생활을 깊이 하려 한 것)으로 유명한 뉴먼은 그가 아직 영국 성공회 목사로 옥스퍼드 대학 설교사를 하고 있을 때 '은총에 대한 반성의 필요성에 대해'라는 명설교를 한 적이 있습니다만, 은총의 반성은 과학적 발명과 같은 새로운 사실의 발견이 아니라 이미 자기 안에서 일어난 하느님의 행위하심에 대한 새로운 인식이며 놀라움인 것입니다.

뉴먼은 곧 가톨릭으로 개종하고 말지만, 그가 영국 가톨릭 교회에서 받은 것은 편견과 몰이해와 중상뿐이었습니다. 그래도 교회에 대한 그의 변함없는 진심이 인정되어 그는 만년에 레오 13세로부터 추기경 지위를 받습니다.

하지만 그때까지 35년 동안 뉴먼이 계획해 왔던 모든 사업은 좌절되고 맙니다. 그러나 그 좌절 속에서도 하느님의 은총을 체험한 뉴먼이었습니다. 자기의 생각대로 되지 않았던 그만큼 하느님의 섭리가 작용하고 있음을 보았던 것입니다.

저는 수많은 위업(偉業)을 성취해냈다는 것보다도 이렇게 무엇 하나 성공하지 못했다는 것에서 뉴먼의 영혼이 지닌 위대함을 느낍니다.

토리노의 무명용사 묘에 제가 아주 좋아하는 구절이 새겨져 있습니다.

　　나는 인생을 즐기고자
　　하느님께 모든 것을 원했다

　　그러나
　　하느님은 모든 것(하느님의 완전성)을 즐기게 하시려고
　　내게 인생을 주셨다
　　내가 하느님께 원했던 것은
　　무엇 하나 들어 주시지 않으셨다

　　그러나
　　내가 하느님 뜻대로라고 희망했던 것은

모두 다 들어 주셨다

이 구절에는 지나가 버린 인생을 되돌아본 인간이 불현듯 은총의 궤적을 발견하고서 자기도 모르게 탄복해 마지않는 찬미의 향기가 깃들어 있습니다. 폴 발레리(19세기 프랑스의 시인, 사상가)가 '우리들은 후퇴하면서 미래로 들어간다'고 한 것은 바로 이것을 가리키는 것이겠지요.

섣달 그믐날 밤에는 유럽에서도 대개 자기집에서 신년의 다가섬을 기다립니다. 보통때는 시계를 보면서 자신이 움직여 다니는 데 반해서, 그날 밤만은 자신은 멈춰 있는데 시간만이 째깍째깍 달려가는 것을 느낍니다.
평소에 시간의 흐름에 대해 그다지 신경쓰지 않는 것은 시계가 둥글어 그 바늘이 언제나 출발점으로 되돌아오므로 그만 무심결에 시간은 반복된다는 착각에 빠지기 때문입니다. 로마에는 '내일 할 수 있는 일은 오늘 하지 말라. 다른 녀석이 할 수 있는 일은 너는 하지 말라'는 유머가 있습니다만, 인간은 모두 오늘 할 수 없다면 내일은 할 수 있으리라고 생각하기 쉽습니다. 그것은 시계 바늘이 내일도 오늘과 다름없이 돌아 주기 때문이지요.
그러나 섣달 그믐날 밤, 12시가 되기를 기다리는 사이의 시간은 둥글둥글 도는 것이 아니라 직선상을 질주하는 자신의 정체를 드러냅니다. 갑자기 인간은 화살처럼 빠르게 죽음으로 달려가는 시간의 모습에 전율을 느낍니다.
이 음울한 죽음에 대한 상념을 지우기 위해서 밤 12시를 신호 삼아 딱총을 터뜨리고 불꽃놀이를 하며 접시를 던져 깨고 병을 집 밖으로 내던지며 샴페인을 터뜨리면서 웃어댑니다. 로마의 시인 호라티우스가 말한 '지금 있는 시간을 즐기라'의 현대판인 셈입니다. 인간이 '죽음을 향한 존재'임에 대해 눈을 감으려 하는 바보스런 야단법석이라고도 할 수 있겠지요.

저희들도 섣달 그믐날 밤, 죽음을 향한 자기 실존을 응시합니다. 그러나 그 죽음이 하느님의 손 안에 놓여져 있음을 볼 때에, 지금 살아 있는 기쁨과 살아가게 해 주시는 데 대한 감사가 마음 밑바닥에서부터 용솟음쳐 옵니다. 이것이야말로 하느님께서 신년에 저희들에게 내려 주시는 평화의 선물입니다. 그래서 신년은 교회에서는 '평화의 날'로 되어 있습니다.

새로운 시대에 이사야는 '성성(聖性)'을, 예레미야는 '진실'을, 아모스는 '정의'를, 호세아는 '사랑'을, 바울로는 '자유'를 구했습니다만, 헤브라이어의 '샬롬(평화)'은 이것들을 전부 합쳐 놓은 것입니다. 사실, 샬롬의 어원은 '아무것도 결여된 것이 없는 상태'를 가리킨다고 합니다. 이리하여 샬롬은 유태인들의 일상적 인사가 되었습니다.

'하느님은 그 백성들에게 차갑고 엄격한 얼굴이 아니라, 밝고 빛나는 얼굴로 평화의 선물을 주시노라'고 이스라엘은 신년의 노래를 부릅니다. 교회에서도 '주 예수 그리스도에게 있어서 아버지이신 하느님의 은총과 평화가 여러분과 함께'라고 인사합니다.

평화는 하느님의 귀한 선물입니다. 평화의 공분모(公分母)에 하느님이라는 초월자를 놓지 않는다면 결국 평화는 보다 강력한 자의 보호물로 타락하고 말 것입니다. 그곳에 있는 것은 힘에 의한 평화이며 공포에 의한 평화입니다.

그러므로 형제를 죽인 카인의 피가 자신의 마음에도 흐르고 있다는 자각이 없이는 평화를 말할 수 없는 것이겠지요. 즉 사람들은 입으로는 곧잘 '평화, 평화'를 말하지만, 내심으로는 싸움이나 전쟁을 그다지 싫어하지 않기 때문에 문제인 것입니다. '휴우 휴우'하는 한숨은 금방 '해라 해라'하고 부추기는 소리로 변할 가능성이 없지 않습니다. 평화를 외치는 데모대에서 피스톨이나 화염병을 보게 되는 세상이니 말입니다.

무문관(無門關 : 선종에서 가장 귀중히 여기는 책. 공안(公案)을 해석한 것임)에 '비풍비번(非風非幡)'이라는 공안이 있습니다.

'바람에 절의 깃발이 펄럭이고 있었다. 두 승려가 이에 관해 토론했다. 한 사람은 깃발이 움직인다고 말했다. 나머지 한 사람은 바람이 움직인다고 말했다. 격론이 계속될 뿐 결론이 나지 않았다. 그때 지나가던 혜능(慧能)이, 바람이 움직이는 것도 아니고 깃발이 움직이는 것도 아니다. 너희들의 마음이 움직이고 있다고 말했다'는 것이지요.

지난 1월에는 소노 여사의 〈절취된 시간〉을 읽었습니다. 소책자이면서도 그 내용이 충실한 데에 놀랐지요. 그것은 훌륭한 종말론이었습니다.

그 작품에서 가장 감동적인 곳은 3장 '신부'로서, 그에게서 하와라는 이름을 받은 여성 — 성서에 의하면 하와는 모든 산 것들의 어머니를 의미합니다(창세기 3, 20) — 이 전쟁 말기의 극한 상황 속에서 '죽이지 말아요'라고 필사적으로 호소하며 죽임을 당해 가는 장면이었습니다. 그 외침에는 모든 산 것들의 어미들의 바람이 포함되어 있는 듯했습니다.

1945년 6월 17일 한밤중, 가고시마의 저희집이 공습으로 전소되었을 때, 다음날 저녁에 흩어져 있던 가족 네 명이 모두 무사히 불탄 집터에 모였습니다. 그때 어머님은 "엄마는 아무것도 필요없단다. 너희들만 살아 있어 준다면 아무것도 필요 없어" 하시면서 세 아이들을 꼭 껴안았습니다. 어머님의 뺨에는 걷잡을 수 없이 눈물이 흘러 내리고 있었습니다. 바로 그것이 평화의 마음이라고, 오늘 저는 생각합니다.

이 세상에 사람을 죽여도 좋다는 이유는 단 하나도 없습니다. 전쟁을 정당화시킬 수 있는 이유도 없습니다. 선악의 기준조차도 끄집어내서는 안 됩니다. '어린 시절부터 선을 행하고 악을 피하면 전쟁을 막을 수 있노라고 생각하는 사상은 위험하다. 악의 전쟁은 하지 않는다 하더라도 선의 전쟁은 할 것이기 때문이다'라고 갈파했던 이는 칼 하임이었던가요? 그 점, 우리 종교인들도 가슴에 손을 얹고 아주 신중히 규명할 필요가 있습니다. 하느님의 이름을 들어 성전(聖戰)이라 칭하며 얼마나 많은 인간들을 살해해 왔던가 하고 말입니다.

"전쟁은 인간의 소행입니다. 전쟁은 생명의 파괴입니다. 전쟁은 죽음입니다. …하느님이시여, 당신의 끝없는 평화를 이 땅에 내려 주소서."

교황 요한 바오로 2세께서 히로시마에서 절절한 일본어로 말씀하셨던 목소리가 지금도 귀에 쟁쟁합니다. 소노 여사는 기자로서, 저는 수행원으로서 같은 장소에 있었지요.

유럽도 경제적인 핍박을 받고 있습니다. 그러나 불황이라면서도 군수산업만은 대번성을 하고 있는 것을 보면 마음이 쓸쓸합니다. 일본은 변함없이 태평무드인 것 같더군요. 이곳에 있으면서 일본의 매스컴을 접하면 저도 모르게 "참 느긋하구나" 하는 말이 나오곤 합니다.

예전에 유태인들이 나찌 전범 아이히만을 재판했을 때, 아이히만은 "나는 위로부터 부여받은 의무를 충실히 수행했을 뿐"이라고 변명했었죠. 그때 이스라엘 법정은 "경우에 따라서는 사람은 자기에게 부여된 의무를 수행해서는 안 될 때도 있다"고 선언했습니다.

누구나 자기 스스로는 자기 피붙이를 사랑하고 사회적 의무를 충실히 이행하고 있다고 생각하지만, 어느 틈엔가 바라지도 않았던 전쟁으로 돌입하여 뒷세대로부터 "너희들이 전쟁을 일으켰다"는 추궁을 받는 일이 없도록 세계 정세 판단만은 올바르게 해야 하리라 생각합니다.

소노 여사, 찌란의 특공 기지로부터 벚꽃처럼 남쪽으로 흩어져 간 젊은 특공대원들의 심경을 말씀하신 여사의 편지는 감동을 불러일으키는군요. 그 젊음으로 죽음과 대면하고 거기에서부터 자기 인생의 의미를 찾아내고자 했던 그들의 모습은 그 어디에도 비할 수 없는 '무상(無常)함' 그것입니다.

저는 《스탈린그라드의 최후의 편지》라는 책을 생각했습니다. 독소(獨蘇) 공방전의 말기, 최후의 연락기가 스탈린그라드(지금의 볼고그라드)로부터 독일로 날아가기 전날 밤, 독일 군사들은 최후의 편지를 딱 한 통씩만 조국에 쓸 수 있도록 허용받습니다.

내일 죽을 것을 알면서 어두운 등불 아래서 밤을 새워 어머니, 아내, 애인, 친구 앞으로 써 보낸 28통의 편지에서 저는 영원의 시와 철학의 울림을 느낍니다.

이미 전쟁도 적도 증오도 없이 하느님 앞에 선 알몸뚱이 인간으로서 씌어진 한 자, 한 자. 이 세상에 속한 것들이 모두 의미를 잃어 버렸을 때의 언어란 얼마나 진실로 가득한 것일까요? 체념이 만든 조용하고 맑은 눈동자, 현세의 모든 것을 죄다 단념하고 난 삶, 죽음을 각오할 수 있는 영혼만이 갖고 있는 청순하고도 상쾌한 아름다움이여! 그 편지를 쓴 것만으로도 그들은 살았던 보람이 있었노라고 생각합니다. 우울하기 한량없는 현대의 우리들의 삶에는······.

'달 구경 세상 구경' 회에 출석할 수 있는 날을 기대하고 있습니다. 저에게 그 입회 자격 조건 네 가지가 구비되어 있는지 어떤지는 잘 모르겠습니다만······.

소노 여사께서 무사하셨던 것을 무엇보다 하느님께 감사 드리고 있습니다. (1982. 1. 25)

제6장

절망…, 그로부터 출발합니다

1.5짜리 안경을 마춰 쓰고 나서

소노 아야꼬

이 세상을 적당적당히 보도록 하십시오

시리에다 마사유끼

1.5짜리 안경을 맞춰 쓰고 나서

소노 아야꼬

  여전히 건강하시고 여전히 분망(奔忙)하신가요? 저도 나이 치고는 몸 어디든 불편한 데 없이 생활할 수 있는 것을 감사 드릴 뿐입니다.
  하긴 요즘 이상한 일이 있긴 했지요. 제 눈은 이제 거의 안정을 찾고 노안이나 난시의 변화도 없어 도수를 맞추기 쉬워진 모양입니다. 안과 의사 선생님께서 기막히게 잘 맞는 안경을 맞춰 주셨습니다. 그 안경을 쓰면 저는 시력이 1.5, 어떤 때는 2.0까지도 됩니다. 저는 너무나 기뻐서 어디를 가든 꼭 그 안경을 쓰고 다닙니다.
  지금까지 저는 전철을 타는 것이 아주 싫었습니다. 이렇게 말하면, 대단한 귀족적 생활 감정처럼 들리겠지만, 결코 서민적인 교통 기관을 타는 것이 싫다는 의미가 아닙니다. 지금까지 저는 전철 속에서 보이는 것이 별로 없었던 반면 다른 사람들이 저를 알아보는 일이 많아 거북한 느낌이 드는 일이 많았기 때문입니다. 소설가라는 존재는 다른 사람들에게 눈치 채이지 않고 은밀한 행동을 할 수 있는 경지에 도달해야만 하는데, 이쪽에서는 상대방의 모습을 보지 못하고 저쪽에서만 보여진다는 것은 참으로 딱 질색이었습니다.

  전철에서 일어난 일은 아닙니다만, 어느 날 저는 백화점 식당에서 싸구려 음식을 먹고 있었습니다. 그랬더니 상대편 좌석에 앉아 있던 한 부인이, 좁은 마음 탓인지 자꾸만 힐끔힐끔 이쪽을 보는 듯했습니다. 좋지 않은 예감이 들더니만 과연 그 부인은, "소노 아야꼬 씨가 아니신지요?" 하고 제게 말을 걸어 왔습니다.

  신부님, 저는 정말 그날만큼은 홀로 조용히 음식의 맛을 즐기고 싶었습니다. 상대방의 호의를 모르는 바는 아니지만, 그때 저는 상대방을 제 마음의 틈입자(闖入者)처럼 느꼈습니다. 그래서 저는 지극히 자연스럽게 "아닌데요"라고 말했습니다.

  이제 앞으로 몇십 년을 더 살 것도 아니라는 생각에서 요즘은 혼자 있고 싶을 때는 혼자 있을 수 있도록 몸을 도사리기로 작정하고 있습니다. 이것은 상당히 배은망덕한 자만심인지도 모르겠군요. 누군가가 말을 걸어 줌으로써 얻는 행복과 영광을 결코 모르는 바는 아닌데 말이죠.

  또 어느 날 친구와 함께 택시를 탔더니 택시 운전사가 "손님, 어디선가 많이 뵌 분 같은데요" 하더군요. 그러더니 "소노 아야꼬 씨랑 비슷하긴 한데, 그 사람은 훨씬 늙었으니 아닐 테고 말입니다" 하고 덧붙이기에 저희는 "글쎄요" 해놓고는 너무나 재미있어 했지요.

이런 일들은 신부님, 남의 눈에 띄는 것을 세 끼 식사보다 더 좋아하는 사람이라면 몰라도 저처럼 적당적당한 허영심과 적당적당한 게으름 양쪽을 다 좋아하는 사람에게는 별로 좋은 상태는 아닙니다.

1.5짜리 안경을 맞추고 난 뒤 저는 갑자기 전철 타는 일이 좋아졌습니다.

"지금이야말로 복수해 주겠다는 심보 아니야?"

친구는 이렇게 말했습니다만, 그야말로 딱 꼬집어 맞춘 거죠. 전쟁터에서 적에게 발견되기 전에 이쪽에서 먼저 적을 발견한다고 하는 역학(力學) 관계는 참으로 중요한 전술일 것이라고 생각해 왔는데 요즘에야 저는 겨우 그 기분을 맛보았답니다.

저는 전철의 맞은편 자리에 앉은 사람들 하나하나를 천천히 뚫어지게 바라보았습니다. 헤어 스타일, 넥타이 무늬, 넥타이 핀, 읽고 있는 신문, 바짓가랑이의 넓이, 구두 등등을 참으로 신선한 감동을 지니고 바라보았습니다.

이른바 세속적인 평가와는 전혀 다른 감동이었습니다. 구두 하나를 보더라도 신부님, 새 구두가 귀엽게 보이는 때가 있는가 하면 가슴 아프게 보이는 때도 있고, 헌 구두가 초라해 보이는 때가 있는가 하면 그지없이 자연스럽고 따뜻하게 보일 때도 있더군요. 즉, 제게 있어서는 어떤 사람의 어떤 행동도 감동의 대상이 되는 것이었습니다. 그런 식으로 세상을 바라보고 집으로 돌아가면 너무나도 지쳐서 소설 쓰는 일이든 무엇이든 손에 잡히질 않습니다.

제 눈이 보이게 된다면, 제가 '사랑하고 있는' 세계가 얼마나 멋진 것인가, 또는 얼마나 자연스러운 것인가를 보게 되리라고 전에 신부님께서는 써 보내 주셨더랬지요. 제 감동의 본질은 바로 신부님의 예언 그대로 되었다는 데에 있습니다만 현실적으로는 아무튼 피곤해서 견딜 수가 없군요. 저녁이면 일찍 8시나 9시쯤부터 잠들고, 아침 6시나 7시가 될 때까지는 눈이 떠지지 않으니까요.

이런 상태가 며칠 계속된 후에야 저는 어쩌면 이것은 외부로부터 정보가 지나치게 많이 들어오기 때문일지도 모른다는 데에 생각이 미쳤습니다. 남편의 말을 빌면, 아무리 많은 것이 보이더라도 인간의 눈은 필요한 것과 그렇지 않은 것을 구별하며, 그냥 멍하니 있다가도 미인이 나타나면 갑자기 정신을 차려 그쪽을 뚫어지게 바라본다고 하는 식의 취사 선택이 가능하다는군요. 그런데도 불구하고 저는 필요가 있건 없건 구석구석 끝에서 끝까지 응시하는 겁니다.

변명을 하자면 저는 사물을 보는 방법을 잘 모르는 것이겠지요. 50년 동안이나 그런 훈련을 받지 못했으니 갑자기 보이게 된 눈을 잘 사용하려고 해도 그것은 무리일지 모릅니다.

친구의 말을 빌면 어떤 지방에서는 그렇게 사물을 보는 것을 '지긋이 본다'고 한답니다. 솔직히 말씀 드려서 '지긋이 본' 결과는 슬픈 것이었습니다. 슬프다기보다 애처롭다고 해야겠지요. 인간 공통의 운명, 욕심, 삶의 모습, 어느 것을 생각해 봐도 애처로웠습니다. 그래서 피곤해졌고 아무것도 할 수가 없었는지도 모르겠습니다.

'적당 적당히'라는 말이 있지요. 저도 그런 자세를 배워야만 하겠다 싶습니다. 물론 우리들은 '길가메쉬'(고대 오리엔트 구전문학 서사시의 주인공 이름. '모든 것을 본 사람'이라고도 불렸음)가 아니므로 '모든 것을 본 사람'이 될 수는 없겠고, 그렇다면 더더욱 '지긋이 보는' 것은 자만이 되겠지요.

이제부터는 의사 선생님 말씀대로 밖에 나갈 때는 꼭 도수 없는 선글라스를 쓰고 어렴풋이 이 세상을 지켜 볼 생각입니다.
 눈이 낫게 되자 몇 년 만에 다시금 독서의 즐거움을 만끽하느라 요즘은 굶주린 듯이 활자를 훑고 있습니다. 그러다가 앞날이 암담했던 때 때때로 '현실'을 잊게 해 주던 TV에 대한 그리움이 느껴져 어느 날 밤 NHK를 시청했었습니다.
 우간다와 케냐 사이에서 목축 생활을 하는 사람들의 생활을 특집으로 엮은 것이었는데 근래 수년 동안의 전례 없는 한발로 그들의 생활은 점점 고통스러워지고 있는 모양이었습니다. 특히 아민이 갖고 있던 무기가 흘러 나와 우간다 측 부족 손으로 넘어간 후부터는 적대 부족을 총으로 쏘아 죽이고 소를 약탈해 가는 등, 창을 무기 삼던 때에는 생각조차 할 수 없었던 항쟁 형태가 시작되고 있다는 것이었습니다.
 저는 그저 단순히, 빼앗긴 쪽은 빈곤해지겠지만 뺏은 쪽에서는 비프 스테이크라도 먹을 수 있게 되는 것이 아닌가 하고 생각했지만 일은 결코 그렇게 단순한 게 아닌 모양이더군요. 그들 역시 식품 부족이 심각해서 아우슈비츠의 수인(囚人)들처럼 말라비틀어진 아이들이 배급되는 식품 앞으로 모여들고 있는 모습이 그려지고 있었습니다.
 아이들은 나무 열매를 반으로 쪼개 만든 듯한 그릇에 하얗고 물렁물렁한 것을 받아서 가슴에 껴안고 땅바닥에 주저앉았습니다. 그리고는 다섯 개의 손가락으로 파서 손가락에 붙은 것을 열심히 핥아먹었습니다.
 일본이었다면 엄마가 턱받이를 하게 한 후 숟가락을 쥐어 주든가, 엄마가 입에 넣어 먹여 주어야 할 만한 나이의 아이들이 혼자서 묵묵히 '먹을 것'을 입에 넣고 있는 겁니다. 어쩌면 그애들은 영양 부족으로, 제가 생각하는 발육 기준보다 뒤져 이미 대여섯 살쯤 되었을지도 모르겠습니다. 어쨌든 거기에 비치는 모습은 아무리 보아도 인간이라기보다는 동물에 가까운 느낌이었습니다.

그러나 그 프로그램에서 가장 제 마음을 때린 것은 프랑스인 여의사의 말이었습니다. 그녀는 그런 사람들을 위해서 일하고 있었지만 기자의 질문에 대해 다음과 같은 답변했습니다.

"의료 봉사는 얼마든지 주어져야만 한다. 하지만 식품을 주어서는 안 된다. 왜냐하면 식품을 거저 얻게 되면 그들은 성실하게 일해서 식품을 얻을 생각을 버리게 될 테니까 말이다."

몇 년 전, 레바논과 이스라엘을 방문했을 때 저는 각지에서 난민 캠프를 보았습니다. 그리고는 있는 사람들 중 일부는 이미 '난민업(亂民業)'이라고 불리는 나태한 생활 태도에 빠져 있음을 알았습니다. 그리고 거기에서, 세계 각지에서 '난민'을 업으로 삼는 사람들의 숫자가 점점 늘어 가리라는 예측을 했었습니다.

제가 늘 그러듯, 조심성 없는 말투로 말하자면 '난민업'은 결코 좋은 것은 못 되지요. 집은 좁은데다 더럽고, 상하수도 설비도 형편없으므로 상식적인 사람의 생각으로는 어떻게든 탈출해야겠다 싶어지는 환경이니까요.

그러나 신부님께서도 이미 아시리라 생각합니다만, 지구상의 실로 많은 사람들이 이런 탈출 의욕이 없이 살고 있다는 사실 역시 잊어서는 안 되리라고 봅니다. 그리고 저로서는 적어도 그것을 책망할 수 없습니다. 의욕이 없는 사람들에게 의욕을 가지라고 하는 것은 어쩌면 불가능한 일인지도 모르니까 말입니다.

진정으로 인간적이고 싶은 사람이라면 사회적 규모이든 국가적 규모이든 지구적 규모이든 간에 의욕이 있는 자가 의욕이 없는 자를 전면적으로 떠맡고 가야 한다는 것을 승인해야만 할 것입니다. 그것이 불가능하다면 그들 자신에게 운명을 결정시킬 수밖에는 없지요.

그 여의사의 답변은 현대 일본에서는 두려움 때문에 그 누구도 입 밖에 낼 수 없는 것이었습니다. 눈 앞에 굶고 있는 사람이 있는데도 식품을 주지 않는 것이 좋다고 말하니 말입니다. 우리들은 사실 식품을 줌으로써 바로 그 당장에 따뜻한, 인간다운 인간이 될 수 있는 안이한 기회를 놓치고 싶지가 않은 것이지요. 다시 말해서 그것은 자기 스스로를 위한⋯⋯.

그러나 그 여의사는 알몸에 맨발인, 동물처럼 보이는 아이들의 미래에서 진정한 인간의 존엄을 보고자 그렇게 말했던 것입니다. '먹을 것을 주기만 하면 그애들은 계속 살아가긴 하겠지만 인간이라고는 할 수 없다. 인간으로서 살아 가게 하려면 분명히 그들 중 일부는 희생되어 죽어가기도 해야 하리라' 하는 발상인 것이지요.

적어도 이것은 우민(愚民) 정책은 아닙니다. 어떤 피부 빛깔의 사람이든 간에 우리들이 우리들의 동포에 대해서 갖는 것과 똑같은 경의를 표한 발언인 것입니다. 그러나 또 이토록 혹독한 발언도 없을 것입니다. 히스테릭한 일본인이라면 이러한 발언을 한 사람에 대해 얼마나 심한 비난과 공격을 퍼부을지 알 수 없는 노릇입니다.

일본인이 바라는 것은 그 누구도 굶지 않되, 그를 위해서 자기는 거의 아무런 희생도 당하지 않고서 그들 스스로 능력을 길러 자활해 나가는 것입니다. 그렇게 이상적인 일이 가능하다면야 아무런 문제가 없겠지요.

우리들은 많은 경우 '어떤 바람직한 일'을 선택할 것인가가 아니라 '어떤 바람직하지 못한 일'을 선택할 것인가 하는 문제에 부딪힙니다. 그것이 성인의 삶의 모습이 아닐까요.

성 바울로에 관한 제2차 조사단은 2월 25일에 출발할 예정입니다. 우선 시리아로 가, 비행기로 이집트로 들어가서 알렉산드리아로부터 육로로 시나이 산을 향할 것입니다. 그리고 나서 지중해안으로 되돌아와 엘 알리쉬에서 이스라엘에 입국, 신약성서의 무대를 열흘 정도 취재한 후 크레타, 키프로스, 말타, 시실리의 네 섬을 거쳐 3월 26일에 로마에 도착하게 됩니다.

저희들의 가장 큰 기쁨은 신부님을 만나 뵙는 것으로서, 28일 주일날에 만일 별다른 일이 없으시다면 바티칸 시내를 안내해 주시지 않을까, 하고 꿈같은 희망을 품고 있습니다. 아들 아이 부부도 편승하여 그날 로마에 나타나겠다고 합니다만 과연 신부님을 뵐 수 있을지요.

오늘은 입춘입니다. 책상 앞 창에서 뜰을 내다보니 백목련 망울이 상당히 커진 것이 느껴지는군요. 작년에는 봄이 오는 것이 참으로 기뻤지요. 겨울 동안은 해가 짧아서 햇빛이 부족한 것 같기 때문에, 봄에서부터 여름까지가 제게 있어서는 삶이 보증(保證)되는 듯 느껴진답니다.

만나 뵙게 될 날을 기대합니다.

시나이 산을 오르는 데는 3천 계단이 있다는 말을 듣자 친구 쯔루바다는 다이어트를 하겠다며 밥을 안 먹곤 했습니다. 다만 그의 그런 행동이 사흘밖에 계속되지 않아서 겨우 마음을 놓았답니다.

(1982. 2. 4)

이 세상을 적당적당히 보도록 하십시오

시리에다 마사유끼

소노 여사.

로마의 2월은 뼛속까지 스미는 듯한 추위입니다만, '계절은 가고 나서 오는 것이 아니므로, 겨울이 간 다음에 봄이 오리라고 생각지 말라. 겨울 한가운데에 이미 봄의 자취를 보거늘'이라는 옛 선인의 말씀은 정말 옳은 듯싶습니다.

겨울이 깊어감과 동시에 봄은 부풀어 오릅니다. 이곳 로마에서도 한겨울 속에 봄은 하루하루 그 태동을 뚜렷이 드러내 태양빛, 작은 새의 지저귐, 백목련 망울에서 이미 봄의 기색이 배태되고 있습니다.

그 선인의 말씀은 그대로 '이 세상이 가고 나서 저 세상이 오는 것이 아니다. 현세 속에 이미 천국의 자취를 보거늘'이라고 바꿔 말할 수 있을 것 같군요.

손오공이 온 세계를 구석에서 구석까지 다 날아 돌아다닌 줄 알고 뛰어내리고 보면 그곳은 언제나 부처님 손바닥 안이었듯이, 우리들이 오른쪽으로 뛰어 보고 왼쪽으로 굴러 본다 한들 결국은 하느님 손 안에서의 일이 아니겠습니까. 그렇게 생각하면, 소노 여사가 늘 말씀하시듯이 이 세상의 인생에서는 진정한 의미의 실패도, 파산도 있을 수 없는 게 되지요. 우리 그리스도교의 낙관주의는 여기에서 유래된 것일 겁니다.

지난 2월 5일, '나가자끼 26성인 순교자의 날'에 저는 만 50세의 생일을 맞았습니다. 아침 미사를 올리면서, 우선은 좋은 가족이라는 은총을 주시고 멋진 친구들을 얻을 수 있는 행복을 주신 하느님께 감사를 드렸습니다.

50년이나 되는 긴 세월을 살게 해주시니 황송한 기분입니다. 겐꼬오(兼好) 법사는 '오래 살면 욕된 일도 많다. 길어도 마흔이 되기 전쯤에 죽는 게 좋다'는 말을 했지요. 그러고 보면 아시시의 성 프란치스꼬, 라파엘로, 모차르트 등 제가 존경하는 분들은 모두 3, 40 안팎의 나이에 이 세상을 떠났습니다.

이제부터는 하루하루를 하느님으로부터 여분으로 더 받은 인생으로서 손에 가득히 받아 들고 가고 싶습니다.

그렇다 하더라도 '인생 50년'이라는 말로 볼 때 하나의 고개를 넘어선 기분입니다. 이제 앞으로는 죽음의 계곡을 향한 내리막길임을 깨닫고 있지요. 단, 이 내리막길이라는 게 여간내기가 아닙니다. 마음이 황폐해지고 몸이 말을 잘 듣지 않는 거야 어쩔 수 없다 하더라도 악마에게 발목을 붙잡히지 않으려고 신경을 집중시키다 보면, 이번에는 하늘을 우러르지 않게 되니까 말입니다. 눈을 하늘로 향하지 않는 신부는 신부랄 수 없노라는 생각으로, 무리해서 하늘을 우러르다 보면 발이 쫙 미끄러질 듯

해집니다.

요즈음 저는 웬일인지 뭔가 한 가지를 이루어 놓아도 한편으로는 더할 나위 없이 맥이 빠진 듯합니다. 깨달음의 경지 같은 것은 저쪽 머나먼 곳에 있구요. 그래도 7전 8기(七顚八起)해 가면서도 그리스도의 뒤를 따라 계속 걸어가고 싶습니다.

제 바로 앞에서 활보하고 계시는 소노 아야꼬 여사 뒤에 딱 달라붙어 간다면, 어쩌면 혹 넘어지지 않고도 될 수 있을지 모른다는 쑥스러운 생각을 가슴에 품어 보기도 하지요……. 자, 우리 둘 다 아름답게 늙어 가도록 합시다.

소노 여사의 편지는 어제 잘 받아 보았습니다. '지긋이 보신' 부분은 특히 재미있었습니다. '지긋이 본다'는 것은 사랑하는 사람이 상대방을 응시하는 눈, 바꿔 말하자면 사랑의 모멘트라고도 할 수 있지 않을까요? 꽃 한 송이를 지긋이 응시하는 사람은 그 꽃과 사랑의 관계에 들어가 있습니다.

현세를 더없이 사랑해 마지않는 소노 여사가 지금 번쩍 뜨인 눈으로 '세상 구경'을 하는 게 즐거워 견딜 수 없어서 모든 것을 '지긋이' 보고 싶어하시는 기분은 잘 알겠습니다. 하지만 그렇게 하시다가는 육체의 눈도, 마음의 눈도 언젠가는 펑크가 나고 말 겁니다.

군중을 보고 있을 때, 인간의 눈은 사실은 그 누구도 보고 있지 않습니다. 눈은 쉬고 있는 것입니다. 그러나 무엇인가를 응시할 때, 시야에는 단 한 사람의 '당신'밖에는 들어오지 않지요. 마음의 눈 역시 마찬가지라고 할 수 있습니다.

'나는 전 인류를 사랑합니다'라고 호언하는 사람이 있지만, 이것은 그 누구도 사랑하고 있지 않다는 증거입니다. 마음은 조금도 움직이고 있지 않지요. 같은 순간에 마음에는 단 한 사람밖에 들어갈 수 없으니까 말입니다.

　신앙 역시 '하느님을 지긋이 보는 것'이라고 생각합니다. 요한복음에서는 '믿는다'고 하는 단어를 '본다'는 동사로 대용시킨 것이 많지요. 신부이며 수도자인 저는, 예수님을 아주 '지긋이' 바라보아야만 합니다. 그러나 예수님이라고 하는 이 가장 친근한 '우리의 벗'은 언제나 제 형제자매처럼 따분한 분이십니다. 행인지 불행인지, 저는 오랫동안 계속해서 그분을 지긋이 바라보지를 못합니다.

　예를 들어, 한창 아침 미사가 진행중일 때 성체의 예수님을 지긋이 바라보고 있노라면 '아이쿠, 목욕탕 수도꼭지를 틀어 놓은 채 나왔구나' 하는 생각이 퍼뜩 들기도 합니다. 그렇게 되면 이미 틀린 일이지요. 갑자기 미사 속도가 빨라지게 되니까요. "예수님, 용서해 주시기를!" 하고 말하는 저의 눈은 이미 '지긋이' 보는 경지와는 거리가 멉니다.

　저녁기도 때도 곧잘 방심 상태에 빠져 그날 쇼핑한 것들을 계산해 보다가는 '야앗, 또 속았구나' 하기도 합니다. 그럴 때 예수님을 지긋이 보면 무섭기 짝이 없는 얼굴을 하시지요.

　저의 사제 생활은, 말하자면 예수 그리스도를 지긋이 보는 것과 '멍하게' 보는 것의 리드미컬한 교환과도 같습니다. 바로 그렇기 때문에 오래 지속되는가 보다 하는 생각도 들곤 합니다. 소노 여사도 너무 이 세상을 지긋이 바라보시지만 말고 적당적당히 보시는 게 좋지 않을까요?

　지금 로마는 카니발로 시끌벅적합니다. 원래 카니발이란 라틴어로 '고기를 자르다(카르넴 레발레)'에서부터 온 것인데 지금은 완전히 반대의 뜻으로 사용되고 있으니 재미있는 일이죠. 단식과 절제의 사순절(四旬節)이 시작되기 전에 고기를 듬뿍 먹고 즐겨 두자는, 지극히 한심스러운 관행(慣行)인 것입니다. 그리스도교 역시 민중의 종교가 되기 위해서는 이런 식의 '도량이 커서 누구나 다 받아들이는' 일이 필요했던 것은 아닐까요.

다음 주부터 시작되는 사순절은 저희들에게는 더할 나위 없이 좋은 수행 기간입니다. 사순절은 예수님께서 40일 동안 사막에서 '기도와 단식' 생활을 하셨음을 기념한 부활절 준비 기간입니다. 그러나 이 사순절은 어쩐지 일본과는 잘 융합되지 않는 느낌이 듭니다.

일본은 자연의 혜택을 크게 받고 있습니다. 마음 속에 시를 지닌 일본인들은 자연을 사랑하고 사계(四季)를 축복합니다. 화조풍월(花鳥風月)로써 자신의 마음을 읊고, 그것을 유한적적(幽閒寂寂)의 정취로까지 이끌어 가는 일본인의 센스는 참으로 놀랍습니다. 하지만, 자연이라고 하는 횡적(橫的) 관계에 지나치게 얽매여 온 일본인은 어쨌든 하느님이라고 하는 종적(縱的) 관계에 대해서는 무관심했었다고 할 수 있지 않을까요.

물론 일본에는 온갖 신들이 존재해서, 어떤 마을에 가든 그 고장의 수호신이 있습니다. 축제 때라도 되면 신을 모신 가마를 끌고 가구라(神樂 : 신에게 제사 지낼 때 연주하는 무악[舞樂])를 연주하며, 오미끼(神酒 : 신불[神佛] 앞에 올리는 술)를 받아 신과 자연과 인간의 일체감 속에 취해듭니다. 그러나 이러한 신들은 중동 지방에서 생겨난 유태교, 그리스도교, 이슬람교의 신과는 전혀 닮지 않은 것들입니다.

15년 전, 저는 처음으로 예수 그리스도의 고향인 팔레스티나의 성지에 발을 디뎠습니다. 처음 보는 사막의 광경에 저는 크게 놀랐지요. 생명의 고동이 전혀 느껴지지 않는 그 사막은 푸르름에 익숙해 있는 저의 눈에 얼마나 살풍경하게 비쳤는지 모릅니다. 먼동이 틀 때의 아름다움도 없이 해가 뜨는가 하면 무색의 자연이 확 흑백으로 나뉘어집니다. 태양과 더불어 꿈틀거리는 빛과 그림자는 신과 악마—악령이라고 하는 편이 보다 더 적절합니다만—의 대결을 방불케 합니다.

저는 그때 예수께서 악마에게 시험을 당하신 카란타르의 언덕에 홀로 서 있었는데, 저녁이 되어 괴이한 빛의 태양이 꼴깍 지평선 저 멀리로 사라졌을 때, 뭐라 말로 표현할 수 없는 외로움이 치밀어 올라옴을 느꼈습니다. 시리아 사막을 넘어 오는 아라비아의 바람, 카무신의 검은 한숨이 악마의 노호(努號) 같은 고함을 지르며 어둠 속을 휘몰아쳤습니다.

제 주위에 살아 있는 것이라곤 벌레 한 마리, 풀 한 포기도 없음을 깨달았을 때, 저의 영혼은 이미 하늘을 우러러 필사적으로 하느님을 부르고 있었습니다. 제 앞에 존재하는 것은 하느님뿐이라고 느꼈습니다. 제가 성서의 세계를 이해했던 것은 바로 그 장소에서였습니다.

소노 여사 역시 비슷한 체험을 갖고 계시더군요. 〈홍매 백매(紅梅白梅)〉의 서두 부분에서, '아무것도 없는 곳에는 틀림없이 강렬한 그 무엇인가가 있었다. 나는 이제까지 몇 번인가 사막에 갔었는데, 그곳에는 아무것도 없기는커녕 우주를 느끼게 만드는 투명하고도 완벽한 것이 존재하고 있었다'라는 지당한 말씀을 털어놓고 계십니다.

이스라엘 역사에는 언제나 사막이 살아 있습니다. 그것은 살아있는 영웅이라고까지 묘사되고 있지요. 신성한 장소일 뿐만 아니라 생명이 넘치는 모태(母胎)이기도 합니다. 모든 것이 죽어 있는 것처럼 보이는 사막에, 사실은 하느님의 생명의 숨결인 '루 아프(성령)'가 흘러 넘치고 있는 것입니다.

그곳에서 하느님의 말씀은 팽팽한 북처럼 조용히 쿵 하고 마음 속에 울려퍼지지요. '사람이 빵으로만 사는 것이 아니라 하느님의 입에서 나오는 모든 말씀으로 살리라'는 말씀을 하신 것은 구약에 있어서든(신명기 8, 3), 신약에 있어서든(마태오 4, 4) 사막에서였습니다.

이스라엘은 사막의 축제에 열광합니다. 1주일에 걸친 그 무엇보다도 장엄한 스코드[幕屋祭]가 그것이지요. 보통, 유태인들 사이에서 축제(헤 하그)는 바로 이 스코드를 뜻합니다. 이스라엘은 사막에서 태어났으며, 시나이 산에서 십계명을 받았고, 그곳에서 하느님 야훼의 훈도(薰陶)를 받았습니다. 모세, 엘리아 등 구약의 위인들은 모두 언제나 사막을 마음의 고향으로 하고 있지요.

구약성서 속에 〈아가〉라고 하는 유명한 사랑의 노래가 있습니다. '케달의 천막 같은 검은 머리를 한 술랑의 아가씨'는 왕의 할렘으로 이끌려 갑니다. 그러나 그녀는 '나리 꽃밭에서 양을 치는 젊은이'를 잊을 수가 없습니다. 젊은이도 낮이든 밤이든 이 아가씨 생각을 하며 말을 걸곤 하지요. 두 영혼 사이에 교환되는 사랑의 속삭임에는 한여름 밤의 시원한 바람과도 비슷한 그윽함이 느껴집니다.

어느 날 젊은이는 결심을 하고서 왕 앞에 나아가 "임금님, 당신께는 많은 왕비와 헤아릴 수 없는 궁녀들이 있습니다. 그러나 제게는 그 누구와도 바꿀 수 없는 작은 비둘기가 한 마리 있을 뿐입니다" 하고 애원을 합니다. 왕은 그 청을 받아들여서 아가씨를 그에게 돌려 줍니다. 술랑의 아가씨는 휘황찬란한 왕궁을 버리고 사랑하는 이의 어깨에 기대어 사막으로 사막으로 떠나갑니다. 이 시가 야훼와 이스라엘의 사랑의 약속을 상징하고 있음은 두말할 필요도 없는 것이오.

이처럼 사막은 이스라엘의 이상(理想) 속에 계속 살아 있습니다. 이스라엘 백성들은 약속의 땅을 목표로 하여 40년 동안이나 사막을 방황했습니다. 먹을 것도 물도 없이, 인간이 자신의 힘만으로는 도저히 살아 갈 수 없는 그 장소에서 이스라엘의 신앙은 막다른 곳에 이르기까지 시험당합니다. 오직 하느님의 말씀을 따를 것인가, 아니면 '이집트에서 공짜로 먹던 부추, 파, 마늘'(민수기 11, 5)이 그리워져 원래의 노예 생활로 돌아갈 것인가 양자 택일을 강요당합니다. 그리고, 하느님께 모든 것을 맡기는 삶의 길을 선택한 이스라엘은 야훼와의 신비적 혼인을 체험하는 것입니다.

하느님은 신부 이스라엘에게 무한한 사랑을 쏟으시며, 이스라엘은 하느님께 절대의 충성을 맹세합니다. 이리하여 사막 속에서 이스라엘은 스스로의 영성(靈性)을 찾아냈던 것입니다.

신약성서 속에서도 마찬가지로 사막의 시는 살아 있습니다. 사실 예수 그리스도의 복음은 세례자 요한의 '광야에서 외치는 소리'로 개막됩니다. 예수도 공(公) 생활로 들어가기 전, 성령에 이끌리어 사막으로 가서 그곳에서 40일 낮과 밤을 기도와 단식으로 보내면서 악마의 유혹에 마주쳐 그것을 이겨내고, 하늘의 아버님과 깊은 일치 상태로 들어가십니다.

어떤 사람은 말할지도 모르겠습니다. '사막에 가는 것을 그만두자. 악마를 만나기는 싫으니까'라고요. 그렇게 한다면 악마를 만나지 않는 대신에 하느님과도 만나지 않게 될 것입니다.

공 생활이 시작되면, 예수님은 이제는 손에서 사막을 떼어 놓지 않으십니다. 사막이 가까웠기 때문도 아니고, 기도를 하거나 쉬거나 하늘에 계시는 아버님과 대화를 나누기 위해 사막으로 들어가셨던 것도 아닙니다. 예수님의 마음 속에서 사막은 이제는 살아 계신 하느님의 현실로서 호흡을 계속하는 겁니다. 이 눈에 보이는 모든 사막을 넘어선, 존귀한 예수님의 침묵의 사막이야말로 신약성서 중의 스코드라 할 수 있는 사순절의 중심적 모티프인 것이지요. 이렇게 보면, 사순절은 2천 년 역사를 지닌 교회가 오늘날에도 역시 자랑할 만한 아름다운 교육의 정수(精髓)라 하겠습니다.

사막은 인간의 마음 저 깊은 속 밑바닥입니다. 그곳에서 인간의 진실된 모습이 안쪽으로부터 비쳐 나오고, 그 한없는 아름다움과 추함이 부조(浮彫)되는 것이지요. 마음의 사막에 침잠하면 침잠할수록, 인간은 그곳에서 하느님과 악마, 빛과 어둠, 선과 악의 갈등을 경험하게 되며, 그만큼 인생의 명암, 고락도 농후하게 착색되는 겁니다.

베르나노스(프랑스의 가톨릭 작가)는 '하느님께 예정된 영혼은 어둠, 미혹(迷惑), 불안, 고뇌의 큰 바다 속에 침몰하여 스스로 그 밑바닥에 있는 경험을 한다. 그러나 그것이야말로 모든 것들이 새로이 시작된다는 하느님의 표시이다'라고 말했습니다. 절망도, 고뇌도, 미혹도 없는 그리스도교도란 결코 바람직한 게 아닙니다. 그런 사람은 그리스도교도라 할 수 없으니까요. 인간은 사막을 통해서만 신앙의 세계로 이끌려 들어갈 수 있는 것입니다.

최근 일본에서는 교내 폭력이 문제시되는 모양이지만 유럽, 특히 이탈리아에서는 이미 15년 전부터의 사회 현상이지요. 이

곳의 교내 폭력은 역사가 오래 되었을 뿐만 아니라, 훨씬 깊이 사회에 그 뿌리를 내리고 있으므로 그만큼 더 광폭하고 질이 나쁘다고 할 수 있습니다. 이미 주먹 싸움 정도가 아니라 권총이 등장할 정도니까요.

그러나 교사도, 가정도, 교회도, 이미 더 이상 어떻게도 할 수 없다는 절망적 상태에 이르렀을 때 예기치 않게 젊은이들 사이에서 '예수만이 구원' '그리스도야말로 모든 것'이라는 외침이 용솟음쳐 올랐습니다. 그것은 국가나 교육자의 가르침에 의한 것이 아니라 젊은이들 자신들로부터 끓어오른 정신 운동이었습니다. 포클랜드, 성령 쇄신, 노틀담 그룹, 꾸르실료, 빛과 생명, 그리스도 생활 공동체, 신 구도(求道) 생활 등등 헤아리기 시작하면 한이 없을 정도입니다.

깊은 절망적 상황을 통하여 젊은이들은, '이 세상에 우리들 존재가 의지할 수 있는 것은 아무것도 없다. 예수 그리스도를 다시 찾는 것이야말로 우리들의 사활(死活)이 걸린 문제이다'라는 자각에 이른 것입니다. 이것은 평온 무사한 사회에서 수천 번 설교를 하더라도 얻을 수 없는 결론이라고 생각합니다. 소노 여사의 교육론의 제목 '절망으로부터의 출발'은 참으로 바로 그 자체입니다.

모든 달콤한 것들과 결별하고, 현대를 살아 나갈 힘을 그리스도에게서만 찾으려는 그들의 순수함에는 머리가 수그려집니다. 어떠한 타협도 용납하지 않는 복음 운동입니다. 진정한 예수님을 증거하는 일 가운데서 그들은 '젊은이들의 힘'의 새로운 원천을 발견했던 것입니다. 여기에서도 교육 분야에 있어서의 사막 체험이 유감 없이 발휘되어 있습니다.

일본에서 모든 '바꿔치기'와 '응석'이 무너져 사라지는 날, 과연 일본의 정신적 토양으로부터 이와 같은 젊은 힘이 분출될 수 있을지요. 이것이야말로 일본의 정신 세계에 던져진 최대의 도전이 아닌가 생각합니다. 이제는 전전(戰前)의 '강병(强兵)'이나 전후의 '부국(富國)'이란 신화로는 교육을 구할 수가 없습니다.

키에르케고르는 절망을 '죽음에 이르는 병'이라고 정의했습니다만, 지난 달 이탈리아의 대표적 작가인 알베르토 모라비아는 문제작 〈1934년〉을 발표하면서 현대의 만성화된 절망이야말로 죽음을 선택하게 하기보다 오히려 인생의 활로(活路)를 여는 에너지라고 선언하여 화제를 일으키고 있습니다. 생각할 만한 가치가 있는 발언인 것 같습니다.

소노 여사도 지난번 편지 속에서 전쟁 그 자체는 악이지만, 전쟁의 비극이 제시하는 죽음의 묵상은 인생의 의미와 목적을 분명하게 만들어 주는 계기가 될 수 있다고 하셨지요.

폴란드에서도 교황이 배출되는 시대입니다.

다음 달에는 로마에서 소노 여사 일행을 만나 뵙게 되겠군요. 기다려집니다. 두번째의 성 바울로 유적 조사가 좋은 성과를 올리기를 기도 드립니다. (1982. 2. 17)

소망을 지니고 있는 영혼이거늘

재회(再會)를 생각하니 설레는군요

시리에다 마사유끼

로마에서의 인내, 깊이 감사 드리며

소노 아야꼬

재회(再會)를 생각하니 설레는군요

시리에다 마사유끼

소노 여사.

1월은 가고 2월은 도망가며 3월은 사라진다고들 합니다만, 오늘이 벌써 3월 23일, 어머님의 기일(忌日)입니다. 어머님 돌아가신 지 4년이 흘렀건만, 어머님의 모습은 멀어지기는커녕 날마다 그 아름다움을 더해 가며 가까이 다가오는 듯한 느낌입니다. '아름다워지면 일단 사람은 멀어져 보인다. 보다 더 아름다워지면 빛을 발하며 가까이 다가온다'는 말이 실감납니다.

저의 여생(餘生) 역시 어머님이 기다리시는 곳에서 끝나리라고 생각하면 죽음도 그다지 두렵게 느껴지지 않습니다. 어머님은 제 팔 안에서 숨을 거두셨지만 제가 죽을 때는 이번에는 어머님께서 양팔을 벌리고서 맞아 주실 듯한 기분입니다. 그날까지 마리아를 본받아, 맑은 바람이 땅을 휩쓸고 지나 사라지듯 살아 보고 싶습니다. 돌아가신 어머님 몫까지 살아 보고 싶구요.

어머님의 임종 장면은 저의 눈에 아로새겨져 사라지지 않습니다. 하지만 인간의 원숙(圓熟)이란 사랑하는 사람의 죽음에 대한 묵상과, 드디어는 오고야 말 자신의 죽음에 대한 예감 없이는 있을 수 없음을 생각할 때, 이것도 고마운 일이라고 감사 드리고 있습니다. 이 체념에 뒷받침받은 조용한 인생의 향수(享受)와 정진과 창조가, 초로(初老)의 깊은 맛과 충실을 얻게 해주는 것이 아닌가 하고 생각하는 요즈음입니다.

앞으로 사흘만 지나면 소노 여사 일행을 만나 뵐 수 있다는 생각에 가슴이 설렙니다. 날마다 소노 여사 일행의 성 바울로 유적 조사 여행 일정을 들여다보면서, 지금쯤 어디서 무엇을 하고들 계실까 하며 생각을 짚어 보곤 한답니다.

일정표에 의하면 3월 23일은 시실리로 되어 있는데, 성서의 기록에 바울로는 로마로 가던 도중 시실리 섬의 시라쿠사에 상륙하여 그곳에서 사흘간 체재했다(사도행전 28, 12)고 되어 있으니 틀림없이 시라쿠사 주변을 조사하고 계시리라 믿습니다. 만나뵐 때는 이야기 보따리를 가득 풀어 주십시오.

부활절에 앞선 1주일 동안은 성주간(聖週間)이라 불리며, 가톨릭 교회에서는 주님의 수난을 기념하는 장엄한 전례가 펼쳐집니다. 바로 그 성주간이 되면, 매년 아시시로부터 1백 명 정도의 젊은이들이 커다란 십자가를 지고 로마까지 행진하는 전통적 행사가 베풀어지지요. 2백 킬로미터 정도의 행정(行程)일 겁니다.

물론 아시시의 성 프란치스꼬를 본받아, 걸친 옷 외에는 아무것도 지닌 게 없는 무전여행이며, 도중에서 닥치는 대로 숙식을 해결하는 것입니다. 아무것도 없을 때면 단식도 하고 야숙(野宿)도 하지요.

재미있는 일은, 이 행진에는 프로테스탄트는 말할 것도 없고 불교도 청년들까지도 참여한다는 겁니다. 성서 속에 그리스도의 십자가를 대신 지고 걸어간 키레네 사람, 시몬의 이야기(마태오 27, 32)가 나옵니다만, 그들이야말로 현대의 시몬이라 할 수 있겠지요.

스웨덴에서 온 카알이라는 프로테스탄트 청년이 이 행진에 참가했던 것은 분명히 3년 전의 일이었다고 생각됩니다. 그가 이런 편지를 제게 보내 왔더군요.

'안녕하십니까? 오늘은 좋은 소식을 전해 드리고자 펜을 들었습니다. 저는 아시시의 십자가 행진에 참여했던 이후로 프란치스꼬의 모습에 완전히 매료되고 말았습니다.

오늘날의 스웨덴식 사고 방식에서 보자면 모든 부(富)를 떨쳐 버리고서 가난 속으로 뚫고 들어간 프란치스꼬는 미쳤다고 할 수밖에 없겠지요. 오늘날 스웨덴의 신은 물질적 풍요이니 말입니다. 하지만 스웨덴이 자신감을 갖고 꿈꾸는 이 이상향의 종착지는 기껏해야 '미완성의 우울'이 될 것이 뻔합니다. 그러므로 스웨덴식 생활 태도를 철저하게 밀고 나가다 보면, 허무감과 권태의 터널을 빠져 나간 후 마지막에는 자살로 귀착되고 말리라 생각합니다.

이렇게 보면 미친 것처럼 보였던 프란치스꼬의 청빈이 스웨덴의 풍요를 이긴 셈이 되지요. 웃으실지도 모르겠지만, 저는 지금까지 살아온 삶의 방식을 모두 털어 버리고 프란치스꼬의 삶의 방식에 철저히 가까이 가고자 프란치스꼬회 수도원으로 들어왔습니다. 지금 그곳에서 신명(身命)을 바쳐 수행에 정진하고 있는 중입니다. 이 결심을 최후까지 관철할 수 있도록 기도해 주십시오'

눈이 번쩍 뜨이는 듯한 이 편지를 읽고 저는 세 가지 큰 감동을 금할 수 없었습니다.
첫째는 카알 군의 인생에 대한 진지한 사색입니다. 그는 스웨덴의 풍요와 프란치스꼬의 청빈을 비교하여, 물질적 풍요에 지탱된 생활의 안락은 무엇 하나 부자유스런 것을 느끼지 못하게 함으로써 오히려 정신의 고갈과 영혼의 죽음을 부른다고 보았습니다. 동시에 미친 듯한 프란치스꼬의 청빈 속에 물질에 대한 정신의 승리가 있음을 간파했습니다. 카알 군의 이러한 철학은 참으로 훌륭합니다.
일본의 교육은 어느 편이냐 하면 '기억력이 좋은' 인간을 만드는 데 주안점이 놓여 있는 것처럼 보여집니다. "이제 다 외웠니?" 하고 어머니들은 질문을 던지고, 선생님들은 "내일까지 외워 올 것"을 명령합니다. 오늘날의 수험 제도가 어쩔 수 없이 기억력을 사고력보다 우위에 놓게 만드는 것일지도 모릅니다.
유럽 교육의 근간(根幹)은 어디까지나 '기억력'이 아니라 '생각하는' 인간을 만드는 것입니다. 일본과는 달리 이곳에서는 문과에 우수한 아이들이 모여듭니다. 그것은 대학 입시 국가시험을 문과에서 패스하면 대학의 모든 학과에 입학 자격이 주어지기 때문이기도 하겠지요. 하지만 문과 고등학교의 목적은 라틴어와 그리스어를 익히게 하여, 고전을 읽음으로써 인생을 보다 깊이 생각하는 습성을 길러 주는 데 있습니다.

그리하여 일단 철학을 할 수 있는 소양이 길러지면 대학에서는 어떠한 전문 분야로 나아가든 관계없다고 보는 것이 이쪽의 사고 방식입니다. 그래서 유럽의 철학자는 의례적이고 딱딱한 철학자라기 보다는 의사나 수학자거나, 작가나 예술가일 경우가 많은 것입니다.

오히려 오늘날처럼 전문 분화(分化) 경향이 심하고 스페셜리스트가 격증하는 시대에는, 그런 만큼 이 세분화된 소부분을 전체적 배경 아래서 조화·통합하는 철학이 필요해집니다. 철학은 전문 분야 사이의 간격을 메꾸는 제너럴리스트(통합론자) 역할을 해 주기 때문이지요.

제가 소노 여사의 문학을 좋아하는 것도 감성적인 것에 끌려 들어가 있는 일본 문학계와 달리 철학을 볼 수 있기 때문입니다. 저는 이야기 줄거리보다도 정신의 자유스러운 비상(飛翔)과 사상의 풍요로운 전개를 훨씬 더 좋아하니까요.

여러 종류의 국제 회의에서 "일본은 돈은 내더라도 입은 열지 않는다"는 말을 자주 듣습니다. '내세우지 않는 나라의 미풍(美風)'이라면 또 별 할 말이 없습니다만, 이것은 혹시 철학 부재(不在)에서 오는 수치스러움이 아닐까요. 타인의 사상에 동화하여 그것을 착색하는 데는 뛰어난 일본이지만 거기에서 세계를 이끌어 갈 만한 창조적 발상이 나올 가능성은 희박하지요. 애석한 일입니다.

작년에 교황 요한 바오로 2세께서 동경 무도관(武道館)의 '영 앤드 팝스' 집회에서 맨 먼저 일본 젊은이들에게 호소하신 말씀 "세계와 인간과 인생에 관해 확고한 비전을 가져 주십시오"는, 지금은 대국(大國)이 된 일본의 젊은이들에게 거는 세계의 기대를 대변하신 것이 아니었을까요.

카알 군의 편지에서 받은 두번째 감동은, 그가 결단한 인생의 선택입니다. 그는 스웨덴의 '생활의 풍족함'을 버리고서, 철저하게 청빈했던 프란치스꼬의 '인생의 풍족함'을 선택한 것입니다.

유럽에는 '산다는 것은 선택하는 것이며, 선택하는 것은 버리는 것이다'라는 격언이 있습니다. 목적지에 가는 데는 두 갈래 길이 있죠. 하나는 선택하되 하나는 버려야 합니다. 두 벌의 옷이 마음에 든다 해도 한 벌밖에는 입을 수 없습니다. 다른 하나는 포기해야 하지요. 1년은 8천7백60시간으로 되어 있습니다만 단 1시간도 증감시킬 수가 없습니다. 주어진 시간 앞에서 인간은 '공부도, 놀기도'가 아니라 '공부냐, 놀기냐'의 선택을 해야만 합니다. 하나를 선택하되 하나는 버리는 것이지요.

그리스도께서도, '아무도 두 주인을 섬길 수는 없다. …너희는 하느님과 재물을 아울러 섬길 수 없다'(마태오 6, 24)고 말씀하셨습니다. 현실적으로는 오른손에 하느님을, 왼손에 재물을 움켜 쥐고 그 어느 쪽도 선택하지 못하고 어느 쪽도 버리지 못하는 일본의 크리스천이 의외로 많을지도 모르겠습니다.

자유란 결코 무엇이든 제멋대로 하는 것을 말하는 것이 아니라 자신이 스스로 선택하는 책임을 말하는 것입니다. 공부든 놀이든 그 선택에 따라 열매를 거둬 가면서 각자의 인생이 형성되는 것입니다. 자유는 오로지 선택한 것의 가치이며 버린 것의 무게입니다. 금메달을 목표로 하는 스포츠맨이라면 술이나 여자를 쉽게 단념할 수 있을 테지요.

인간은 차유로우며 무엇이든 할 수 있다기보다, 선택한 몫만큼 차유롭게 되는 것입니다. '○○으로부터의 자유' 이상으로 '○○으로의 자유'가 문제이기 때문이지요. 이런 의미에서 '일본은 세계 제1의 자유 국가'라는 말에는 약간 저항이 느껴집니다.

일본처럼 모든 것에 순위, 서열이 뚜렷한 사회에서는 선택의 갈래가 생각보다 적어지게 마련이지요.

우선, 1류대학과 2류대학에 동시에 합격한 아이가(일본은 대학시험 날짜가 각기 달라서 여러 곳에 응시할 수 있음) 2류대학을 택할 가능성은 거의 없습니다. 사회 통념에 따르기 때문이지요. 언론계에도 그 시기의 '공기'에 흔들리기 쉬운 체질이 있습니다. 이런 점에서 '반대를 받는 표적'(루가 2, 35)으로서 개성적인 발언을 자주 하시는 소노 여사는 참 훌륭하십니다.

사르트르는 "인간은 자유를 바란다기보다 자유를 두려워한다."고 말했었죠. 사실 인간은 자유가 주어지면 그것을 처치 곤란해 합니다. 그래서 일본의 관광객들처럼 자유로운 모험을 피해 '패키지 투어'(Package Tour: 비용 일체를 일괄해서 내는 여행사 주최의 단체 여행)를 하게 되는 것이지요. 자유를 반환하고서 위에서 내려오는 지시를 그대로 따르거나, 사회 통념이나 상식 안으로 숨어 버리는 것이 처세술로서는 편안한 것입니다. 이러한 풍조에 반항해서 주체적인 삶의 태도를 말한 것이 바로 실존주의가 아닙니까.

카알 군의 훌륭함 역시, 세상의 상식을 깨부수고 재물을 버리고서 프란치스꼬의 청빈을 취했다는 데에 있습니다. 이제 그는 물욕으로부터의 자유를 자기 자신의 것으로 키워 나가겠지요.

자신이 선택한 길을 최후까지 꿋꿋하게 견디낼 때, 비로소 사람은 자유스럽고, 주체성 있는 인생을 구축하게 되는 법입니다. 수도자의 길을 선택한 이상, 저는 그 엄격한 규칙을 꿋꿋하게 지켜냄으로써만 자유인이 될 수 있습니다. 땀을 몹시 흘리는 저의 누님은 일년 내내 변함없는 수녀복을 입고서 여름이면 헉헉거리곤 하지요. 그러나 그렇게 땀을 흘려 가면서 일체의 속박을 물리치고 자유로운 심신을 닦아 나가는 것이 수도자의 길이라고 생각하기 때문에 동정은 하지 않습니다.

《벽암록(碧巖錄)》에 나오는 이야기입니다. 어느 중[僧]이 동산(洞山) 스님께 "추위와 더위가 찾아올 때면 그것을 어떻게 피하는 것이 좋습니까?"하고 물었습니다. 그러자 스님은 "추위와 더위가 없는 곳으로 가면 되느니라"고 대답하셨지요. 다시 그 중이 물었습니다. "추위와 더위가 없는 곳이란 도대체 어떤 곳입니까?" 스님이 대답했습니다. "추울 때는 과감히 추운 곳에서 이를 악물고, 더울 때는 햇빛이 쨍쨍 내려쬐는 곳에 몸을 내놓는 것이다. 추위와 더위가 없는 곳이란 바로 그런 경지를 이르느니라."

자유란, 싫은 것으로부터 벗어나는 구실이 아니라 자유롭게 선택한 자신의 길을 최후까지 열심히 이끌어 가는 의지입니다. 카알 군이 초지(初志)를 관철하여 완전한 자유인이 될 수 있기를 기도 드리고 싶습니다.

세번째 감동은, 카알 군이 지닌 인생의 이상형(理想形)입니다. 현대의 젊은이들은 자기의 이상을 체현(體現)할 구체적인 인간형을 구하고 있습니다. 일본의 교육에는 이러한 '이상형'이 결여되어 있는 것이 아닐까요. 그러면서도 "소년들이여, 야망을 가져라!" 하고 크게 외쳐대니까 젊은이들 쪽에서는 당황하는 것입니다. 야망과 유토피아의 혼동이 일어나는 것도 당연하지요.

유토피아란 그리스어의 '우 토포스(그 어디에도 없다)'로부터 빌어 온 토마스 모어의 조어(造語)라고 합니다. 그 글자의 의미대로 실현 불가능한 꿈의 세계인 것이지요. 그런 꿈을 꾼다 한들 소용이 없습니다. 뜻을 세우는 데는 분수라는 것이 있는 겁니다.
 유태인들에게는 이런 재미있는 우화가 있습니다.

'젊은 시절, 나는 하느님의 사랑에 불타 전 세계를 구하고자 생각해서 분투했다. 얼마 지나지 않아, 우리 마을 사람들을 구하는 것만으로도 충분하다는 생각이 들어 노력했으나 성공하지 못했다. 그래서 아무리 못해도 가족만이라도 구해 보려고 힘을 쏟았으나 이 역시 이루지 못했다. 드디어 나 자신의 구원이라는 커다란 문제에 눈을 떠 이에 전념했지만 이것 또한 뜻대로는 되지 않았다'

 이런 정도의 야망이라면 젊은이다운 순정이 넘치고, 자기보다 먼저 타인을 구하고자 하는 대승(大乘) 정신이 깃들어 있으므로 오히려 저절로 미소가 나옵니다. 현대 일본 젊은이들의 야망이란 대체로 모두 '출세'라는 것이 아닐는지요.
 출세란 말은 원래 '세속을 나온다' 즉, 출세간(出世間)이나 출가(出家)의 동의어였습니다. 카알 군은 프란치스꼬라는 이상형을 자기 몸에 새겨 넣기 위해 세간을 나왔습니다. 이것이야말로 정진정명(正眞正銘)한 출세가 아니겠습니까.
 그러나 지금 일본의 출세는 '세속으로 나온다'는 것, 이른바 입신출세를 뜻하지요. 세속적으로 성공하고 사회적으로 영진(榮進)하며 세간적(世間的)으로 걸출(傑出)하여 자기 영달을 이룬다고 하는, 이른바 '이기(利己)의 정수(精髓)' 비슷한 것입니다. 다른 이들을 발로 걷어차 버리면서 스스로의 이름을 떨치고자 하는 이들이 나오는 것입니다.
 이 세상에서 효력을 발휘하는 것은 신분이나 지위, 상장 등이므로 ○○대학 졸업이라든가 ○○상 수상이라는 장식물을 찾아, 모든 일본인들이 마치 콩나물처럼 발돋움을 하고 있는 결과가 나오게 되는 것입니다. 그 속 내용물과는 관계없는 그런 장식물 때문에 귀중한 청춘의 에너지를 연소시킬 필요는 없다고 생각합니다만… 아무튼, '세속을 나오는' 일 없이, 오직 '세속으로 나오는' 것만을 바라는 데서 오는 그 위험성이 피부로 느껴지는군요.

인간 생활의 어려움은 그 복잡함에 있는 듯이 말해지는 경우가 많습니다만 오히려 그 반대로 단순함 속에 있는 것이 아닐까요. 자기가 처한 경우에서 나오는 위대함 속에는 참으로 자기 힘이 미치기 어려운 것은 기껏해야 한두 개뿐입니다. "마르타, 마르타, 너는 많은 일에 다 마음을 쓰며 걱정하지만 실상 필요한 것은 한 가지뿐이다. 마리아는 참 좋은 몫을 택했다"(루가 10, 41－42)라고 그리스도께서도 말씀하고 계십니다.

성인이란, 그런 생활의 복잡함을 일부러 무시하고, 이러한 무엇과도 바꿀 수 없는 한두 가지 극히 단순한 것을 선택하여 거기에 일생을 거는 사람을 말한다고 생각합니다.

카알 군은 지금 프란치스꼬라는 이상형을 자기 것으로 하고자 일생을 걸고 정진하고 있습니다. 어디를 보든 현란한 원색의 욕망만이 범람하는 이 세상에서, 진정한 한 톨의 소망을 계속 지니고자 하는 그 영혼은 얼마나 상큼한 것인지요! 카알 군의 성공을 진심으로 빕니다.

동경 누님으로부터의 편지로 예전에 저와 같은 성당을 다녔고, 로칸트 신부님에게서 같이 영세를 받았으며, 그후 바울로수녀원에 들어가셔서 수녀로 활약하시던 야마노우찌(山ノ內) 수녀님께서 며칠 전 암으로 돌아가셨다는 것을 알았습니다. 저희들

과 같은 연배이시죠. 작년, 그녀의 병상을 찾으셨던 마더 데레사께서 하신 말씀이 한 장의 사진과 함께 들어 있군요.

> 나의 사랑하는 수녀님
> 당신이 받고 계시는 '암'이라고 하는 하느님의 선물은
> 예수님의 입맞춤, 바로 그것입니다
> 그것은, 입을 맞출 수 있을 만큼
> 당신이 십자가의 예수님께
> 가까이 다가섰다는 표식입니다
> 그 보답으로 그분께 미소를 보내 드리십시오
> 함께 기도 드립시다
> 하느님께서 당신께 축복을 주시도록
> 〈1981년 4월 25일 마더 데레사〉

야마노우찌 수녀님의 사진을 바라보면서 그 눈부시기만 한 미소에서 하느님의 부드러운 입맞춤을 느낍니다.

돌아가시기 직전에, 이미 아이 뱅크에 기증해 놓으셨던 자신의 안구(眼球)를 헌상(獻上)하셨다고 하는군요. 오직 예수님만을 계속 응시해 온 그 안구를 받는 사람은 얼마나 행복한 분이십니까. 그 눈은 앞으로도 계속 예수님의 모습을 비춰낼 것이 틀림없겠지요.

야마노우찌 수녀님의 명복을 빌면서. (1982. 3. 23)

로마에서의 안내, 깊이 감사 드리며

소노 아야꼬

 아르헨티나의 포클랜드 공격 뉴스로 소용돌이치는 런던을 떠나 지금 일본으로 가는 비행기 속입니다.
 바로 1주일 전, 로마에서 신부님과 헤어진 직후인 만큼 이 편지는 우선 감사에서부터 시작해야 하겠군요.
 이번에는, 저희들 성 바울로에 관한 제2차 조사 대원들을 위해 멋진 '로마의 휴일'이 아니라 '공부하는 며칠'을 주신 것에 대해 진심으로 감사 드립니다. 일요일은 신부님께도 귀중한 휴일인데도, 일본적인 뻔뻔스러움에서 그날 바티칸 및 성 밖 바울로 교회 등을 안내해 주십사고 부탁 드렸던 무례함이 지금은 부끄럽게 여겨지는군요.
 오랜만에 산책을 하게 해주신 비 갠 뒤의 약간 쌀쌀한 바티칸 안뜰은 제게 다시금 귀중한 나날이 흘러갔음을 일깨워 주었습니다. 특히 피니에트리 추기경의 거주지였던 저택의 3층 창이 꼭 닫혀 있는 것을 보았을 때, 그리고 추기경께서 좋아하셨던 분수 옆에 섰을 때, 저는 세월이 마치 훌륭한 분들의 생애를 보듬고서 흘러가고, 하늘로 가져가 별이 된 것 같은 느낌이 들었습니다.

이집트학 학자이신 요시무라(吉村) 선생님의 말씀에 의하면, 고대 이집트에서는 사람이 죽으면 그 혼을 저울에 올려 놓고 분동(分銅) 대신에 깃털 하나를 놓았다고 합니다. 인간이 깃털 하나의 무게보다 나쁜 일을 하게 되면 지옥으로 떨어진다는 것이지요.

자격 심사가 그토록 엄격하다면 저는 도저히 불가능하겠지만, 만약 천국이라는 곳이 있다면 만나 뵙고 싶은 분이 많기 때문에 하다못해 입구 근처까지라도 가고 싶다는 생각이 요즘 자주 듭니다.

이번에도 신부님의 안내로 로마의 많은 교회들을 둘러보았습니다만, 비 오는 날 고딕식 교회 건물로 들어서면 그 순간 '아름다운 것' 속으로 들어간다는 느낌이 들곤 했었지요. 그것은 그 건축 양식들이 확고하게 소멸(消滅)하는 것으로서 존재하면서도 영원을 꿈꾸고 있음이 보이기 때문이었습니다. 아직 고딕 건축은 영광과 해방으로서의 죽음에 무리 없이 연결되어 있음을 암시하기 때문이라고도 할 수 있겠지요.

로마에서는 오랜 시간 동안 만나 뵈었습니다만 아직도 이야기가 부족했던 듯 느껴집니다. 이번 여행에서는 저의 시력이 좋아진 덕택에 상당히 여유 있게 메모를 할 수 있었지요. 그 가운데 가장 많은 것은 지난번 편지에서도 화제가 되었던 사막에 관한 것입니다.

이번 여행에서는 모세가 하느님으로부터 십계(十戒)를 받았다고 하는 시나이 산에 오를 계획도 있었으므로, 여행 전반 부분은 철저하게 사막과 연관이 되었습니다.

시나이 반도, 이집트의 카이로에서 알렉산드리아까지의 도로, 카이로에서 지중해를 따라 엘 알리슈에서 이스라엘 쪽으로 국경을 넘는 해변 길, 그리고 이스라엘의 유대 광야 등등 규모와 그 모래의 성질은 갖가지로 다르다 하더라도 어느 것이든 강렬하게 저의 마음을 가득 채웠습니다.

저희들은 이번에도 미니 버스를 이용하여 이동했습니다만, 저처럼 말하기를 즐기는 사람도 사막이 계속 이어지자 침묵을 지키는 일이 많아졌습니다. 그것은 함께 보고 이야기할 대상물이 사구(砂丘) 이외에는 아무것도 없기 때문이었습니다. 만약 제가 홀로 계속 사막에서 산다면, 저와 같은 통속적인 인간도 밤이면 별들 사이에 살고 계시는 게 아닌가 싶은 하느님하고라도 이야기를 나누는 수밖에는 없을 것입니다.

수도원의 기원(起源)이라 일컬어지는 초기 수도자들이 사막을 그 주거지로 정했던 것은, 하느님을 보기 위한 방법으로서는 참으로 현명한 것이었습니다.

시나이 산에 오르기 전날, 그 산기슭에 있는 산타 카타리나 수도원에 도착했을 때는 눈이 흩날리고 있었고, 그래서 추위에 약한 저는 '산에 오르는 것은 포기하겠다'고 물러서고 말았습니다. 왠지, 박해받던 시절에 남보다 더 먼저 배교(背敎)하고 만 크리스천이 된 기분이었습니다.

대원 중 몇 명인가가 그런 저런 이유로 등산을 꺼리고 있었습니다. 평소 운동을 별로 하지 않던 사람들이 대부분이었으므로, 해발 2천2백85미터나 되는 산에 오른다는 것은 아무리 산타 카타리나 수도원이 해발 1천6백 미터에 위치하고 있다 하더라도 자신이 없어지는 일이지요.

그러나 그날 밤 제가 머뭇거리는 이유가 바로 추위 때문임을 알게 되자 몇몇 분들이 방한복을 빌려 주시겠다고 다투어 나서셨습니다.

그래서 저는 이분에게서는 방한 조끼를, 그리고 또 저분에게서는 방수 바지를 빌려 입는 식으로 해서 등산을 감행하게 되었던 것입니다.

다음날 아침 저희들은 새벽 4시에 골짜기로 들어섰습니다. 회중 전등에 의지해서 들쭉날쭉한 바위 계단을 올라가는 것이지요. 대원은 호리다(堀田) 신부님, 요시무라(吉村) 선생님, 카메라맨인 구마세(熊瀨) 씨, 그리고 우리를 지원해 주기 위해 카이로에서 와 주신 요시무라 선생님의 사촌 동생 등 다섯 명이었습니다.

참으로 황홀했던 것은 골짜기로 들어섰을 때였습니다. 저희들 머리 위는 온통 별, 별들뿐이었습니다.

그때 저는 "신부님, 신부님, 지금 저희들은 정말 살아 있는 것일까요? 살아 있다고 생각하고 있지만 사실은 이미 죽어서 저 세상 입구를 향해 가고 있는 것은 아닐까요?" 하고 호리다 신부님께 여쭈어 보았습니다. 신부님도 사실은 그때 저와 똑같이 느끼고 있었다고 말씀하시더군요.

다섯 사람 중에서 역시 제가 제일 먼저 숨을 헐떡거렸고, 열 계단만 올라가면 멈춰 서 버리는 등 고전을 면치 못했습니다. 그러나 그날 아침, 햇빛이 발밑 저 아래 낮은 계곡으로부터 맨 먼저 나타나는 것을 보고는 깜짝 놀랐습니다. 동쪽을 향해 펼쳐진 계곡이 있으면 겨자색 여명은 우선 밀물처럼 산의 움푹 팬

부분에 가득 차 오는 것이었습니다.

　호리다 신부님조차 도중에 몇 번인가 그만두고 싶어지셨다지만, 점차 밝아져 오는 장려(壯麗)하고도 엄숙한 산봉우리들을 보자 자신도 모르게 계속 발을 옮겨 놓게 되었고, 그래서 그럭저럭 보통 사람들과 같은 속도인 약 3시간 반 정도에 정상을 정복했습니다.

　정상에는 아무도 없었습니다. 폐옥(廢屋)과 같은 입구에 열쇠가 채워진 기도소와 이슬람의 자그마한 예배소가 있더군요. 시나이 산은 주위의 황야 속에 우뚝 높이 선 곳임을 알았습니다. 그야말로 하느님과의 대화를 위해 준비된 곳인 듯한 장소였습니다.

　저희들은 그곳에서 아침 식사를 했습니다. 요시무라 선생님의 사촌 동생께서 자상하게도 가지고 올라오신 병 속의 물로 인스턴트 미역국을 끓여 맛있게 먹었지요.

　전날과는 판이하게 기후도 온화했고, 바람도 별로 없었으며, 저희들은 왠지 모르게 축복받은 듯한 기분에 사로잡혔습니다. 그래서 그곳에서 호리다 신부님과 저희들은 마지막으로 주의 기도를 합송했고, 그 기도는 맑게 갠 장미빛 아침 속을 멀리멀리까지 빨려들어가 하늘에까지 전해진 듯한 느낌이 들었습니다. 보통 때 저의 기도는 5센티미터만 나가면 곧 사라져 버리는 듯 했었는데 말입니다.

　로마에서는 신부님 덕택에 몇몇 분들과의 재회가 이루어졌지만, 우선 첫째는 교황님이셨죠.

　재회라고 말씀 드리기에는 늘상 거리가 너무 멉니다만, 이번에도 발코니에서 힘찬 음성으로 생 피에트르 광장에 몰려든 사람들을 향해 "우리들은 인간의 악에서부터 눈을 돌려서는 안 된다. 악이 어떻게 사회 구석구석으로 침투해 가서 파괴를 가져오는지 그것을 자신의 것으로서 직시해야만 한다"는 의미의 강론을 해주셨습니다.

신앙은 원래 인간의 악함을 그 원천으로 하여 희구(希求)되어 왔는데도 그런 관점을 잊어 버리고 '선한 인간의 척하는' 경우가 요즘은 너무나도 지나치게 많은 듯싶습니다. 인간에게는 아름다운 점이 있는가 하면 추한 점도 있는 법입니다.

스스로의 우행과 추함을 오래오래 기억한다는 것은 참으로 괴로운 일입니다만, 개심해서 아주 딴사람이 된 것처럼 생각하는 것보다는 책임 있는 태도겠지요.

저도 입을 싹 씻고 모르는 척하고 싶은 정열이야 어느 누구보다 많지만, 가능하다면 제 자신의 추한 점을 언제까지고 기억하는 인간으로서 살고자 합니다. 이것은 진실로 피곤한 일이며, 용기와 자제심이 필요한 일입니다.

고해(告解)할 때 신부님께서 해주시는 마지막 말씀 '안심하시오'는, 인간은 자신이 범한 우행을 잊어도 좋다는 뜻일까요. 인간은 신이 아니므로 잊어 버리지 말고 지니고 있겠다고 생각하는 것도 자만심일지 모른다 싶기도 합니다.

그러나 이번 여행에서 가장 감동을 받은 것은, 여행이 끝나갈 무렵 성 밖의 성 바울로 바실리카(초기 그리스도교의 교회)를 안내받았을 때였습니다.

그 바실리카에는 평소에는 별로 관광객이 많지 않은데, 이번에 가 보니 수십 대나 되는 관광 버스들이 멈춰 서 있어서 깜짝 놀랐지요. 무슨 일일까 하고 생각하고 있는데, 가만히 보니 그 단체는 그냥 평범한 단체가 아니었습니다. 휠체어를 타신 분들, 수녀님들, 그리고 같이 따라온 사람들로 가득했지요.

바실리카 안도 그런 분들로 꽉 찼습니다. 휠체어를 타신 분들이 앞에, 수녀님들이나 의사로 생각되는 분들과 가족들은 뒤에 앉으셔서, 성모 마리아의 연도(連禱)인지 뭔지 저는 잘 알아 듣기 힘든 것을 노래하듯 암송하고 계셨습니다.

이분들은 병자들이 희망하는 성지 순례 이동을 위해 봉사하는 수도회에 소속되신 분들이었습니다. 병자라고 불리는 분들 중에는 옛날부터 몸이 불편하셨던 분도 계실 것이며, 현재 중병에 걸려 있는 분도 계시겠지요. 그런 분들이 원하는 대로 '영원한 완성의 여행'으로 내보내기 위해 도중에서 충분한 의료를 받을 수 있도록 조직이 되어 있다는 것이었습니다.

저는 순간, 기도하는 것도 잊고서 그분들을 응시했습니다. 어쩌면 저는 그때 무례한 구경꾼으로 보였을지도 모르겠습니다. 그러나 제 마음 속은 결코 그렇지 않았습니다. 설명 드리기는 어렵지만, 저는 그때 인간 사회는 병든 사람들과 건강한 사람들로 구성됨으로써 비로소 자연스러워지는 것이라는 사실을 처음으로 확실하게 깨달았던 것입니다.

그 두 가지 중 어느 쪽이 결여되든 그것은 사회라고 할 수 없으며, 따라서 병자도 건강한 자도 모두 서로가 그 운명을 자연스레 나누어 가짐으로써만 양자는 서로를 보충하여 인간다운 인간이 될 수 있는 겁니다.

왜냐하면 하느님께서 이 세상에서 나타내 보이시고자 하는 많은 의도는 꼭 건강한 사람들 위에만 나타나는 것이 아니고 오히려 병든 사람, 죽음에 가까이 있는 사람들에게 보다 명확하게 나타나는 경우가 더 많기 때문입니다. 그러한 일체감을 가질 때 우리들은 비로소 총합적인 인간이랄까, '쓸 만한 인간'이 될 수 있으며, 자신이 이 세상에서 자연스럽게 세워 놓은 좌표(座標)

에 자연스럽게 납득하여 매달릴 수 있으리라는 생각도 듭니다.

 이제부터의 제 인생의 후반에 가장 필요한 것은 허용(許容), 납득(納得), 단념(斷念), 회귀(回歸)임을 저는 사해(死海) 옆에 섰을 때 깨달았습니다. 지금은 그 중 어느 것도 잘 행하고 있지 못하지만, 이 네 가지를 진정 자신의 것으로 할 수 있다면 제 최후의 시간은 훨씬 농밀(濃密)한 것이 되겠지요.
 허용이란, 각각의 사람들이 지닌 특성이 하느님으로부터 어떻게 쓰여지는 것인가를 알려고 하는 것입니다. 어떤 사람의 좋은 특질이 쓰여지는 경우도 있고, 그 사람이 지닌 악이 사회의 움직임에 영향을 주는 경우도 있겠지요. 그러한 장대한 '하느님의 계획'은 저희들로서는 도저히 간파할 수 없음을 알고 있지만, 그러나 가능한 한 많은 것을 허용하고자 함이 제가 해야 할 첫번째 훈련입니다.
 두번째는 만약 가능하다면 그런 것들을 진심에서 우러나 납득하며 받아들이는 일입니다. 그때 저는 보다 깊은 기쁨을 얻으리라 생각됩니다. 저에게 있어서 이 세상을 사랑한다는 것은 하느님 계획의 진의(眞意)를 늦게나마 깨닫고 나아가는 것을 말합니다.
 만약 하느님이 제 사랑의 대상이라면, 그 사랑의 대상이 제게 대해 어떤 일을 하든 저는 납득할 수 있을 겁니다. 저는 그처럼 맹목(盲目)이 되어 살고 싶습니다. 하지만 어떤 일이 생기면 틀림없이 투덜투덜 불평을 늘어놓게 되겠지요.
 세번째의 단념은 앞의 두 가지와 불가분의 관계를 가진 것으로서, 자기가 얻을 수 없었던 희망이나 바람에 대해 깨끗이 체념할 수 있도록 평소부터 자기의 마음을 단념해 두는 것을 말합니다.

 소심한 탓인지, 저는 이 세상의 많은 일들은 이 단념이 빨리 되지 않기 때문에 혼잡하고 어수선해지고 있다는 생각을 합니다. 다행히도 저처럼 어린 시절부터 항상 불행한 느낌과 사이 좋게 지내 온 사람은 단념하는 데에 익숙해져 있으므로 그리 어려운 일이라고는 느껴지지 않습니다.

 물론 제게도 헤어지고 싶지 않은 귀중한 분들이 많이 계시고 그분들이 돌아가시게 될 때를 생각해 보면 저 자신을 잃을 것 같습니다만, 어린 시절부터 제가 겪어 온 이 세상은 참담 그 자체였던 만큼, 이것이 그 원형이다, 또다시 원점으로 돌아가는 것에 불과할 뿐이다라고 생각하려 들면 못할 것도 없을 듯한 느낌은 듭니다.

 저는 다른 사람보다 단념에 있어서는 조금 더 뛰어날지도 모르겠군요. 그리고 단념은 신부님께서 말씀하시는 자유에의 길로 들어서는 하나의 확실한 방법임은 분명합니다. 웅대하지 못한 방법이긴 하지만요.

 그리고 마지막의 회귀, 이것은 무엇으로 회귀하는가를 분명히 하지 않으면 안 되겠지요. 저의 경우 그것은—물론 가능한 일이라면—'영원한 생명'으로 회귀하는 일입니다만, 각자 각자마다 무엇으로 회귀할 것인가를 결정하면 되리라고 생각합니다. 만년(晚年)에 이르면 인간은 어디로 회귀할 것인가를 결정해야만 할 것입니다. 행선지가 분명하지 않다는 것은 아무튼 불안한 일이니까요.

 지금 저의 발 아래로는 눈에 덮여 있는 알래스카의 산봉우리들이 보입니다. 한없이 밝고 엄하며 축복받은 산들의 모습입니다. 그 산의 모습이 저를 대단히—저답지 않을 정도로—냉정하게 만들어 주는군요. 이제부터는 누구에 대해서든 '그 사람이 원하는 바'를 저도 원하면서 살아가고 싶습니다.

 정오 조금 지나 런던을 출발해서 지금 벌써 10시간 가까이 되었는데, 이제부터 일본까지의 8시간 동안 한 번도 밤이 오지 않는다고 하는군요. 얼마나 긴 하루인지 모르겠습니다. 이제부터는 책을 좀 읽으려 합니다.

 다시 한번 감사를 드리면서…….   (1982. 4. 7)

인간이 제아무리 현명하다 해도

원예(園藝)에 재미를 붙였습니다

소노 아야꼬

로마의 어두운 면만 보여 드린 것 같아요

시리에다 마사유끼

원예(園藝)에 재미를 붙였습니다

소노 아야꼬

　신부님, 봄이 한창 무르익었습니다.
　지난 주 고아지로의 집에도 동경의 집에도 야채밭 파종을 했답니다. 옥수수, 무, 당근, 시금치 등등 식욕이 당기는 것들이지요. 옥수수는 1백 그루나 파종했으므로 이러다가 혹시 팔 수 있을 만큼 수확이 많아지는 것이나 아닌가 하는 괜한 걱정을 했지요. 그러나 요즘은 옥수수 한 그루에서 두 개씩밖에 열매를 딸 수 없다니까 2백 개 정도라면 뭐 그다지 대단한 것도 아니군요.
　뜰도 꽃으로 가득찼습니다. 붓꽃도 모란도 피기 시작했고, 금작화도 황금빛 꽃을 보이기 시작했답니다. 예덕나무도 아직 그 부드러운 겨자색을 보여 주고 있으며, 튤립, 제비꽃, 비단제비, 청단두도 한창이지요. 그 꽃들 중 일부는 저의 눈이 아직 잘 보이지 않던 무렵에 심은 것들입니다.

원예의 즐거움을 깨닫게 된 것과 침술 실력이 느는 것은 저의 건강에 많은 도움을 주는 것으로, 대단히 감사하게 생각하고 있답니다. 아무리 나이를 먹는다 하더라도 몸이 말을 듣는 한 흙장난을 할 수 있다면 스스로의 건강에도 좋고 주위 사람들에게도 조금쯤 수확물을 맛보게 할 수 있겠지요.

10년 전에 썼던 《계노록(戒老錄)》이라는 책을 손질해 달라는 요청을 받고 꼬박 이틀에 걸쳐 증보판을 만들기 위한 원고를 썼습니다.
그 탓인지, 요즘 저는 이제부터 죽음까지의 날들을 생각하느라 참으로 많은 시간을 보내고 있는 것 같습니다.
하지만 안심하세요. 제가 결코 우울해져 있거나 하는 것은 아니니까요. 옛 추억을 자주 말한다는 것은 늙어가는 징조라고 합니다만, 죽음은 제게 있어서 확고한 미래이므로 저는 정말로 적극적인 태도를 갖고 있습니다.
다만, 인간은 50이후의 삶의 태도가 중요함을 사무치도록 느껴 가고 있지요. 그 시기를 넘기게 되면 하루하루 인간의 몸은 쇠약해지고 병에 걸리기 쉬워지는 절대적 운명을 타고났기 때문입니다.
그것은 지도록 되어 있는 전쟁과도 비슷합니다. 어떤 사람도 예외없이 모두 다, 이 질 수밖에 없도록 운명 지워져 있는 전쟁에 휩쓸려 들어갈 수밖에 없습니다. 치유 불가능한 병, 기능 퇴화, 친근한 이들과의 사별, 사회에서 불필요한 존재로 취급되는 운명이 기다리고 있음도 기억해 두어야만 합니다. 이러한 상황을 견뎌낼 수 없기 때문이겠지요. 요즘은 노인들의 자살도 실로 많아졌습니다.

신부님, 이런 시기에 저희들은 어떤 생각을 하며 살아가야 하는 것일까요? 오래 사는 것이 결코 행복은 아니라고 생각할지 모르겠지만, 저는 언제나 절실히 바라면서도 오래 살지 못했던 사람들 앞에서 그런 방자함은 용서받을 수 없다는 마음이 들곤 합니다.
　단 한 가지 유일한 재미있는 점은, 어치피 지도록 되어 있는 전쟁이라면 조금은 마음이 편하다는 점이지요. 잘못된다 하더라도 당연한 일이요, 만약 행운이 작용하고 주위 사람들의 덕택에 힘입어서 재미있고 상쾌하며 설움과 사랑과 자제력으로 가득한 만년을 보낼 수 있다면 그것은 참으로 인생 최후의 예술 창조가 될 수 있을 테니까요.
　호리다 신부님께 계속해서 배우고 있는 성서 공부는 겨우라고 해야 할지, 드디어라고 해야 할지, 〈고린토인들에게 보낸 둘째 편지〉에 들어섰습니다.
　천천히 진행되기는 하지만, 그러나 참 잘 계속되고 있구나 하는 느낌입니다. 눈이 나빴던 때는 상당히 괴로웠지만, 요즘은 생활 속에서 주일날 오후는 이 시간에 쓰는 것을 우선적으로, 아니 오히려 즐거운 나머지 대단히 큰 사건으로 생각하게 되었답니다.
　그리고 〈고린토인들에게 보낸 둘째 편지〉의 서두 부분(1, 9)에서 저는 바울로의 보다 깊고, 보다 길며, 보다 따뜻해진 하느님과의 유대에 새삼 감탄했습니다.
　〈고린토인들에게 보낸 첫째 편지〉를 썼을 때, 바울로는 아직, 가까이 다가오고 있는 종말에 자신이 시간을 댈 수 있으리라고 생각했던 것처럼 보입니다. 이를테면, 그는 살아서 자신의 눈으로 주님의 재림(再臨)을 볼 수 있으리라고 생각했던 것이지요.

그러나 〈고린토인들에게 보낸 둘째 편지〉를 썼을 때 바울로는 자신이 이 세상에서는 주님의 영광을 보지 못한 채 죽을 것이며, 자신은 정신적으로 '죽음의 선고'를 받고 있다고 느끼면서 다시금 현세에서 보지 않아도 좋다고 생각하게 해주신 하느님께 희망을 걸고 있는 것입니다.

바울로 같은 수재도 세월과 더불어서야 비로소 신중하고 훌륭한 인간으로 변해 갈 수 있었던 것이군요. 우리들은 젊을수록 자신의 힘을 믿고, 자신의 노력이 바람직한 결과로 이어지리라 생각하기 쉽습니다.

물론 그것은 진실이기도 합니다. 그러나 완전한 진리는 아닙니다. 열심히 노력했는데, 나의 탓도 아니고 내가 잘못해서도 아닌데, 그 바라던 것이 이루어지지 못했을 때 우리들은 분노하기도 하고 슬퍼하기도 합니다. 하지만 그때서야 비로소 현세를 총체적으로 포착할 수 있는 것이 아닐까요.

바울로의 편지 곳곳에는 흘러 넘치는 듯한 슬픔의 빛이 떠올라 있습니다. 하지만 그가 그것에 사로잡혀 있지 않다는 것도 뚜렷이 알 수 있지요. 바울로는 슬픔과 괴로움 속에 있으면서도 활달합니다. 저도 그런 인간이 되고 싶습니다만, 슬픔과 괴로움에 마주치면 한심스럽게도 몸이 움츠러들고 맙니다.

제노 수사께서 돌아가셨습니다. 이런 분께서 하늘로 돌아가실 때 진정으로 '알렐루야'라고 말해야 할 것입니다. '알렐루야'는 '여호와를 찬미하라'는 뜻, 우리 말로 한다면 '축하합니다'가 된다고나 할까요.

남편과 둘이서 매스컴들의 취급 방법이 왠지 모호하다는 얘기를 나눴습니다. 제노 수사께서는 꼴베 신부님(다른 사람 대신으로 아우슈비츠에서 아사형[餓死刑]을 받았음. 1982년 10월10일 바티칸에서 성인 칭호를 받음)과 함께 일본에 오셔서 수많은 괴로움을 극복하며 사랑하는 일본을 위해 조국 폴란드를 향한 망향의 염(念)조차 억누르면서 일을 하셨다…는 식으로 썼더군요.

하지만 우리들은 '제노 수사께서는 좋아하시는 일을 하셨다'고 생각하고 있습니다. 일본인의 경우 '좋아하는 일'이라면 안락이나 어떤 욕망을 가리키는 게 보통입니다만, 제노 수사의 경우 그것은 하느님께서 명하신 일을 하는 것이었습니다. 그러므로 매스컴의 논조(論調)처럼 '자기 희생에 의해, 고통을 참고'라는 식이 되면 제노 수사의 자연스럽고도 따사로웠던 생애가 표현될 수 없는 게 아닐까요.

"저 좋아서 한 일이라구, 그 사람"이라고 말할 경우 일본인은 왠지 금방 '아무 고생도 하지 않고'라는 뜻으로 해석해 버립니다. 그러나 그리스도교적 발상에 의하면, 고생이 따르지 않는 일, 고통이 따르지 않는 생애란 것은 없습니다. 그러나 저는 '좋아하는 일을 한 사람들'을 부러워하기도 하고 존경도 하며 저도 닮게 해 주십시오, 라고 생각하기도 합니다. 왜냐하면 그분들은 틀림없이 자기 인생을 즐겼을 테니까 말입니다.

제노 수사도 대단한 분이지만, 비슷한 시기에 역시 일본에 계셨던 카시아노 수사도 정말 훌륭한 분이십니다. 제가 맡고 있는 문화방송 프로그램 때문에 방송국에 계시는 분께서 나가사끼까지 가셔서 카시아노 수사의 목소리를 녹음해 왔습니다. 꼴베 신부님께서는 카시아노 수사께 1930년대 초엽, '잠시 동안만 부엌일을 좀 도와 주십시오'라고 하셨다는군요. 그래서 카시아노 수사께서는 정말로 '잠시만', 길어도 2~3년 동안만 취사 담당을 하면 되겠거니 하는 생각으로 익숙하지 못한 일을 맡으셨답니다.

 그러나 그대로, 실로 50년 이상을 카시아노 수사께서는 부엌에 얽매여 계셨던 것입니다. 카시아노 수사께서는 이미 일흔이 넘으셨고, 어쩌면 여든 가까우실지도 모릅니다. 10년 전 만나 뵈었을 때도 상당히 연로하셨는데도 불구하고 빗속에서 차를 내려 걸어가시는데, 우산을 받치시지도 않고 몸을 구부리는 일조차 없는 기품 있는 분이셨습니다.
 같은 성모의 기사 수도회 사까다니(坂谷) 신부님의 말씀에 의하면, 카시아노 수사의 아버님은 학교 교사로서 전혀 취사 담당을 맡을 만한 환경이 아닌 데서 자라나신 분이랍니다. 하지만 꼴베 신부님을 통해서 그처럼 사는 것이 하느님의 의지이며, 그것이 자신에게 가장 잘 어울리는, 그리고 또 중요한 사명임을 납득하게 되자 전적으로 받아들이신 것입니다.
 얼마나 훌륭한, 감히 말한다면 얼마나 멋스러운 삶의 태도입니까. 두번 다시 오지 않는 인생이니 하고 싶은 일을 하겠다는 발상은 아닙니다. 카시아노 수사께서는 이 세상을 홀가분하게 생각하셔서, 그래서 결과적으로는 두번 다시 오지 않는 인생을, 역시 완전한 납득과 기쁨과 더불어 사는 것 같이 사셨던 것이지요.
 '왜냐하면 이 세상은 스쳐 지나가는 것이니까'라고 하는 성 바울로의 사상을 이토록이나 자연스럽게 자기 자신의 것으로 하고 계시는 분에게 저희들이 어찌 맞설 수 있겠습니까.
 그래서 저와 남편은 최후의 의견 일치를 보았답니다. 그것은, "꼴베 신부님, 당신은 나쁜 사람이군요. 카시아노 수사님을 속여서 50년 동안이나 부엌일을 하게 만드셨으니까요"라는 것이었지요. 알렐루야!

요즈음 저는 꿀베 신부님께 여러 가지 부탁을 드리게 되었습니다. 사까다니 신부님께서 꿀베 신부님께 "당신에 관한 책을 쓰신 소노 아야꼬 여사(《기적》이라는 제목의 책)의 눈을 낫게 해 주십시오"하고 부탁 드려 주신 덕분에, 저는 통계적으로 볼 때 8만 명에 한 명 정도나 가능하다는 시력을 얻게 된 셈이므로, 이번에는 제가 꿀베 신부님께 다른 사람의 일을 부탁 드려도 괜찮겠다 싶어진 것이지요.

다른 사람이란, 규슈에 살고 계시는 어떤 젊은 주부를 말합니다. 갓서른이 된 그녀에게는 두 아이와 상당히 성공적인 사업을 벌이고 있는 남편이 있지요. 그녀는 가정에서뿐 아니라 사회 여기저기에서 활약을 하고 있습니다.

그런 그녀가 망막에 이상이 생겼는데, 치료 방법이 없다고 하는군요. 아직은 자동차 운전도 할 수 있을 정도지만, 그녀가 만약 평균 수명만큼 산다면, 삶의 도중 어느 때쯤엔가 양쪽 눈의 시력이 다해 버릴지도 모른다는 것입니다.

무척 밝은 성격을 지닌 여성으로서, 바로 얼마 전에도 스키 타러 다녀왔다고 하더군요. 스키는 사실 눈에는 나쁘다고 합니다만 저는 안과 의사 선생님들께 죄송함을 느끼면서 "좋아하는 일을 하지 않는다 해서 별 뾰족한 수가 있는 것도 아니잖아요?"하고 말했답니다.

그녀가 걸핏하면 최악의 사태를 생각하곤 한다는 것은 저로서는 충분히 이해할 수 있습니다. 그것은 지극히 정상적인 일입니다. 그리고 더할 나위 없이 인간적이며, 훌륭한 일이지요. 저도 장님이 될 날에 대한 준비를 했었습니다. 좀더 시간이 길었더라면 아마도 점자를 배웠을 것입니다.

저는 그녀에게 장님이 된다 하더라도 더더욱 아름답고 훌륭하며 상냥한, 위엄 넘치는 여성이 되어 주십사고 말했습니다. 그녀는 지금 그녀가 하고 있는 모든 일을—물론 다소의 도움은 필요하겠지만—무엇 하나 중지하지 않을 것입니다. 오히려 지금 이상으로 장님이 된 그녀는 사람들을 매혹시킬 것이며, 사랑을 받을 것이고, 다른 사람들의 이야기를 보다 더 잘 이해할 수 있게 될 것입니다. 그리고 지금 이상으로 남편을 돕는 아내가 되겠지요. 그녀는 충분히 그럴 수 있는 사람입니다.

하지만 인간의 병은 때때로 의사의 예측대로만 되지는 않습니다. 그래서 저는 그녀의 눈을 지켜 주실 것을 꿀베 신부님께 부탁 드리려고 생각했습니다. 그렇게 생각한 다음부터는 매일 밤이면 밤마다 신부님과 대화를 나누게끔 되었지요. 기도라기보다는 수다라고나 할까요.

저는 그녀에게도 감사해야만 한다고 생각하고 있습니다. 그러한 형태로 저를 마음의 세계로 향하게 해준 것은 바로 그녀이니까요. 신부님께서도 그녀를 위해 기도 드려 주십시오. 오래오래 계속 말입니다. 그녀는 저희들보다 20세나 더 젊으니까요.

기쁜 소식도 있습니다.

옛날, 저의 일을 도와 주고 있었던 이와자끼(岩崎) 양이 세례를 받았답니다. 그녀는 우리 다로오와 같은 나이로서, 간호원이 될 것을 희망하여 어려운 시험을 통과해서 지금 병원에 근무중이지요. 일생을 통해 훌륭한 간호원으로서의 길을 걸어갈 것입니다. 세례를 받음으로써 그녀는 틀림없이 이제부터 그녀에게 주어지는 고통이 다른 사람들의 것보다 더 크더라도 운명이 그녀를 저버린 게 아니라 오히려 하느님께서 그녀를 개인적으로 신용하고서 선택하신 것이라고 생각하게 될 것입니다.

옛날부터 학교 선생님들은 어딘가 모르게 편애를 하시는 구석이 있어서, 우등생에게는 다른 아이들로서는 할 수 없는 어려운 일을 시키시곤 하셨습니다. 물론, 저 같은 사람은 무슨 일이 있을 때마다, "반장 따위는 하고 싶지 않으니까 제발 좀 편하게 해 주세요"라고 하느님께 교섭을 벌여 왔습니다만, 그리스도교도가 된다고 하는 것은 고뇌 속에서 하느님의 의사를 읽어내는 쓰디쓴 쾌락의 맛을 보는 사람이 되는 것을 의미하는 일일지도 모르겠습니다.

친주 쯔루바다가 가나자와(金澤)로 돌아가게 되었습니다. 눈이 나빠져 있었던 1년 내내, 그녀의 귀중한 시간을 빼앗고 있었지요. 이번 여행을 통해서 저의 눈도 조금씩 진동이나 광선을 견디낼 수 있게 되었음을 알았습니다.

1년 동안의 동경 생활이 얼마나 피곤한 것이었을까를 생각하면 정말로 뭐라고 감사해야 할지 모르겠군요. 가나자와의 섬세하고도 상큼한 봄이, 수고하셨습니다, 하고 친구를 기쁘게 맞아 주기를 바라고 있을 뿐이지요. 로마도 멋있는 곳이지만 가나자와 역시 훌륭한 곳이니까요.

지금 제가 할 수 있는 일은 그녀에게, 만족스럽고도 건강한 하루하루가 가장 자연스럽게 그리고 최고의 형태로 부여되기를 기도 드리는 일뿐입니다.

신부님, 건강하시기를 빕니다.

참, 로마에서 자도우 장관님(제[諸]종교 사무소 소장)을 만나 뵐 수 있었던 것을 기쁘게 생각합니다. 무서운 분인 줄 알았더니, 대단히 상냥하신 분이어서 동경을 안내해 드리게 된 것이 즐거웠답니다.

살레시오 대학의 파리나 학장님과 폰 루인 신부님, 헬리반 신부님께도 저의 감사를 다시금 전해 주시기 부탁 드립니다. 파리나 신부님께서 저를 위해 독일에서 가지고 와 주셨던 황수선(黃水仙)을 기억하면서, 내년에는 보다 더 많은 수선을 심으리라고 생각하고 있습니다. (1982. 5. 3)

로마의 어두운 면만 보여 드린 것 같아요

시리에다 마사유끼

소노 아야꼬 여사.

오늘은 4월 30일, 소노 여사를 로마에서 만나 뵌 지 벌써 한 달이 흘렀군요. 소노 여사의 로마 체재는 1주일도 못 되는 짧은 동안의 일이었습니다만, 저희들의 재회는 언제나 신선하고 아름다우며, 그 감동이 언제까지고 식지 않는 듯합니다.

이번에는 한없이 밝은 로마가 아니라 질퍽질퍽하고 어두운 로마를 보여드렸습니다. 태양빛에 찬연히 빛나는 장려한 대성당이 아니라 4, 5세기께의 낡은 교회가 풍기는 느낌을 맛보며 축축하게 내리는 봄비와 더불어 거닐었지요.

이 양면을 다 보지 않으면 로마의 진실을 잘못 파악하게 되고 맙니다. 어디에서 악마가 뛰쳐 나올지 알 수 없을 듯한, 그런 음험한 로마의 골목까지 보고 난 후에야 비로소 성도(聖都)로서의 맛도 깊어지는 것입니다.
　로마를 찾는 일본인 관광객들은 곧잘 "로마는 지저분하다"고 말합니다. 2천 년 전 신전의 돌이 떨어져 내리면 떨어져 내린 대로 그곳에 그냥 그대로 놓아 두고, 그곳에 들고양이가 나다니는 것을 허용하는 로마인의 역사 감각과 관용은 칭찬받아야 할지언정 결코 비난받을 수는 없는 것이라 생각됩니다.
　인간의 모든 위대함과 함께 그 연약함, 추함, 어리석음, 덧없음 등등을 무엇 하나 빼지도 보태지도 않은 채, 혼돈된 모습 그대로 보듬어 안는 부드러움을 로마는 지니고 있습니다. 그 점에서 우리 인간들 하나하나를 품어 안아 주시는 하느님의 사랑과 비슷하다는 생각이 드는군요. 더욱이 거짓 없는 순수함으로 인간의 있는 그대로의 모습을 비쳐내는 거울과도 같은 도시이므로 로마는 보는 사람의 마음 여하에 따라 아름답게도 지저분하게도 되는 것이지요.
　또 한 가지 자주 듣게 되는 질문은 "로마가 하느님의 도시라면 어찌하여 이렇게도 많은 도둑과 범죄가 횡행하는 것인가?" 하는 것입니다. 저는 그럴 때마다 언제나 '그레엄 그린' 식으로, "태양이 강렬하게 내리쬐는 곳에는 그 그림자도 짙다. 하느님이 계시는 곳에는 하느님의 적 또한 있는 법이다"라고 대답하곤 합니다.
　한 멕시코 신부를 소재로 한 소설 〈권력과 영광〉 속에서 그레엄 그린은, "그리스도교도는 선과 악의 국경 지대에 살고 있습니다만 그 주변은 전란(戰亂)의 나라입니다. 제가 앞서 말씀드린 스칸디나비아의 행복한 마을은 이 전선의 저 멀리 후방에 위치한 평화스러운 나라 한가운데에 있지요. 이 마을에서는 악마를 볼 수 없습니다만, 하느님 또한 볼 수가 없습니다"라고 말합니다. 흐리멍덩한 지대에는 빛도 그림자도 깃들지 않는 것입니다.

로마는 하느님의 도시이기 때문에 악덕, 빈곤, 매춘, 마약, 미신이 번뜩이고 있는 것입니다. 악이란 선이 그 스스로의 완전함으로 인하여 짊어지고 있는 그림자이기 때문이지요.

그리고 이번에 다로오 군을 만나게 된 것은 최고의 기쁨이었습니다. 성서에는 '우연'이라는 말이 나오지 않습니다. 이 세상에서 무엇인가가 일어났다면, 그것이 인간의 죄에서 유래한 것이 아닌 이상 모두 다 하느님의 영원한 사랑의 계획에서부터 나오는 것이라는 것이 성서적인 견해입니다. 그러한 깊은 하느님의 섭리를 절실하게 느꼈던 게 이번 다로오 군과의 만남이었지요.

타고르의 시에 '이전, 우리들은 전혀 남남이라 생각했었노라. 어느 아침 눈을 떠 우리는 서로에게 귀한 존재임을 깨달았노라' 하는 영탄이 있습니다만, 바로 이런 만남을 가리키는 것이 아닐까 싶습니다. 싹싹하고 명랑한 며느님과의 만남까지 포함해서, 앞으로도 이 만남을 귀중히 여기고 더욱 심화시켜 가자고 생각하고 있답니다. 물론 소노 여사의 책《다로오 이야기》에 나오는 다로오의 이미지에는 일체 구애받지 않을 생각입니다.

로마 교외를 산책하다 보면 곧잘 갈림길과 만납니다. 대개의 경우 그곳에는 그리스도의 십자가나 성모 마리아상이 서 있습니다. 한 줄기 길이 둘로 나뉘는 것, 그것은 인생의 모습이라는 생각이 듭니다. 십자로에서 인간들은 타성에 의해 직진하고 말지만, 삼거리에 이르면 오른쪽으로 가야 할지 왼쪽으로 가야 할지 헤매게 됩니다.

인생에는 역시 그러한 기로(岐路)가 있게 마련이지요. 일생의 무게가 거기에 걸려 있다고 생각하면 그냥 방황하게 되고 맙니다. 결혼 역시 그렇습니다. 제게 있어서는 일생 독신인 사제직을 선택하는 운명의 고빗길이 바로 그러했습니다.

지극히 나약한 인간의 의지만으로는 더이상 어찌 할 수 없어서 영원하신 존재에게 자신을 맡겨 버렸을 때, 거기에 그리스도의 십자가가 서 있음을 보았습니다. 도움의 손으로서 나타나신 성모님의 모습을 보았습니다. 신앙의 눈에 있어서, 바로 인생의 기로에 서 계시는 십자가의 그리스도가 보이는가 어떤가 하는 것은 큰 문제인 것입니다.

다로오 군 부부가 그 부부라는 인연의 매듭에서 하느님의 손길을 뚜렷이 보고 있음을 알고 저는 대단히 기뻤습니다. 성서는 결혼을 '두 남녀가 한 몸이 되어 가는 사랑의 절묘한 드라마'로 보고 있습니다. 환상의 그림이 아니라 피와 눈물이 통하는 한 폭의 명화를 완성해 가는 합작의 노력이라고도 할 수 있지요.

어떤 소설의 마지막 부분에서 '결혼이라고 하는 것은 새로운 것을 만들어 나가는 노력이므로, 노력이 사라져 버린 순간 결혼은 타락합니다'라고 쓴 것을 보았는데 옳은 말이라고 봅니다.

이탈리아에서는 부부의 화목을 '신기 편한 낡은 구두처럼 원만하게 살아 간다'고 표현합니다. 닳고 닳아, 깎이고 깎여 생겨나는 낡은 구두의 편안함을 그렇게 표현한 것이겠지요. 다로오 군 부부도 깎이고 깎여, 서로가 서로에게 상처를 주면서도 서로를 다시 용서하면서 '사랑이 넘쳐 처마 끝에서 불타고 있는' 그런 가정을 이루어 나가기를 기도 드리고 있습니다. 소노 여사도 금방 '할머니'가 되시겠군요. 축하 드립니다.

요시무라 선생님과는 1년 만의 재회였습니다. 그분은 언제 뵈어도 걸작이십니다. 처음 뵈었을 때는 나이에 걸맞지 않는 사람이라는 인상을 지우기가 힘들었지만 여러 번 만나 뵙는 동안에 점점 나이에 걸맞지 않을 정도의 큰 스케일이 보여져 왔고, 소노 여사께서 '우리 선생님'이라고 부르실 만큼의 그 어떤 것이 있음을 깨닫게 되었습니다. 그러면서도 순진함과 부끄러움을 잃지 않으시지요. 마치 거인과 갓난아이가 서로 부둥켜안아 이루어진 듯한 그분의 면목이 참으로 재미있고도 우스꽝스럽게 느껴집니다.

일본에서는 버젓한 일본교 신도, 중동에 가면 이슬람 교도, 그리고 로마의 시리에다 신부 앞에서는 가톨릭 신자라는 식의 그분의 태도에 아무런 거리낌없이 끌려들고 말지요. 그것은 보통 거물(巨物)이 아니고서는 할 수 없는 일종의 예술입니다.

이번에도 소노 여사의 성 바울로 조사대에서 철저하게 주부 역할을 하시는 요시무라 선생님의 모습에는 후광이 있었습니다. 어느 일본의 평론가가 이상적인 아내감으로 첫째, 남을 배려해 줄 줄 알 것, 둘째, 편리할 것, 셋째, 바보가 될 수 있을 것의 세 조건을 든 것을 읽은 적이 있는데 참으로 요시무라 선생님께 꼭 들어맞는 말인 것 같습니다.

소노 여사가 인솔하신 조사대처럼 똑똑한 분들만의 집합에서는 요시무라 선생님 식으로 '유쾌한' 역할을 하셔서 그 틈으로 계속 따뜻한 공기와 '웃음'이라는 윤활유를 내보낼 필요가 있었을 것입니다.

가톨릭 수도 생활의 스승이라 일컬어지는 성 베네딕트나 성 이그나시오 역시 수도원 안의 마찰과 긴장감을 풀어 줄 익살꾼의 효용을 크게 중요시했습니다. 화를 낼래야 낼 수가 없고, 모든 것을 다 '어린애 같은 기분, 사랑할 만하다' 하고 일단락 짓게 만드는 유머의 밑바닥에는 남에 대한 세심한 배려와 자타일여(自他一如)의 인간애가 흐르고 있는 것입니다.

다른 사람을 웃기면서 그들의 마음을 부드럽게 만들어 주는 것도 성스러운 봉사의 하나입니다. 그것이 '일부러 지어내는' 것이 아닐 경우의 얘기입니다만……

저도 요시무라 선생님처럼 언제 어디서나 유머를 지닐 수 있었으면 하고 바라고 있습니다. 어머님께서는 생전에 자주, '바보스런 부모의 마음'이란 말씀을 하셨지요. '네게서 잠시만 소식이 오지 않으면, 혹시 병에 걸린 거나 아닌가, 자동차 사고라도 일으킨 게 아닌가 하고 쓸데없는 걱정만 하게 되는구나. 부모 마음이란 이렇게 바보스럽단다. 네가 나보다 먼저 죽는다고 하더라도 모든 것을 하느님의 뜻으로 알고 감수할 수 있기까지는 아직도 아직도 먼, 신앙심 깊지 못한 어미로구나' 하는 편지를 보내 주시곤 하셨답니다. '어머님을 생각하면 나는 바보스러워지고, 인생의 바닥이 떨어져 나가, 아무것도 두려운 게 없어지노라'라는 말은 참으로 좋은 말입니다.

어머니의 마음은 하느님의 마음과 통하고 있을 것입니다. 그야말로 '하느님께서 하시는 일이 사람의 눈에는 어리석어 보이지만 사람들이 하는 일보다 지혜롭고'(Ⅰ고린토 1, 25)입니다.

소노 여사 덕택에 소노 여사에게 사심 없는 봉사를 하고 계시는 쯔루바다 여사를 만나 뵐 수 있었던 것도 진심으로 기쁘게 생각합니다. 쯔루바다 여사를 처음으로 만나 뵌 것은 3년 전, 가나자와에서였지요. 그 무렵 이미 말씀도 하지 못하시고 몸도 못 움직이시는 아버님을, 그래도 '내 인생의 최대의 스승'으로서 우러르며, 열심히 시중 들고 계셨습니다.

욕창이 생기는 고통을 드리지 않으려고 밤낮을 불문하고 두 시간마다 누우신 위치를 바꿔드리곤 하더군요. 그토록이나 성심껏 간병(看病)을 하시면서도, "아버지가 돌아가시고 나면 거칠게 눕혀드리곤 했던 것, 대소변 처리를 할 때면 그 냄새 때문에 이맛살을 찌푸렸던 것 등을 생각해내면서 큰소리로 통곡하게 될 것 같다"고 술회하셨습니다.

양로원 같은 곳에 맡긴 부모님을 때때로 찾아보는 것만으로 효도를 다한 듯이 생각하는 사람들과 달리 쯔루바다 여사가 자신의 가정에 폐인과 다를 바 없는 아버님을 모시고 그 뒤를 보살펴드렸다는 것이 얼마나 대단한가를 저는 생각해 보았습니다.

한 사람의 인간을 받아들여서 '함께 사는' 일은 용이하지 않은 일입니다. 부모 자식간이든, 부부간이든, 형제 자매간이든 간에, 진정으로 서로 사랑하고자 한다면 아름답지 못한 인간의 끈적끈적한 면을 맞대하고서 함께 울기도 하고 싸우기도 하고 분노하기도 하면서, 서로를 용서하며 참고 살아 나가는 수밖에는 없는 것이지요.

유럽에서는 '개인은 인간 교제라고 하는 여과기(濾過器)를 거친 후에야 인격의 대성을 이룬다'고 말들 합니다. 인간 교제라고 하면 듣기에는 좋지만 그것이 여과기인 이상 먼지가 모이는 곳, 다시 말해서 가장 추한 '나'의 배설물이 겹겹이 쌓이는 장소인 것입니다. 그곳에서 눈을 돌리면, 회전해서 돌아와 자기의 골방에 틀어박히게 되어 버리지요. 그렇게 되면 인간은 원숙해질 수가 없습니다.

이러한 '교제의 먼지를 통해서만 인격 연마가 가능하다'는 확신이 그리스도교 봉사 개념의 밑바닥에 있는 것이 아닐까요. 봉사는 단순히 '가엾기 때문에' 자기의 시간과 노력의 일부를 바치는 정신적 시혜(施惠)가 아닙니다. 쯔루바다 여사가 아버님의 대소변 처리라는 말로 나타내신, 인간 교제의 가장 더러운 앙금까지도 받아들일 수 있을 때에만 진정한 봉사는 존재하는 것입니다. 더우기 상대방의 내부에서, '가엾은 인간'이 아닌 '인생의 스승이신 그리스도'의 십자가 위에서의 모습을 발견해내면서 그에 따라가는 것입니다.

그리스어의 디아코니아(봉사)라는 말이 디아코니아스 즉, '먼지를 통하여'라는 어원에서 나왔다고 하는 의미를 깊이깊이 느끼게 된 쯔루바다 여사와의 만남이었습니다.

그 다음 해, 아버님께서 돌아가시자 이번에는 눈 때문에 고통을 겪고 계시는 도꾜의 소노 여사에게로 가셔서 똑같은 봉사를 하고 계시는 겁니다. 소노 여사는 참으로 좋은 친구를 두셨습니다. 대단한 일이지요.

요전 부활절에, 독일에서 로마 순례를 와서 우리 대학에 숙박하고 있던 청년들이 교황님을 알현하러 간 사이에 관광 버스에 둔 물건을 깨끗이 다 도둑 맞는 사건이 일어났습니다. 이탈리아는 여전히 왕성한 도둑 천국입니다. 그리고 경찰은 전혀 도움이 되지 않지요. 대학의 이탈리아인들은 부끄럽게 생각되었는지, 손이 닳도록 사과를 했습니다. 확실히 순례지인 로마에서 소지품을 몽땅 도둑 맞는다는 것은 언짢은 일이지요.

그들이 일본인들이었다면, "잘됐어요. 좋은 공부가 됐을 겁니다. 일본에 돌아가시거들랑 일본 경찰에게 한 번쯤 감사를 드리는 게 어떨까요" 하고 비아냥거렸을지도 모르겠군요. 일본에서는 물과 치안은 그냥 거저 생기는 겁니다. 그러니 조금도 '고마운 존재'라는 생각을 하지 않는 거지요. 게다가 전후 일본의 민주주의 신화에는 '권력은 나쁜 것'이라는 방정식이 있어서, 경찰은 권력이므로 나쁘다고 생각하게까지 됐습니다. 세계 제1의 치안을 유지시켜 주는 일본의 경찰에게 한 마디쯤 '고맙다'고 하는 게 어떨지요. 이렇게 말씀 드리면 "당신, 우익이오?" 하는 소리를 듣게 되는지… 하하!

고마움을 잊고, 감사의 기분을 잃어 버리며, 타인의 호의를 무시하기도 하면서 만사 무관심하게 대하다가, 재난에 맞부딪칠 때만 소리를 질러대는 것도 하나의 '도둑질'인 셈입니다.

독일 젊은이들은 "순례하러 왔는데요, 뭐. 그런 물건은 도둑맞은 게 오히려 잘된 거죠"라면서 의외로 아무렇지도 않아 해서 저를 놀라게 했습니다. 생각해 보면 순례란 '그리스도 흉내'이기도 한 만큼, 마음에 무거운 짐이 되는 현세의 모든 잡물(雜物), 잡념, 잡음, 잡용으로부터 그야말로 아무렇지도 않게 쑥 빠져나와 인생 여로(旅路)의 한때를 하느님과 길동무하여 보낸다는 것을 뜻합니다. 물건을 잃어 버린 덕택에 하느님과 단둘이서만 걷는 즐거움을 얻을 수 있어 감사하다고 하는 독일 젊은이들의 기분이 이해 안 되는 것은 아니었습니다. 하느님의 부르심은 언제나 '모든 것을 버리고 나를 따르라'는 것이니까요.

내일부터는 5월로 들어섭니다. 소노 여사로부터 편지가 없어 걱정하고 있는 중이랍니다. 성 바울로의 유적 조사라는 긴 여행 때문에 병석에 누워계신 것이 아니면 좋겠습니다만.

한 달 전, 바티칸의 하늘에 고이노보리(단오절에 올리는 천이나 종이로 만든 잉어)가 흔들거리는 것을 함께 보았었지요. 그날 베드로 광장에 모여든 일본의 젊은이들을, 교황님께서는 그런 방법으로 환영해 주신 것입니다. 뭔가 깃발을 올린 것은 바티칸 역사에 있어서 이때가 처음이라고 하는군요.

소노 여사의 건강을 빕니다. (1982. 4. 30)

〈추신〉 기다리고 기다리던 편지를 지금 막 받았습니다. 아마도 이번 우리들의 편지는 서로 엇갈린 듯싶군요. 지구를 절반씩이나 떨어져 있는 거리에서 주고받는 편지이고 보면 때로는 어쩔 수 없는 일이겠지요.

제노 수사께서 돌아가셨다는 소식을 듣고 깜짝 놀랐습니다.
소노 여사 말씀대로라면, 제노 수사는 자기가 좋아하는 대로의 인생을 보내고 바람처럼 이 세상을 스쳐 지나간 하느님의 방랑객, 떠돌이가 되는 셈이군요. 카시아노 수사를 자기 대신 부엌에 못박아 놓고, 자기는 훌훌 일본을 돌아다녔고, 그리고 둘 다 성자가 되셨다고 하는 은총의 계획이 실로 재미있게 느껴졌습니다.

그래도 제노 수사께서 돌아가시고 보니 아쉬움을 금할 수 없군요. 신앙과 사랑, 기도와 행동이 하나가 된 모습, 어린아이 같은 단순함, 한없는 가난과 끝이 없는 따뜻함, 빛과도 같은 투명함, 거기에 주 예수 그리스도가 빛을 발하고 계셨습니다. 누구나가 지극히 자연스럽게 제노 수사 속에서 풍성한 은총을 느꼈고, 미소와 더불어 이 '하느님의 거지'에게 돈이나 물품을 주곤했던 것입니다. 이론을 내세우지 않는 사랑의 상인에게 적(敵)은 없는 법, 모두 다 교묘하게 설복당하고 말았지요.

언젠가 한 번, 저는 도쿄 시내를 택시로 달리다가 길을 걸어가고 있는 제노 수사를 발견하고 곧 차를 세워서 태워드린 일이 있었습니다. "제노 수사님, 어디로 안내해 드릴까요?" 하고 물었더니 "기차를 타렵니다. 아무 데나 좋아요" 하는 대답이었습니다. 그래서 재빨리 도꾜 역까지 모셔다 드렸지요.

프랑스 속담에 '인생 최고의 행복은 한 번쯤 성인(聖人)과 마주치는 일이다'라는 것이 있습니다. 저는 제노 수사를 뵐 때마다 그 성성(聖性)의 깊이에 몰래 손을 집어넣어 살짝 스쳐 만져 본 듯한 느낌이 들곤 했습니다.

입버릇처럼 "제노, 죽을 틈 없어"를 연발하며 가난한 사람들을 위해, 온 일본을 돌아다니셨던 제노 수사께서 이제 드디어 도꾜발 천국행 열차를 타고 가시고 말았는가 싶으니 일말의 서글픔을 금할 수 없군요. '하느님을 사랑하는 자의 마음은 언제나 봄이다'라는 말 그대로 천진난만한 미소를 띠시고 터질 것 같은 내면의 생명의 아름다움을 우리들에게 보여 주셨던 제노 수사이셨으니까요.

최후까지 동심과 동안(童顏)을 잃지 않으셨던 분, 아니 '어린이와 같이 되지 않으면 결코 하늘나라에 들어가지 못할 것이다'(마태오 18, 3)라고 하신 그리스도의 말씀 그대로 어린이가 될 때까지 성장하신 후, 하늘에 계신 아버지의 품으로 달려가신 신앙의 거인이라고도 할 수 있을 것입니다. 제노 수사님의 귀천(歸天)에 있어서 하느님은 찬미받으십니다. 알렐루야.

이와자끼 양을 위해서도 계속 기도 드리겠습니다.

가나자와로 돌아가신 쯔루바다 여사께 하느님의 축복이 풍성하시기를.

(1982. 5. 15)

한결같은 마음으로 꽃을 피우듯이

이번에는 신부님이 시력이 걱정이군요

소노 아야꼬

엇갈리기만 하고 있는 것이 현대입니다

시리에다 마사유끼

이번에는 신부님의 시력이 걱정이군요

소노 아야꼬

 아침 일찍 눈을 뜨면 도꾜에서도 새소리를 가득 들을 수 있습니다. 그럴 때면 언뜻 생각나는 것이 로마에서 신부님의 안내를 받아 갔던 아피아 가도(街道)입니다. 아침 무렵 그곳에 차를 내리면 주위 전체에서 풀 향기가 풍겨 왔던 것이 기억납니다. 낡은 여관터 같은 곳에 서 있노라면 그곳을 지나간 나그네들의 일생 역시 고통과 자그마한 기쁨으로 가득 차 있었으리라는 생각이 들면서 가슴이 아파 왔습니다.
 또 한 가지 새와 연관되어 생각 나는 것은 인도의 아침입니다. 1971년의 일이었지요. 저는 취재를 위해서 타지마할로 유명한 아굴라에 있는, 일본인의 손으로 운영되는 나병원의 게스트하우스에 묵고 있었습니다.
 가장 더운 계절을 택해 갔었기 때문에 하루 종일 40도가 넘는 날씨였습니다. 직사 일광 아래서는 50도가 넘었을 것입니다. 저는 선천적으로 별로 땀을 흘리지 않는 특기(?) 덕택에 크게 괴롭지는 않았지만 밤이 되면 참으로 잠을 이룰 수가 없었지요.

게스트하우스의 방은 1층에 있었기 때문에 창문을 열어 놓고 잘 수가 없었습니다. 나쁜 사람이 몰래 들어올지도 몰라 무섭기도 했지만, 사향고양이가 있으므로 그것에 물리면 안 된다는 별로 실감나지 않는 설도 있었지요. 아무튼 밤중에도 30도를 웃도는 실내 온도였습니다. 저는 기지를 발휘해서 바닥에 물을 뿌려 보았습니다.

돌바닥에 물을 뿌린 후 어떻게 되었는가 말씀 드리면, 몇 분 지나지 않아서 방 안 어딘가에서부터 지이지이 하는 희미한 매미 울음소리 같은 게 들리기 시작했지요. 무엇일까 하고 귀를 기울여 보았더니, 제가 뿌려 두었던 물이 소리를 내면서 건조되어 가는 것이었습니다. 뜨거운 프라이팬에 물을 집어 넣으면 치익 소리가 나지요. 바로 그 소리가 약간 약화된 정도라고 생각하시면 될 것입니다. 한 컵 가득 들었던 물이 10여 분도 안 되는 사이에 자취도 없이 사라졌지요.

그런 식으로 더위와 싸우다 보니, 잠이 드는 시간은 오전 1시나 2시였습니다. 그럼에도 불구하고 저는 매일 아침 4시 30분이나 5시면 눈을 떴습니다. 이때는 이런 인도의 무더운 건기(乾期)에도 역시 구원과도 같은 서늘한 한때가 있구나 하고 생각될 정도로 상쾌한 시간입니다. 이런 시간엔 오히려 푹 잠들어야 옳을 텐데 왜 이렇게 빨리 깨게 되는가를 생각하다가 사흘째 되는 날에야 그 이유를 깨달았습니다.

게스트하우스 밖으로 나서면 바로 수풀로 우거진 곳이 있었는데 그곳에 집을 짓고 사는 수백 수천 마리 새들이 눈을 뜨는 시간이었던 것입니다. 소리가 갑자기 울리게 되면 뚜렷한 자극이 되겠지만, 차츰차츰 소리가 높아져 일정한 음량에 달하게 되면 어느 순간에 저의 눈이 번쩍 뜨이는 듯싶었습니다.

그때 알게 된 것이지만, 새들은 아침 일찍 한바탕씩 인사를 하고 수다를 떤 다음에는 어딘가로 날아가더군요. 인도 새들의 울음소리는 일본의 참새들처럼 짹짹거리는 조심스러운 소리가 아닙니다. 화려한 원색 깃털 장식을 붙인 야생 앵무새처럼 커다란 새들이 꽥꽥 울어대는 것이지요.

처음에는 그 이유를 몰랐기 때문에 저는 6시 가까이가 되면 꼭 다시 잠들면서 왜 이렇게 이상하게 잠을 자게 되는가 하고 생각하곤 했습니다. 그러나 그 이유를 알았을 때 저는 무척이나 기뻤습니다.

지구상에 새나 동물이 있어서 인간과 공존한다는 것은, 본질적으로 결코 아름답고 깨끗하지 못한 상호 관계를 지닌 것임을 실감나게 느낄 수 있었기 때문이지요. 이쪽에서 아무런 피해를 받지 않고 단지 기분 좋음만을 얻을 수 있는 '관계'란 결코 있을 수가 없습니다. 어떠한 관계에서든 말입니다. 예를 좀 이상한 데서 끌어 왔는지도 모르지만, 인간 관계에 있어서는 정말로 그러합니다. 이쪽에서 전혀 곤란을 겪지 않고 그저 기분이 좋기만 한 관계란, 엄밀히 말해서 없는 것입니다.

이것은 인간과 사회, 혹은 국가와의 관계에 있어서도 마찬가지죠. 어느 종합상사 직원이 "우리들의 일이라는 건 어떤 나라에 부임해 가서 그 나라를 원망하게 될 때 비로소 쓸 만한 직원이 되는 것"이라는 말을 했듯이 말입니다.

해설을 붙여야만 이해가 되실 것입니다. 그분은 결코 자기가 부임해 있었던 나라를 그냥 원망하기만 했던 것은 아닙니다. 오히려 그곳에서 알게 된 사람들에 대해, 나중까지도 친척과 같은 마음으로 보살피기도 했습니다.

외국에서 일을 하다 보면 싫은 일도 당하게 되는 게 당연하겠지요. 아무런 관계를 맺지 않고 있을 때에만 우리들은 상대방을 무조건 좋게 생각할 수 있습니다. 관계를 갖게 되면 당연히 상대방의 본모습이 보여져 오는 것이지요.

요즈음 저는 예전보다는 아주 조금 더, 다른 사람들을 있는 그대로의 모습으로 받아들일 줄 알게 된 것 같습니다. 인간이란 악기와 비슷한 데가 있다고 생각됩니다. 악기가 하나만 있게 될 때면 지나치게 개성이 강한 것도 꽤 여럿이 있습니다. 예를 들어 심벌즈나 콘트라베이스 같은 것 말입니다. 하지만 오케스트라에 잘 섞여들면, 그런 특징이 있는 악기일수록 강렬하게 존재 의의를 나타냅니다. 그런 것들 역시 이 나이가 된 덕택에 깨닫게 된 것일 겁니다.

눈이 나빠져 있었던 동안과 수술 후 얼마간, 저는 호리다 신부님께서 매주 일요일마다 행하시는 성서 강의 시간을 빼먹기 일쑤였습니다.

눈이 잘 보이지 않았던 때는 10포인트짜리 큰 활자로 된 성서를 돋보기를 사용해 봐도 보기 힘들었고, 수술 후에는 앞으로 눈을 못 쓰게 되리라는 생각에서 저답지 않을 정도로 많은 강연을 받아들이는 바람에 그때마다 강의를 빼먹었지요.

하지만 요즘은 주일날이면 모든 것에 우선해서 신부님께로 가고 있답니다. 저는 참으로 의지가 박약해서, 솔직히 말씀드려 제 자신이 하고 싶은 일밖에는 하지 않는 성격인 만큼, 신부님의 강의가 정말 얼마나 재미있는 것인가를 이것이 말해 준다 하겠지요.

성 바울로는 탁월한 표현력의 소유자이며, 바로 그런 능력이 있었기 때문에 각지에 초대 교회를 만들어 간다고 하는 어려운 사명을 맡아 행했던 것입니다만. 호리다 신부님으로부터 가르침을 받은 성 바울로의 그리스어 어록(語錄) 곳곳에서 그것을 느낄 수가 있습니다. 호리다 신부님께서 잘 해설해 주시기도 합니다만, 그리스어라고 하는 언어가 이렇게도 많은 의미를 포함하고 있는 언어인지 저는 지금까지 모르고 있었습니다.

예를 들어 어떤 살인범이 옥중에서 신앙을 얻고 완전히 사람이 달라진 것처럼 되었다는 이야기를 들 때가 있습니다. 살인을 범함으로써 그의 영혼은 보통 사람으로서는 체험할 수 없는 고뇌를 알았다고도 할 수 있습니다만, 왜 살인을 한 사람이 그토록 변할 수 있는가를 나타내는 참으로 훌륭한 말이 〈로마인들에게 보낸 편지〉(11, 17 – 24)에 나옵니다.

'올리브나무가 한 그루 있는데 그 가지 몇 개가 잘리고 그 자리에 야생 올리브나무 가지를 접붙였다고 합시다. 그러면 그 접붙인 가지들은 올리브나무 원뿌리에서 양분을 같이 받게 됩니다. 말하자면 여러분은 이 야생 올리브나무 가지들입니다. 그러니 여러분은 잘려 나간 가지들을 업신여겨서는 안 됩니다. 그럴 생각이 날 때에는 여러분이 뿌리를 지탱하는 것이 아니고 뿌리가 여러분을 지탱한다는 사실을 기억하십시오.(중략) 그러니 여러분은 두려워할지언정 자랑할 것은 하나도 없습니다. 하느님께서 원가지들도 아낌없이 잘라내셨으니 여러분들도 아낌없이 잘라 버리실 수 있습니다. 하느님께서는 자비로우시기도 하고 준엄하시기도 하다는 것을 알아 두십시오.(중략) 원래 야생 올리브나무 가지였던 여러분이 잘려서 제 나무가 아닌 딴 좋은 올리브나무에 쉽사리 접붙여졌다면 잘려 나갔던 가지들이 제 올리브 나무에 다시 접붙여지는 것이야 얼마나 더 쉬운 일이겠습니까?'

이 부분은 상당히 재미있는 부분입니다. 보통, 과일나무를 접붙일 경우에는 야생나무에 재배된 가지를 접붙이는 것이므로 이 문장만을 놓고 보면 바울로는 과일나무를 접붙이는 방법을 몰랐거나, 어떤 것을 어떤 것에 붙이든 상관없다고 생각했거나, 순간적으로 착각을 했거나 중의 하나입니다. 하지만 그런 것은 아무래도 좋습니다. 제가 놀라움을 느끼는 것은 그 말의 사용 방법입니다.

'접붙인다'는 말로는, 엔켄트리조라고 하는 그리스어가 사용되고 있습니다. 저는 이 표현만큼 신앙에 의한 인간의 변화를 무리 없이 나타내고 있는 표현은 없을 것이라는 생각이 듭니다.

한 그루 단감나무에게 어떤 사람이 "네가, 단감나무냐?"고 물었다고 해보죠. "그렇습니다"라고 대답하면서도 단감나무는 내심 떳떳하지 못함을 느끼겠지요. 왜냐하면 자기의 본성이 떫은 감나무임을 누구보다 더 잘 알고 있기 때문입니다. 다시 말하면 태어날 때부터 떫었던 것이 신앙이 접붙여짐으로써 단감나무가 되는 것입니다. 자신의 힘으로가 아니지요. 이것은, 저처럼 의존심이 강한 사람에게는 뭐라 말할 수 없이 귀가 솔깃해지는 이야기입니다.

성서를 읽는다는 것은 이러한 감춰진 부분, 내포된 의미를 읽는 것의 연속이므로 참으로 재미있습니다. 저는 현세에 휘둘려 지내면서도 '보이는 것으로 살아 가지 않고 믿음으로 살아가는' (Ⅱ고린토 5, 7) 분들을 잘 이해하기 때문입니다.

아르헨티나 일본인회 회장이신 우노(宇野) 씨가 아르헨티나의 실정을 호소하기 위해 아르헨티나에서 일본으로 돌아오셨습니다. 3년쯤 전, 아르헨티나로 강연 여행을 떠났을 때 이래로 친해지게 된 분이지요. 해외 일계인(日系人)협회 회합에 참석하고, 오끼나와 복귀 10주년 기념식에 참석하는 틈을 타서 저희집에 들러 주셨습니다.

우노 씨는 원래 홋카이도(北海道) 대학 출신의 박사로서, 그 전에는 해병으로 복무하셨답니다.

3년 전에 만나 뵈었을 때, "일본에 무슨 일이 생긴다면 나는 다시 일본으로 돌아와서 총을 잡고 싸우겠습니다"라고 말씀하시길래 저는 무례하게도 웃으면서 "하지만 선생님은 이미 아르헨티나 분이 되신 걸요" 하는 말을 했었지요. 그때 그분이 "그런 건 관계 없는 일이지요"라고 말씀하셨던 것을 지금도 기억하고 있습니다.

지금 그분의 아드님은 말비나스(포클랜드) 섬 근처에 군인으로 출정해 있다고 합니다. 출발 전날 밤, "최후의 만찬이니 맛있게 먹자"고 말씀하시고는 가족이 모두 같이 식탁에 둘러앉았는데 아드님은 전쟁터로 나가면서도 전혀 생명의 위험을 느끼지 않고 있더라는군요. 그저 "말비나스는 추울 텐데 식료품 보급은 잘 될지 모르겠어"라는 것에만 신경을 쓰고 있었고, 부인께서는 마음 속으로야 참으로 더 말할 나위없이 걱정이 되셨겠지만 웃으면서 아드님의 출정을 전송하시더랍니다. 저는 그저 무사하기만을 기도 드리는 수밖에 없었습니다.

젊음이란 참으로 대단한 것이군요. 누구든지 다, 삶밖에는 시야에 들어오지 않는 것인가 봅니다. 죽음이 과연 무엇인가를 알게 되는 것은 훨씬 더 나이를 먹은 다음의 일이지요.

아무튼 포클랜드 분쟁은 신기한 싸움입니다. 전쟁이라는 것은 파괴와 죽음을 목표로 하는 것인데도 파괴해서도 안 되고 파괴 당해서도 안 되며, 죽여서도 안 되고 죽임을 당해도 안 된다는 것이 국제 여론이 되어 버렸습니다. 그러는 한편, 어딘가에서는 정의라는 미명 아래 법칙 위반이 행해지고 있는 것입니다.

우노 씨는 아주 비꼬는 듯한 어조로 "지금 이 세계에서 전쟁을 할 수 있을 만큼의 돈이 있는 나라는 일본과 미국 그리고 소련이지요"라고 말씀하셨습니다만 그 일본 역시 지금의 자위대(自衛隊)로는 도저히 자위를 할 수 없으니 어떻게 낙착이 되는지요.

성 바울로는 '원수가 배고파 하면 먹을 것을 주고 목말라 하면 마실 것을 주십시오. 그렇게 하면 그의 머리에 숯불을 쌓아 놓는 셈이 될 것입니다'(로마서 12, 20)라는 말을 하고 있습니다. 하지만 정말로 이렇게 하는 상대방이 나타난다면 저의 신경은 자기 혐오 때문에 갈기갈기 찢겨 미쳐 버리게 될지도 모르겠습니다. 그런 점에서 영국도 아르헨티나도 모두 소박한 방식으로 나온 것이지요.

다시 말해서, 국제 관계라든가 외교라든가 하는 것은 개인의 인격과는 전혀 다른 게 되겠지요. 무슨 일이든 진정한 싸움이란 오히려 내적 세계의 문제인 듯합니다. 그런 만큼 싸움이란 고독하고 괴로운 것이지요. 정말로 말로는 표현할 수 없는 혐오감이 듭니다.

오늘은 지바(千葉)의 형무소에서 강연을 해 달라는 전화를 해 왔습니다. 초범인 무기수들과 8년 이상의 복역수들만이 수감되어 있는 곳이라고 합니다.

신부님께서도 알고 계시는 바와 같이 옛날 저희집에 들어왔었던 강도는, 사건 후 이틀째부터 걸어 온 10여 통의 협박 전화에서 처음에는 저를 '다음 번에는 꼭 죽여 버리겠다'고 말했지만 점점 제게 마음을 열어 가자 '당신을 죽이는 일 따위는 결코 하지 않겠노라'고 약속했습니다.

그럼에도 불구하고 그 이후 반 년 동안, 저희 집은 경찰의 경비를 받았지요. "저는 그 강도의 말을 믿으니까 괜찮습니다" 하고 수차 말씀 드렸지만, 당시 저희집에는 매일 두 명씩 형사들이 불침번을 서시는 바람에 참으로 미안스럽기도 하고 안정이 되지 않아서 혼났습니다.

그 강도가 제 이름을 알게 된 것은 법무성 제작의 형무소용 방송 프로그램에 제가 출연하고 있었기 때문이었다고 했기에 또 다시 그런 일을 되풀이하고 싶지는 않았습니다. 그러나 전화를 걸어 오신 부장님의 말씀 때문에 저는 생각을 완전히 고쳐 먹고 찾아가 뵙기로 했지요. 그분께서 복역수들을 사랑하고 계시다는 게 느껴졌기 때문이었습니다.

아니, 말을 바꾼다면 그분은 복역수들을 믿을 수 있다는 데 대해 어떤 자부심을 갖고 계신 것 같았습니다. 그런 분의 신뢰감을 어떻게 제가 부정할 수가 있겠습니까. 제가 뭔가 지껄인다고 해서 그것이 과연 그곳에 계신 분들에게 도움이 될지 어떨지는 알 수 없지만, 가능하다면 도움이 될 수 있도록 기도해 주십시오.

7월 말부터 열흘 정도, 남편과 함께 싱가포르와 인도네시아에 다녀올 생각입니다. 그곳에 살고 있는 일본인들과의 대화를 위해서죠. 남편은 오랜만의 동남아 여행이라 들떠 있습니다. 뜨거운 비행장에 내려서면 거리에 흐르는 코코넛 밀크 및 기타 향료의 냄새를 맡기도 하고, 아침마다 화염목(火焰木) 잎을 흔들면서 찾아오는 상쾌하기 그지없는 바람을 느끼기도 하면서, 저는 살아 있다는 사실에 피가 용솟음 치는 듯한 감동을 느끼곤 했습니다만 이번에도 그럴는지요.

'북방에서는 철학자가 나오고 남방에서는 성인(聖人)이 나온다'는 말이 있지요. 저는 마약적인 부드러움과 잔인함이 있는 땅으로서 남쪽 나라에 매혹을 느끼고 있습니다.

저의 얼굴이 아무리 봐도 남지나(南支那 : 중국해〔海〕가운데 대만 남쪽 바다를 가리키는 이름)인 같아서인지 남편과 함께 걷다 보면 어디서든 먼저 중국어로 말을 걸어 왔다가 당황해 하며 영어로 바꾸곤 하지요. 조상님들의 피가 저를 남쪽으로 끌리게 하는 것인지도 모르겠군요.

눈의 상태는 요즘 어떠신지요? 밤에 잘 보이지 않으신다면 우선 운전을 그만두도록 하십시오. 저도 기억이 있습니다만 시력이 나쁠 때의 야간 운전은 정말 위험합니다.

저는 변함 없이 교정 시력 1.5, 때로 2.0이 될 때도 있답니다. 재미있는 말씀을 하나 드릴까요. 잘 보인다고 하는 것은 머리가 좋아진 듯한 느낌을 줍니다. 그러나 머리 그 자체는 선천적인 것으로, 별 변화가 없을 뿐 아니라 오히려 점점 퇴화되어 가는 것이 확실한데도 말이지요.

그럼 이만 줄이겠습니다. 이제부터 경박스럽지만 마이 콤과 워드 프로세서 책을 좀 읽으려고 합니다. 건강하십시오.

(1982. 5. 27)

엇갈리기만 하고 있는 것이 현대입니다

시리에다 마사유끼

소노 아야꼬 여사.

오늘은 5월 말일입니다.

일본은 가을, 이탈리아는 봄이 훌륭하다는 것은 두말할 필요가 없지요. 무문관(無門關 : 중국 송나라 때의 중 무문혜개[無門慧開]가 지은 책. 선의 일반적인 입문서)에 '봄에 백화(百花) 있으되 가을에 달 있으니, 여름에 양풍(涼風) 있으되 겨울에 눈 있노라. 만약 한가함을 심두에 두[挂]지 않으면 즉 이것이 인간의 호시절이라(春有百花秋有月 夏有涼風冬有雪 若無閑事挂心頭 便是人間好時節)'라는 구절이 있지요. 서두 부분의 '봄에 백화 있으되'는 그야말로 로마의 5월을 형용하기에 딱 들어맞는 말입니다. 사실, 지금 로마는 백화난만한 가운데 태양이 눈부시게 빛나고 있답니다. 상쾌함 바로 그 자체입니다.

그런데, 여기서 주의해야 할 것은, '즉 이것이 인간의 호시절이라'라고 하기 전에 '만약 한가함을 심두에 두지 않으면'이라는 단서가 붙어 있다는 점입니다. 인간의 마음이 로마의 하늘처럼 깨끗하게 개어 있으며 아무런 집착도 없이, 그야말로 갓난아이 같은 무심함의 경지에 있다면, 이라는 단서겠지요.

여기서 일화 하나가 생각났습니다. 두 수행자(修行者)에 관한 것입니다. 두 사람이 행각(行脚)을 하며 강 언덕에 이르렀는데 한 아름다운 아가씨가 건너지 못해 고민하고 있었습니다. 갑자기 그중 한 사람이 말을 걸더니 아가씨를 등에 업고 저쪽 기슭으로 건네 줍니다.

두 사람의 수행자가 아무런 일도 없었던 듯이 거의 반 시간쯤 걸었을 때 갑자기 다른 한 사람이 "네 태도는 돼먹지 않았다. 젊은 여자에게 접촉을 하다니, 수행중인 자에게는 있을 수 없는 행위다"라고 비난합니다. 아가씨를 업었던 쪽은 깜짝 놀라며 "너는 내가 아주 오래 전에 이미 내려 놓은 여자를 지금 다시 등에 업고 있는 건가" 하고 반문합니다.

짊어질 때 어영차 짊어지고, 내려놓을 때 끄응 내려 놓습니다. 그러고는 당당한 거죠. 이런 선연한 심경의 변화를 지니고 변해 가는 사태에 대처하면서, 더 나아가 순간순간 그것을 맺고 끊을 수 있다면 대단한 겁니다.

물론, 모든 게 그렇게 간단히 뜻대로 되지는 않는 것이 세상 일이지요. 습도가 높은 일본에서는 특히 '질투' '원망' '원수' 같은 유의 정신적 곰팡이가 마음 속에 퍼져 자라기 쉽습니다. 항의 집회 같은 데서 보면, '원(怨)'이라는 글자를 쓴 깃발을 들고 원한이나 유한(遺恨)을 외쳐댑니다. 가슴이 섬뜩하지요. 그 역시 잘 짜여진 각본에 의한 연극에 불과할 뿐, 무대 뒤편은 그와 다르다면 안심이겠지만 말입니다. 가슴에 맺힌 것이 들어 있으면 결코 이런 '호시절(好時節)'의 상태에는 이르지 못할 것입니다.

며칠 전, 오랜만에 이탈리아 TV를 보니 젊은 남녀의 사랑 이야기를 방영하고 있었습니다. 국민성 그대로 일본의 최루적(催淚的)인 홈 드라마와는 전혀 다른, 밝은 줄거리였기 때문에 마지막까지 다 보게 되었지요. 제목은 잊어 버렸습니다.
두 사람은 돈도, 집도, 직업도 뚜렷한 게 없는 방랑자들입니다. 물론 수재도 아니고 미인도 아니지요. 가지고 있는 것이라곤 젊음과 사랑과 자유뿐. 그 어느 것이든 이탈리아의 태양처럼 밝고 깨끗한 게 애교스러웠습니다.
화가 나서 싸움을 하게 되면 금방 헤어져 버리고, 헤어지고 나면 또다시 금방 상대방을 찾아 나서며, 찾게 되면 서로 부둥켜안고 기쁨을 나누는, 한 점 구름도 없는 탁 트인 사랑이었습니다.
조금도 아름답지 않은 두 사람의 화난 얼굴, 눈물로 일그러진 얼굴, 웃는 얼굴이 얼마나 귀여웠는지요. 일본이라면 틀림없이 상대방의 기색을 살피고, 얼굴을 보아 가며 이야기를 하고, 웬만해서는 거친 언동을 하지 않을 겁니다.
그러나 그 두 사람은 남자가 때리면 여자는 물어뜯는 식으로 상대방의 기분 따위는 전혀 상관하지 않았습니다. 가슴에 맺혔던 울분이 전부 다 걷혀지고 나면 비로소 마음이 풀려 '조금 심했구나' 하고 생각하게 되는 듯, 계면쩍은 작은 목소리로 '미안해' 하고 말하면서 상대방을 힐끗 쳐다보죠. 그러고는 천진난만하게 웃습니다. 그럼 이미 끝난 것이지요. 어어! 하고 중얼거리게 되고 맙니다.

　다른 사람이 하는 말이나 사회 통념 따위에는 조금도 신경 쓰지 않은 채, 무슨 일이든 서로가 같이 부딪치면서 함께 20세기의 공기를 들이마시며 마음껏 살아가고 있는 듯한 느낌이 들었습니다.

　일본인들은 서로 때리지도 않고, 말씨도 그지없이 정중하고, 친절을 다하여 자기의 장점만을 보이려고 하는 것이 아닌지요. 어쩐지 저는 그 두 사람의 건강한 삶의 태도, 사랑의 태도가 부러워 견딜 수 없었습니다. 이탈리아인들은 또 의외로 일본인의 그 침착하고 조용한 조심성이 좋다고 할지도 모르겠군요. 필시 융(C. G. Jung : 스위스의 심리학자)이 말하는 '아니무스(animus)'와 '아니마(anima)'의 인력(引力)이라고나 할까요.

　일본에서는 이혼하게 되면 금방 '성격의 불일치'라는 이유가 거론되곤 하는데 그건 이상한 논리가 아닐까요. 성격이 서로 다르다는 바로 그 이유 때문에 서로가 사랑할 수 있는 것이 아니겠습니까. 완전히 똑같다면 남녀의 사랑이 과연 성립될까요. 필시 매력으로 작용하지 않을 것입니다.

　빛과 어둠, 플러스와 마이너스, 안과 밖, 동(動)과 정(靜), 남과 여 등등 상반된 양극이 서로서로 이끌리고 서로 보충함으로써 우주의 조화가 유지되고 있는 겁니다. 문제는 성격의 불일치에 있는 것이 아니라 부조화에 있다고 해야 하겠지요. 조화를 만들어내는 사랑의 요인이 결여되어 있는 것입니다.

　'만약 한가함을 심두에 두지 않으면(若無閑事挂心頭)'이라고 하는 말을 성서에서 찾아 본다면 '내일 일은 걱정하지 말아라. 내일 걱정은 내일에 맡겨라. 하루의 괴로움은 그날에 겪는 것만으로 족하다'(마태오 6, 34)가 된다고 할 수 있겠지요.

하느님의 손 안에 있는 내일 일에 대해서는 일체 걱정하지 말고 지금 자신의 손 안에 있는 오늘만을 있는 힘껏 살아가고자 하는 생활 태도입니다. 그것은 소노 여사의 소설 〈테니스 코트〉에 나오는 아우구스티누스 수사의 삶의 태도와 같다고 생각됩니다.

그는 다른 사람들로부터 조금도 중요시되지 않고 그저 잡동사니 취급을 받으며 창고 한 귀퉁이에 기거하면서 밭일, 목수일, 김치 담그기 등 허드렛일에 쫓기면서도 조금도 아무렇지도 않아 하지요. 오히려 예수님하고만 이야기를 나누는 기쁨을 맛보고 마음의 진정한 자유, 즉 아집이라든가 야심에서부터의 자유 속에서 완전히 행복에 젖는 대단한 인생의 달관자입니다.

죽기 전날, "살아 있는 한, 맛있는 김치를 담그도록 하자. 그리고 수도원의 여러분들에게 그 맛만을 의식시키고 그것을 담근 인간에 대해서는 생각하지 말고 먹도록 하자. 그것으로 좋은 거다. 왜냐하면 그것을 담그게 만들어 주신 분은 하느님 외의 그 어느 누구도 아니니까"라고 한 말을 저는 좋아합니다.

권말(卷末)에 불쑥, "지극히 평범하다는 것은 겸손하고도 좋은 것입니다"라는 부분이 나오는데, 인생에 대한 소노 여사의 진지한 미학이 느껴져 옵니다. 장편소설 〈원형 수조(水槽)〉에서 말씀하고 계시듯이 평범하다는 것은 위대한 것이며, 인간은 평범함을 잃어 버림으로써 운명을 속이는 것이지요.

아우구스티누스 수사라는 가공 인물을 예로 들 필요도 없이 그와 똑같은 실제 인물이 제 주변에 있습니다. 실비오라고 하는 일흔두 살 된 이탈리아 수사지요. 그가 30년간 버마에 머무른 선물로 심한 류머티즘을 얻어서 고국 이탈리아에 돌아온 것이

15년 전 일입니다. 그 이후 쭉, 지금 제가 있는 수도원에 살고 있지요. 오른쪽 무릎이 심하게 상한 듯, 걸을 때면 오른쪽 다리가 땅에 닿을 때마다 몸이 크게 오른쪽으로 흔들리기 때문에 마치 어린아이의 아장걸음을 보는 것 같습니다.

9년 전 로마에 도착해서 그의 이웃 방에 들어갔을 때, 그가 얼마나 심하게 코를 고는지 저는 입이 딱 벌어질 뻔했지요. 밤이면 밤마다 잠을 이루지 못한 채 '저 할아범, 빨리 하늘나라로 가 주지 않나' 하고 생각하곤 했습니다.

그러나 그의 삶의 태도에 접하면 접할수록 점점 더 그가 좋아졌습니다. 그는 지하 2층의 창고 구석에서 아침부터 저녁까지 구두를 새로 만들거나 수선하거나 하고 있습니다.

8년 전 제가 바겐세일에서 샀던 값싼 구두도, 지금까지 여덟 번 수선을 받아 그때마다 몰라볼 정도로 훌륭한 구두가 되어 돌아오곤 했지요. 마지막 수선을 보낼 때는 오른쪽 엄지발가락 부근에 직경 2센티미터 정도의 구멍이 뚫려 이번에야말로 실비오 영감님도 두 손 들겠구나 하고 생각했었습니다. 그러나 깨끗이 가죽을 덧대 기워진 구두가 제게로 되돌아오는 데는 놀랄 수밖에 없었지요. 한 바늘 한 바늘, 기도와 함께 꿰매진, 여덟 조각의 덧댄 자국이 있는 구두는 지금은 저의 최고 보물이 되어 대축일용(大祝日用)으로 쓰이고 있습니다.

수도원 보존용인 실비오 영감님의 이력서 또한 걸작이지요. 학력란에는 수도회 입회 전이건 입회 후건 전무(全無)를 나타내는 커다란 동그라미가 그려져 있습니다. 직업란에는 '구두장이'라고만 썩어 있구요.

중얼중얼 '아베 마리아'의 기도를 외우면서 하느님과 일치되어 구두를 만드는 그의 작업장을 저는 때때로 찾곤 합니다. 그곳은 그리스도와 마리아의 현존을 실감할 수 있는 성스러운 장소이기 때문이지요. 어제도 갔었습니다. 그때 그 선량한 영감님은 "저는 저의 모든 것을 하느님께 바쳤습니다. 지혜도, 재능도, 일도, 그 어느 것이든 다… 하지만 제가 바친 것들은 얼마나 보잘것없는 것들인지요!" 하면서 부끄러운 듯 미소를 지었습니다. 그 겸손한 부끄러움에 저는 그만 눈물이 치밀어 올랐습니다.

그가 죽고 나면 그 간단한 이력서와 마찬가지로 그저 한 마디 "실비오 수사는 평생 기도 드리면서 구두를 지었노라"고밖에 할 수 없으리라는 생각이 들더군요.

그러나 이 간단하고 범용(凡庸)한 문구에 필적할 만한 중후한 인생이 그밖에 또 있을까요. 거기서 한없이 무거운 인생을 느낍니다. '꽃은 왜 아름다운가, 한결같은 마음으로 피어있기 때문이다'라고 할 때의 그 한결 같음의 무게인 것이지요.

지금은 한밤중에 이 성자의 코 고는 소리가 들려 오면 저는 마치 어머니의 자장가를 듣고 있는 듯한 편안한 마음으로 잠 속에 빠져듭니다. 오히려 그의 코 고는 소리가 뚝 그치면 눈이 번쩍 뜨일 정도지요. 코 고는 소리는 그가 살아 있다는 확실한 증거니까요. "하느님, 부탁 드리오니 실비오 수사를 오래오래 살게 해 주십시오" 하는 것이 최근의 저의 기도입니다.

가톨릭 수도 생활의 근본은 성 베네딕트의 '기도하라, 그리고 일하라(오라에또 라쁘라)'라는 것이겠지요. 하지만 여기에서 말하는 '일'이라는 것은 업(業) 이상의, 행(行)의 세계를 가리키고 있다고 생각됩니다. 기도의 생활화라고나 말씀 드릴까요.

'업'이란 생업, 즉 다시 말해서 생활의 밑천을 버는 작업이며 직업을 뜻합니다. 거기에는 시업(始業)이 있는가 하면 종업(終

業)도 있고, 수업(修業)이 있는가 하면 졸업(卒業)도 있지요. "오늘은 이 정도까지만" 하고 말하면서 일감을 거둘 수도 있으며 "뭐 이 정도면 충분하지" 하고 말하는 전문가가 될 수도 있습니다.

그러나 '행'의 경우에는 삶의 태도 그 자체와 관계되고 있는 것이므로 수행(修行)만 있을 뿐 '졸행(卒行)' 따위는 없습니다. 일생이 살아 있는 '행'의 증거입니다. 자전거가 멈추는 순간 쓰러져 버리는 것과 마찬가지로 행의 정지는 죽음을 의미합니다. 신부나 승려가 행을 저버리면 지도무난(至道無難) 선사(17세기 임제종의 선승)가 말한 바와 같이, '천지간에 가장 극악하고, 승려로서의 몸가짐을 잃고서 세상을 건너는 큰 도둑'이 되는 셈이겠지요.

일휴(一休) 화상이 여든여덟 살로 죽게 되었을 때, 제자들이 "뭔가 유언이라도" 하고 묻자 염치없게도 "죽고 싶지 않다"고 대답했다는 것은 유명한 이야기입니다. 이것은 목숨이 아깝다기보다는 행이 부족하다는 자각에서부터 온 통한(痛恨)이 아니었을까 생각됩니다.

소노 여사의 단편소설 〈티끌 때문〉에 나오는 신부의 일상 생활은 완전히 신부'업'화 되어 있습니다. 그는 교회일을 수단으로 삼아 먹고살고 있는 것입니다. 종교 세일즈맨인 셈이지요.

그러나 〈부재(不在)의 방〉에서의 막달레나 수녀의 경우, 실비오 수사의 구두 수선과 마찬가지로 세탁이라는 그녀의 일이 실로 훌륭한 수도적 '행'을 이루고 있습니다. 그 자체가 하느님을 향한 매일매일의 정진이며, 기도인 것입니다.

그러므로 수도원 안이 어디나 모두 하느님의 '부재의 방'이 되어 가고 있는 오늘, 막달레나 수녀의 세탁장만이 '하느님이 계시는 방'으로서 존재한다는 데 소노 여사의 예리한 통찰이 있습니다. 현대의 수도 생활에 대한 통렬한 풍자인 셈이지요.

생각해 보면, 신부라는 직업에는 정년이 없습니다. 일생이 걸려도 미숙한 것이 신부지요. '헤치고 들어가도 헤치고 들어가도 푸르른 산'이듯, 목표로 하는 그리스도라는 봉우리는 언제나 앞쪽에 솟아 있습니다. 사랑이라는 것이 사랑해도 사랑해도 사랑이 끊이지 않는 것이듯, 신부의 '행' 역시 이것으로 충분하다고 할 날은 오지 않는 법입니다. 오히려 진지해지면 진지해질수록 자신의 한계와 무력함, 자신의 내면에 웅크리고 있는 무명(無明)의 깊이가 보여져 오는 것이지요.

그런 만큼 은총에 매달려 그리스도의 충실을 목표로 살아가고 싶다는 사념에 휘말리고 있습니다. 소노 여사가 '신부라는 직책은 무한한 샘을 퍼올리는 직책입니다. 마르는 일이 없는 샘을 퍼올린다고 하는 행복스런 것이지요'(〈밤이 밝기 전에〉)라고 말씀하신 것은 옳았습니다.

요전 편지에서, 호리다 신부님으로부터 받는 소노 여사의 성서 공부가 바울로의 〈고린토인들에게 보낸 둘째 편지〉에까지 들어갔노라고 쓰셨지요. 작가 여러분들의 열심히 공부하는 모습에 감탄하고 있습니다. 그렇다 하더라도, 소노 여사의 성 바울로에 대한 집념은 대단하시군요. 제 쪽이 무색해지고 말겠습니다. 바울로라는 인물을 파내는 작업은 할 만한 가치가 있는 작업임에는 틀림없습니다만…….

바울로는 대단한 '복음의 증인'이었습니다. 다마스코 교외에서 개심하여 로마 성 밖에서 순교했다고 보여지는 바울로의 '성 밖'이라는 말 만큼 많은 시사를 던져 주는 것은 없습니다.

바울로는 인간이 설정하는 그 모든 제약들을 주 그리스도 안에서 뛰어넘었습니다. 언제나 세상 상식을 부수고 사회의 규격품으로 있는 것을 절대 인정하지 않았기 때문에, 그는 언제 어디서나 신도들의 환영을 받았으면서도 곧 쫓기듯 그곳을 떠나지 않으면 안 되었던 것입니다.

예나 지금이나 변함없이 인간들은 정상과 이상이라는 규격을 만들고, 정상임을 자부하는 승리자들만으로 성을 쌓아 그 체제 속에서 그들만의 권력과 부와 향락의 몫을 받고는 안락을 즐깁니다. 또한 성 안이 잘 되어 가고 있는 한은, '성 밖의 인간에게도 사랑을 베풀라'든가 '차별을 없애자'라고 외칩니다.

집단의 에고이즘이란 바로 그런 것입니다. 이러한 위선과 기만을 철저하게 폭로하는 바울로가 성 안의 인간들에게는 얼마나 귀찮고도 위협적인 존재였을까 하는 것은 쉽게 깨달을 수 있지요. 게다가 성 안 인간의 유혹은 교회 체제 안일수록 더 강합니다. 저 자신, 그중의 하나일 수 있지요. 우리들은 세상의 모든 것을 볼 수 있는 우리들의 눈이 볼 수 없는 단 하나는 바로 그 눈 자체임을 잊어서는 안 됩니다.

〈고린토인들에게 보낸 둘째 편지〉의 제11장 16절 ~ 33절에서 바울로는, 생각이 모자라는 성 안 인간들로부터 받은 수많은 고통을 들고 있습니다. 그러면서도 바울로가 모든 것을 용서하고, 모든 것을 참으며, 모든 것을 초월하여 갈 수 있었던 것은, 그 시선을 예루살렘 성 밖에서 십자가에 매달려 돌아가신 주 그리스도로부터 떼지 않았기 때문이었습니다. '하느님은 그리스도를 믿을 특권뿐만 아니라 그분을 위해서 고난까지 당하는 특권을 주셨습니다.'(필립비 1, 29)라고 말한 바울로였다.

저는, 바울로의 최후의 편지라고 하는 〈디모테오에게 보낸 둘째 편지〉를 좋아합니다. 이미 바울로는 '나는 훌륭하게 싸웠고 달릴 길을 다 달렸으며 믿음을 지켰습니다'(4, 7)라고 하는 경지의 끝에까지 와서, 육체의 쇠약과 극도의 시력 약화를 느끼면서 로마의 옥에서 애제자 디모테오에게 편지를 쓰고 있습니다. '내가 처음으로 재판정에 나갔을 때에 한 사람도 나를 도와 주지 않고 모두가 버리고 가 버렸습니다'(Ⅱ디모테오 4, 16)라고 썼던 바울로의 흉중(胸中)이 사무치게 그리워집니다. 만추(晩秋)의 찬바람이 노구(老軀)에 스며들어 왔던 것일까요.

'그대가 이리로 올 때에 내가 드로아스에 있는 가르포의 집에 두고 온 내 외투와 책들을 가지고 오시오'(Ⅱ디모테오 4, 13)라고 부탁하면서 오직 애제자가 오기만을 기다렸던 그는 낡아 빠진 외투 한 벌을 부탁하는 극빈 속에 인생의 늦가을의 찬바람 소리를 들으면서도 복음을 전하는 일을 중단하지 않습니다. 생명이 다 타 없어지는 날까지…, 아니 오늘도 그는 계속 그리스도를 이야기하고 있습니다.

소노 여사의 〈바울로전〉이 세상에 나올 날을 기대합니다. 소노 여사를 통하여 바울로가 우리들에게 해 줄 이야기에 커다란 기대를 갖고 있는 것은 비단 저 혼자뿐만은 아닐 것입니다. 그렇더라도 무리는 절대 금물입니다.

항상 건강에 조심하십시오.　　　　　　　　　　(1982. 5. 30)

〈추신〉 5월 27일에 보내신 편지를 지금 받았습니다. '사람들이 정면으로 마주치지 않고서 엇갈리기만 하고 있는 것이 현대다'라고 말한 사람은 독일의 철학자 막스 셸러였던가요. 요즈음 저희들의 편지 역시 계속 엇갈리기만 하고 있군요. 죄송합니다.

이번 편지 속에서 성 바울로의, '접목(接木)한다'고 하는 그리스어(엔켄트리조)에 대한 소노 여사의 응용 해석을 재미있게 읽었습니다.

아르헨티나의 일본인회 회장 우노 씨 아드님의 포클랜드 출정 이야기가 가슴을 치는군요. 포클랜드 분쟁도 최종 국면을 맞은 듯싶습니다. 유혈 참사로 끝나게 될 것 같아서 우노 씨 아드님의 안위가 걱정스럽습니다.

유럽에서는 아르헨티나 군의 무력에 의한 포클랜드 점거를 탄핵하면서도 영국과 아르헨티나가 총력을 기울여 행하는 국지(局地) 전투를 '인간의 어리석음의 연출'이라고 보는 경향이 압도적으로 우세합니다. 대의명분이야 어찌 되었든 간에 그 어떤 전쟁도 결국은 '어리석음의 연출' 이외의 아무것도 아닌 것입니다. 예전, 국제연합(UN)의 명 사무총장이었던 하마슐트가 말한 바와 같이 '인간 하나 하나의 죽음은 한없이 장엄하고 의미 깊은 것이지만 전쟁이나 테러, 범죄에 의한 살인은 언제나 그 무엇에 비할 수 없는 넌센스'이기 때문이지요.

이 분쟁에서 유럽은 지금 위태롭기만 한 세계 평화와 분쟁 해결의 열쇠를 쥔 국제연합의 무능에 안달하고 있습니다. 국가적 이기심이 지나치게 드러나는 데 대한 국제적 견제력의 효과가 없어지는 시기가 위기지요. 점점 더 불확실성의 시대라는 느낌이 깊어져 갑니다.

자국(自國) 방위가 위태위태한데도 유구한 세계 평화를 과신하는 일본과, 방위력이 대단한데도 언제나 평화를 염려하고 두려워하는 미국과의 중간에 위치한 유럽이 금후 어떠한 길을 걷게 될지 걱정스럽습니다.

영국, 프랑스, 독일, 이탈리아 등 무기 수출국의 '죽음의 상인'이 금후 점점 더 암약하게 된다면 '어리석음의 연출' 제2막은 인류의 비극이라는 값비싼 대가를 강요당하게 되겠지요. 교황님께서 무슨 일이 있을 때마다 인간의 양심과 양식에 계속 평화를 호소해 오셨던 이유를 알 것 같습니다.

1967년 이스라엘과 아랍 제국의 '6일 전쟁' 후, 싸움에 압승하여 "샬롬, 샬롬" 하며 기뻐 날뛰는 이스라엘군 병사에게 "샬롬(평화)이란 도대체 무엇을 의미하는 것인가" 하고 물어 본 적이 있습니다. 대답은 어이없게도, "평화란 싸움에 이기는 것이다"라는 것이었습니다. 그것은 싸움에 이기는 것 말고는 자기 나라의 존립(存立) 보증은 없다고 하는 이스라엘의 비극적 고백입니다. 그렇다고 하더라도 소름 끼치는 평화론입니다.

그러나 잘 생각해 보면, 평화 일본의 세태 역시 그와 똑같지는 않다 하더라도 크게 다르지만은 않은 듯합니다. 외국에서 보는 한, 일본인들은 모두 다 입시, 출세, 선거, 산업, 무역, 테크놀로지, GNP 등의 전쟁에서 승리하는 데만 혈안이 된 듯이 비칩니다. 희생의 제물로 바쳐진 상대편 인간이나 국가를 '그 생명 따위는 홍모(鴻毛 : 기러기의 털)보다 가볍다'는 식으로 보지 않으면 좋겠는데, 하고 걱정하고 있습니다. 세계에 만연하는 일본인 혐오의 이유가 이런 데 있는 것은 아닐까요. 일본인도 '패배함으로써 승리하는' 정도의 너그러움을 몸에 익혔으면 합니다.

종교인이 정치, 경제에 참견하면 별로 좋지 않지요. 하하하.

포클랜드의 희생자들 위에 하느님의 자비로움이 임하시기를 기도 드리면서. (1982. 6. 5)

하느님은 인간을 줍습니다

하나의 달이 몇 개씩으로 보입니다
시리에다 마사유끼

빨리 눈 검사를 해보시고 처방을 하십시오
소노 아야꼬

하나의 달이 몇 개씩으로 보입니다

시리에다 미사유끼

소노 아야꼬 여사.

오늘은 6월의 마지막 주일날입니다. 일본은 지금쯤 장마가 한창이겠지요. 이곳도 벌써 한여름 기미를 보이고 있습니다.

주일날엔 바티칸 근무도 쉬기 때문에 저는 수도원의 제 방을 대청소하고 있습니다. 조그마한 방인데도 쓸어 모여지는 먼지더미를 보노라면 늘 놀라게 됩니다. 저 자신으로서는 조금도 먼지를 피우면서 사는 것 같지 않은데도 1주일 동안에 이토록 대단한 양이 되는 겁니다.

정신적으로도 마찬가지로 말할 수 있을 것 같습니다. 다른 사람을 원망하고 시기하며, 흉을 보고, 거짓말을 하고, 불친절하게 굴고 하는 등등의 마음의 먼지를 주위에 흩뿌리면서 살고 있는 저 자신을 느낍니다. 제 방의 먼지를 쓸어 모으면서 그것이 바로 제 몸 속에서부터 나온 먼지로만 보여 어쩔 줄 모르게 됩니다.

가톨릭 수도 생활에서는 매주 또는 격주로 고해를 바치도록 규정되어 있습니다. 영적인 지도 사제에게 가서 하느님 앞에 자신의 죄를 참회하고 그 용서를 비는 '회심(回心)의 행'이지요. 그리하여 주일날마다 자신의 방 먼지와 함께 하느님 앞에서 자신의 마음 먼지도 청소하여 깨끗하게 한다는 것은 매우 좋은 일입니다.

주(周)나라 때 허둥대기 잘하는 남자가 있었는데 짐을 갖고 이사를 간 것까지는 좋았지만, 아내를 데리고 가는 걸 깜빡 잊고 말았습니다. 그 얘기를 들은 동료들은 모두 일제히 웃음을 터뜨릴 뿐이었지만, 공자는 '아내를 잊어 버린 정도라면 아무것도 아니다. 모두들 자신의 마음을 잊어 버리고 있다'고 말하며 개탄했다고 합니다.

마음이란 인간을 인간답게 하는 참된 주인공임에도 불구하고 인간은 그것을 소홀하게 취급하고 있으니 모두들 좀더 자신의 발밑에 눈을 주라고 공자는 말하고 싶었던 것이겠지요.

인간이란 재미있는 존재여서 자기를 돌이켜 보지 않을 때면 턱없이 타인의 티가 눈에 들어오기 마련입니다. 자신의 이기심이 보이지 않는 것만큼 타인의 이기심이 보여져 오는 것이지요. '이 사람은 에고이스트예요'라든가 '그 녀석은 이기심 덩어리다'라고 말하는 그 본인의 에고이즘은 그야말로 눈뜨고는 볼 수 없을 정도의 것입니다.

〈창세기〉 앞부분에, 여자가 '그 나무 열매를 따먹기만 하면 너희의 눈이 밝아져서 하느님처럼 선과 악을 알게 되리라'(3, 5)

는 악마의 유혹을 받는 장면이 나옵니다.

현대인은 정말로 하느님처럼 되어서 자기 이외의 일에 대해서는 무엇이든 다 알게 되었습니다. 주간지 같은 것을 읽으면 대상이 된 인물은 가엾을 정도로 세밀히 관찰당하며 그 버릇, 결점, 과실, 실패뿐만이 아니라 사상, 감정, 복잡한 사정에 이르기까지 이러쿵저러쿵 말해지고 있습니다. 거짓인지 사실인지는 별문제로 하고 말입니다.

그러나 이렇게 타인에 대해 왈가왈부하는 그 당사자는 어떤가를 살펴보면 완전히 자기에 대해서는 한쪽으로 밀쳐 둔 상태입니다. 공자가 말한 '자신의 마음을 잊어 버리고 있다'는 것의 가장 두드러진 모습이지요. 자기 이외의 일에 대해서는 하느님처럼 전지(全知)하면서도 자기 마음의 문제에 이르면 완전히 무지(無知)가 됩니다. '사람이 온 세상을 얻는다 해도 제 목숨을 잃거나 망해 버린다면 무슨 이익이 있겠느냐?'(루가 9, 25)는 것입니다.

서양 철학 첫 부분에는 소크라테스의 '너 자신을 알라'는 말이 나옵니다. 일본의 불세출의 종교가 신란(新鸞)은, '지옥은 정해진 거처'라면서 자기 죄업의 깊이에 대한 인식이야말로 신심(信心)의 기본이 되는 것임을 몸으로 증거했습니다.

'나는 악한 인간이다'라는 자각에서 선한 인간이 되고자 하는 노력과 정진이 나오기 쉬운데 반해서, '나는 선한 인간이다'라는 자만심으로부터는 ─ 소노 여사께서 요전번 편지에 쓰셨던 것처럼 요즘은 '선한 인간인 척하는' 풍조가 유행하고 있습니다 ─ 보다 선한 인간이 되고자 하는 분발도, 악한 인간이 되어서는 안 되겠다고 하는 자계(自戒)도 생기기 어려울 뿐만 아니라 타인을 간단히 나쁜 사람으로 규정하고 그 추문을 즐기는 풍조가 생겨나게 됩니다.
　〈요한의 복음서〉 8장 1절～11절에, 전(全) 성서를 통해서 가장 감동적인 장면이 나옵니다. 간음 현장에서 붙잡힌 여자가, 율법학자들과 바리사이파 사람들에게 이끌려 예수 앞에 세워집니다. '우리의 모세법에는 이런 죄를 범한 여자는 돌로 쳐 죽이라고 하였는데 선생님 생각은 어떻습니까?' 하고 묻는 그들의 질문에 예수께서는 이렇게 대답하십니다. "너희 중에 누구든지 죄 없는 사람이 먼저 저 여자를 돌로 쳐라"(8, 7). 이 말씀을 듣자 나이 많은 사람부터 하나하나 가 버렸다고 성서는 적고 있습니다.
　1억 인구 총 고발 사회라는 것은 자기 망각의 세계를 뒤집어 말한 것입니다. 제가 어렸을 때는 '자기를 꼬집어서 다른 사람의 아픔을 알라'는 말을 자주 들었습니다만…….
　신부는 죄스러운 존재입니다. 말솜씨만 뛰어난!

　6월이 되면 언제나 피니에트리 추기경을 생각하게 됩니다. 2년 전 6월 15일, 훌쩍 이 세상을 떠나 버리고 마셨지요. 아까운 분이셨습니다. 일흔 살이라면 지금으로서는 그다지 많은 나이도 아니셨는데요. 저는 그때 마침 일본 출장중이어서 일본에서 부음(訃音)에 접했습니다. 그래서 서둘러 바티칸으로 되돌아 왔지만 장례식에는 시간을 맞추지 못해 참으로 애석했습니다. 하지만 저의 장관님으로서 7년 동안이나 모시고 있었던 것을 진심으로 감사 드리고 있지요.
　피니에트리 추기경은 저 밑바닥에서부터 '선한 분'이셨지요. 공관 복음서는 모두 다 하느님을 '선하신 분'(마태오 19, 17, 마르코 10, 18, 루가 18, 19)으로 정의하고 있는데 추기경을 뵈면,

금방 그런 선하신 하느님을 칭송하고 싶어질 듯한 성품을 지닌 분이셨습니다. 성 보나벤투라(13세기의 이탈리아 신학자, 철학자)가 말하는 '신학도의 목적은 선한 자가 되는 것이다'의 선한 자란 바로 피니에트리 추기경과 같은 인간을 가리키고 있습니다.

'인생은 만남이다'라는 말을 좌우명으로 피니에트리 추기경은 그 무엇보다도 우정을 중히 여기셨습니다. 그에게 있어서 우정은 하나의 덕목(德目)이라기보다 그의 일상 생활의 신조였지요. 그러므로 누구나가 그에게서 '우정의 화신'임을 느꼈던 것도 당연한 일이었습니다. '추기경'이라고 부르는 사람은 거의 없었고, 돈 세르조라고 그 이름을 불러댈 수 있을 정도로 친근감을 느꼈던 것입니다.

바티칸 시공국 내의 추기경의 거처는 어느 틈엔가 전 세계 젊은이들이 모여드는 장소로 변해 버리고 말았습니다. 가톨릭과는 인연도 연고도 없는 히피 비슷한 젊은이들까지도 끊임없이 몰려들어 바티칸의 고관 및 스위스 위병들은 곤란하다면서 잔뜩 얼굴을 찌푸리곤 했지요.

식객(食客)들도 많았는데 일본의 방랑 청년이 40일 동안 추기경 댁에 묵었던 것이 최고였습니다. 뻔뻔스러운 녀석이라고 생각했지만 정작 주인 되시는 추기경께서는 너무나 즐거워 견딜 수 없다는 듯한 태도이셨으므로 저도 질 수밖에 없었지요.

추기경 댁에서는 매일 점심식사 때에 친구를 초대하는 습관이 있어서 각국의 귀빈들 및 종교인들과 함께 수많은 일본인들도 식사를 함께 하곤 했지요. 추기경께서는 언젠가 한번, "시리에다 신부, 자네는 이 오찬회가 그냥 단순히 먹고 마시는 모임이라고 생각하나? 이것은 말일세, 하느님 앞에서 연출하는 내 나름의 우정의 전례라네. 잘 기억해 두게"라는 말씀을 하신 적이 있었습니다.

　소노 여사도 몇 번인가 그 오찬의 자리에 참석하신 적이 있으신 것으로 아는데, 어떠셨는지요, 그 정취는.

　7년 동안 저는 추기경의 아랫사람이라기보다 친구로 대접받았습니다. 때로는 제 사부님이셨고, 때로는 제 형제가 되어 주셨으며, 또 때로는 신랄한 꾸중으로 지도해 주셨지요.

　일에 관해서는 평소 때의 그 부드러움이 다 어디로 가 버렸을까 싶어질 만큼 엄격하셨습니다. 추기경의 시중을 들면서 전 세계를 돌았지만 다른 장관들과는 달리 피니에트리 추기경은 결코 1등석, 특권, 우대 등에 만족하지 않는 태도로 일관하셨습니다. 언젠가 저도 모르게 "조금은 그런 걸 받아도 되는데" 하고 중얼거렸던 적이 있지요. 그러자 그분은 "시리에다 신부, 그러고서도 그리스도의 제자란 말인가" 하고 노려보시며 야단을 치셨습니다. 저는 살아 있는 것 같은 기분이 들지 않았습니다. 추기경의 꾸중은 뼈에 사무쳤으니까요.

　요즘 일본에서는 부모도 선생님도 윗사람도 꾸중을 하지 않게 되었더군요. 저의 친구 중에 마리오라는 이탈리아인 교사가 있는데, 얼마 전 태연하게 담배를 피우고 있는 한 중학생을 야단쳤더니 거꾸로 "선생님도 담배 피우시잖아요" 하고 반박을 하더랍니다. 그래서 그는 "그래, 좋다. 그럼 선생님도 담배를 끊을 테니 너도 끊어라" 하고 말했고, 그후부터는 담배와 인연을 끊어 버렸지요.

　꾸중을 한다는 것은 꾸중을 듣는다는 것을 뜻합니다. 자기 스스로 실행하지 못하는 것을 다른 사람에게 강요한다면 통할 리가 없지요. 프랑스 인격주의의 대표적 철학자인 엠마누엘 므뉘에는 '부드럽기만 한 인간이란, 뜨뜻미지근한 작은 에고이스트를 가리킨다'고 갈파하고 있습니다.

　유럽 언어에서는 '양육한다'는 단어——예를 들어 불어에서의 엘레베, 이탈리아어에서의 아쯔레바레, 독어에서의 아우프첸, 영어에서의 브리드——가 인간에게나 짐승에게나 공통적으로 적용됩니다. 하나의 인간이 되기 위해서는 채찍이 필요하다는 것은 당연시(當然視)되어 있는 셈입니다.

　지금의 10대 아이들은 옛날의 5, 60대 어른들보다 아는 것이 많다는 얘기를 어디선가 읽은 일이 있습니다. 컴퓨터를 만지작거리게 하면 프로그램 작성 기술에서도 결코 어른에게 뒤지지 않는다고 합니다. 그러나 아무리 지식의 양이 증가되고 컴퓨터 기술이 뛰어나다 하더라도 선악의 구분이라든가, 인간으로서의 마음가짐, 타인에 대한 배려 같은 것들을 채찍으로 가르치지 않는다면 그것은 도깨비와 하등 다를 것이 없습니다.

　피니에트리 추기경도 그렇지만 저의 어머님도 엄격한 분이셨습니다. 아버님이 전사하신 후에는 한층 더 엄해지셨지요. 만년에는 "엄격했다, 엄격했다고 너무 그렇게 말하지 말아 다오" 하고 여러 번 말씀하셨습니다.

　사랑의 채찍이었는데도 불구하고 어린 저에게는 채찍만 눈에 비칠 뿐이어서 화를 자주 냈었습니다. "배를 갈라 죽어 버릴 테야" 하고 제가 말하면, '죽는다 죽는다 하는 녀석 치고 죽는 녀석은 없음'을 너무나도 잘 알고 계신 어머니의 대답은 언제나, "배를 가를 수 있다면 갈라 보렴" 하는 쌀쌀맞은 것이었습니다. 배를 가를래야 가를 수 없던 저는 그런 어머니를 얼마나 원망했는지 모릅니다.

　어머님도 돌아가시고 피니에트리 추기경 역시 돌아가신 지금, 비로소 그 채찍 속에 있었던 은애(恩愛)가 뼈에 사무치게 느껴져 눈물 짓는 저입니다. 부모와 자식, 스승과 제자의 진실한 만남이란 이런 것일까요. 거기에서 하느님의 사랑을 실감할 수 있습니다. 하느님은 바로 대단히 엄격한 의(義)이시기 때문에, 무한히 부드러운 사랑이신 것입니다.

 2년 전 6월 14일, 추기경은 성무 집행을 위해 밀라노에 가셨습니다. 그날 밤 제자인 도미니크 씨 집에서 쉬셨지요. 그리고 그대로 한밤중에, 그야말로 아무 소리 없이 떠나시고 말았습니다.

 '삶에 있어서 여름꽃처럼 아름답고 죽음에 있어서 가을잎처럼 존재하라.' 타고르가 이렇게 읊었던가요. 생전(生前)에는 세계를 바삐 다니시며 한여름의 꽃처럼 화려하게 활약하셨던 피니에트리 추기경의 최후는 만추의 마지막 나뭇잎이 북풍에 살랑살랑 떨어져 가듯이 조용한 죽음이셨습니다.

 신앙 속에서 물과 불이 공생(共生)하고 있음을 보았던 것도 추기경의 삶의 모습에서였습니다. 온몸에서 풍기는 미소가 나타내는 물과 같은 정려(靜慮)와 깊은 내성(內省)이 일단 뭔가의 기연(機緣)에 촉발되면 다짜고짜 신화(信火), 열애가 되어 '환하게 타오르고'(요한 5, 35), 지금 또다시 바닥 모르는 정적으로 돌아가신 것입니다.

 얼마 전, 아펜니니 산맥 기슭에 있는 '펠리나'라는 추기경의 출생지를 찾아 서민들 사이에 섞여서 조용히 잠들어 계시는 묘지를 참배했습니다. 소박한 묘석에 그저 돈 세르조 피니에트리라고만 씌어 있는 것을 보자 한없는 그리움이 솟구쳐 올라옴을 느꼈습니다. 그야말로 어느 시인의 말대로 '꽃은 애석하게 흩어지고…'입니다. 무덤 앞에서 머리를 숙이자 흙냄새가 확 풍겨 왔습니다. 이것이구나 생각했지요. 농민의 혼이라고 할 수 있을 듯한 강렬한 흙냄새를 지닌 이탈리아의 가톨릭 신앙이란.

저는 일본인들이 경멸하는 이 이탈리아라는 나라가 좋습니다. 대죄인과 더불어 대성인이 나오는 토양이기 때문이지요.

지난 주 수요일, 베니스 근처의 시골 교회에서 일하고 있는 페르초 신부가 불쑥 바티칸의 사무실로 저를 찾아왔습니다. 그는 제가 가장 존경하는 친구 중의 하나입니다. 교황을 알현하기 위해서 마을의 순례자들을 인솔하고 왔다는 것이었습니다.

마을 사람들은 그를 성인(聖人)으로 존경하고 있습니다. 그러나 '그는 성인이다'라는 말을 들으면 페르초 신부는 "바보 같은 소리!" 하며 화난 얼굴을 한 후 웃지요. 하지만 저 자신 역시 페르초 신부를 성인이라고 생각하고 있습니다. 세련되지 못한 헤어 스타일에 풍채도 보잘것없는 이 시골 신부는 마흔 정도 되었을까, 대단한 재능도 특별한 인덕도 없는 것 같은데 강렬하게 하느님을 느끼게 합니다.

베니스의 구석 시골 교회에서 무엇을 하느냐 하면, 그는 하루 종일 마을 사람들의 고민과 푸념을 들어 주고 있는 겁니다. 밤이 되면 페르초 신부는 그 들은 이야기를 전부 보자기에 싸서 성당의 빨간 램프가 켜져 있는 예수님 계신 곳으로 갑니다. 그 곳에서 보자기를 푼 후, 그날 들은 며느리나 시어머니나 아낙네들의 고민을 하나하나 예수님께 이야기해 들려 드리는 것입니다.

때때로 교회 뒤쪽 문이 열리고 마을 사람이 안을 엿보러 들어오다가 신부님이 예수님께 자신들의 이야기를 들려 드리고 있는 것을 보고는 안심하고 돌아갑니다. 이것이 페르초 신부의 기도입니다.

페르초 신부는 하느님과 마을 사람들 사이의 중개자입니다.

매일 아침 미사 때 하느님의 뜻을 마을 사람들에게 전하고, 매일 밤 하느님과의 고독한 교제 속에서 마을 사람들의 문제를 하느님께 들려 드립니다. 그리고 이 중개자가 있는 한 마을은 평화롭습니다. 마을 사람들은 "하느님, 페르초 신부님을 저희들 곁에서 거두어가지 말아 주시옵소서" 하고 한마음으로 계속 기도 드립니다.

당대 가톨릭 신학의 제1인자로 유명한 칼 러너는 '지금의 독일에서 성인은 나오지 않을 것이다'라고 말하고 있습니다.

그 자신이 독일인이므로 스스로를 책하느라고 한 말이라고 생각하는데, 저도 독일 신부들과 접촉하는 동안에 러너가 하고 싶었던 말이 무엇인가를 이해하게 된 것 같습니다. 그들은 좋은 급료를 국가로부터 받고, 존경받고 있는 성직 계급에 속하며, 고도의 교양과 적당한 소시민성을 갖추고 있습니다. 대단한 인텔리이며 신사연하지요. 하지만 그곳에는 문명의 향기는 있을지언정 흙냄새는 느껴지지 않습니다.

신앙이 스며든 대지(大地)의 냄새를 느끼게 하지 않는 종교는 결국 관혼상제에 곁들인 조화(造花) 같은 것입니다. 하느님의 생명은 거기에 깃들지 않습니다. 저는 페르시아의 위대한 이슬람교 신비가(神秘家) 제라르 아르딘 루미의 시를 좋아하지요.

'하느님은 장미의 귀에 뭔가 속삭이셨다. 그러자 보라, 장미는 싹을 틔우며 미소 지었다.

하느님은 돌에게 뭔가 소근거리셨다. 그러자 훌륭한 보석이 광맥 속에서 빛났다.

하느님은 태양에게 뭔가 귀엣말을 하셨다. 그러자 새빨간 뺨이 수백 개나 뒤덮었다.

하지만 하느님, 당신은 대지에게 뭐라고 소근거리셨나이까, 대지가 꿈쩍도 하지 않고 응시할 뿐 한 마디도 하지 않는 것은. 그러나 살아 계신 하느님의 침묵의 말씀은, 대지에 깊이 숨겨져 있습니다.'

작년 이맘때는 소노 여사의 눈이 어떻게 잘못되지 않을까 하는 두려움에 저도 필사적으로 기도 드렸댔지요. 1년이 지나 소노 여사의 눈이 좋아지게 되니 이제는 눈 따위는 생각도 하지 않습니다. 인간이란—이건 저를 가리키는 말입니다만—뻔뻔스런 존재입니다.

금년 가을 일본에 돌아가면 난생 처음으로 인간 도크에 들어가 볼까 생각하고 있답니다. 인간 도크에서는 눈도 봐 주는지요. 제 눈은 요즘 점점 이상해지고 있습니다. 한 개의 달님이 여럿으로 보이는 바람에 제 만월(滿月)은 만월(萬月)이로구나 하면서 웃곤 하지요.

부군께나 다로오 군 부부에게도 안부 전해 주십시오. 오늘 시칠리아 섬의 시라쿠사에서는 그늘에서도 45도였다더군요. 건강 조심하시기를 빕니다. (1982. 6. 27)

빨리 눈 검사를 해보시고 처방을 하십시오

소노 아야꼬

근래 1, 2년 저의 생활은 왠지 농도 짙은 것이 되었습니다. 하루가 24시간이 아니라 48시간 정도의 무게를 지닌 것처럼 느껴지는 나날이 계속되고 있는 것입니다. 때로는 수년, 수십 년 세월이 응축된 것같이 느끼기도 합니다.

지난 주에도 또다시 그런 일이 일어나서 제 마음은 다시 조금 혼란스러워져 있습니다.

어떤 지방에 강연을 가게 되었습니다. 그 근처 마을에 친구 하나가 살고 있기 때문에 그 친구와 몇 시간이나마 만나서 이야기를 나눌 수 있다는 것이 무엇보다도 큰 즐거움이었습니다.

전날 밤에는 주최자가 저녁 식사에 초대를 해 주었기 때문에, 저는 그 친구와 다음날 호텔 식당에서 아침 식사를 같이 나누면서 오랜만에 이야기를 늘어놓았습니다. 그 친구는 마음에 걸리는 것이 있다면 남편의 병인데, 지금 곧 뭐가 어떻게 되는 건 아니라지만 파킨슨 씨 병인데다가, 배에 종양이 있기까지 하다는 얘기를 듣고 본인이 몹시 우울해 하고 있어서 간호하기가 힘들다는 등등의 이야기를 했습니다. 두 사람은 금실 좋은, 자식 없는 부부였습니다.

"사실은 오늘 너보고 우리 쪽으로 오라고 할까 생각했었는데 그러려면 왕복 시간도 걸리고 해서…"라고 그녀가 말을 꺼내기에 저는 "사실 나도 문병을 가야 할 테지만 오늘은 실례해야겠다. 만일에 예정대로 신깐센(新幹線)을 타지 못하면 다음 주최지에서 안절부절 못하게 될 테니까" 하고 대답했습니다.

저는 오전 11시 이후의 신깐센으로 예정대로 다음 개최지를 향했습니다만, 그 동안에도 친구는 세 번이나 "우리집에 와 주었으면"이라든가 "이렇게 집을 비워 두는 게 걱정스럽다"는 의미의 말을 했습니다. 불행하게도 그녀의 그런 걱정은 들어맞고 말았습니다.

제가 그녀 남편의 자살 소식을 우리 둘 다 알고 있는 다른 사람으로부터 전해 들은 것은 바로 그 다음 다음 날이었습니다.

저는 아직 세번째 강연회가 행해지는 지방에 있었는데 도꾜집에 '별일 없느냐'는 전화를 걸었다가 처음으로 그 사실을 알았던 것입니다.

"만약 그때… 했더라면"이라는 말을 우리들은 자주하지요. 저는 그 이후 며칠간 아무리 잊으려고 애써도 그 일이 마음으로부터 떠나지 않았습니다.

사망 추정 시간이 오전 9시쯤이었다고 하니, 그 시간은 바로 우리들이 아무것도 모른 채 아침 식사를 하면서 대화를 즐기고 있던 때에 해당됩니다. 만약 제가 그녀 말대로 그녀의 집을 찾아갔더라면 ─ 바로 오전 9시쯤이었을 겁니다 ─ 우리들은 그를 구할 수 있었을지도 모르고, 저 또한 발견자의 하나로서 미친 듯이 친구 남편의 생명을 되돌려 놓기 위해 무슨 일이든 했을 것입니다.

성 바울로의 문장에는 '하마르티아'와 '파라프토마'라는 두 개의 그리스어가 죄와 과오라는 형태로 아무렇지도 않게 나뉘어 쓰이고 있는데, 하마르티아가 죄이고 파라프토마는 과오인 것일까요. 제가 관심이 있는 것은 파라프토마 쪽으로, 아우구스티누스는 이것을 일부러 저지르는 죄와 구분하여 '의도하지 않고 범한 죄'라는 식으로 생각했고, 예로니모는 실제로 범해진 죄와 구분하여 '마음 속의 죄'라는 식으로 말하는 듯싶습니다.

지금 저는 왠지 모르게 이러한 말을 열심히 생각하게 되는 마음 상태에 있습니다.

언젠가 한 번 하마르티아에 대한 글을 써 보고 싶다, 그것도 아주 냉정하게 계획된 것을 써 보고 싶다고 생각하지만 현실에 관계되는 것은 언제나 파라프토마뿐입니다. 친구의 남편은 병사(病死)한 것입니다. 신부님께서도 그렇게 생각하시고 계시겠지요. 그렇지요?

덕택에 여기는 모두 잘 지내고 있습니다. 제가 저혈압 때문에 어떻게도 할 수 없는 궁지에 몰려 있는 것만 빼고서 말이죠. 때로는 의자에서 굴러떨어질 것처럼 졸려 오기도 하는데, 가장 불안한 것은 차를 운전하고 있을 때입니다.

하지만 저는 어쩌면 저혈압 덕택에 이 세상을 잘 살아올 수 있었던 것인지도 모르겠습니다. 저는 무엇이든 의외로 선선히 남에게 양보를 잘 하는 편인데, 그것은 저의 천성이 착해서가 아니라 언제나 인생에 대한 궁극적인 에너지 부족 상태에서 살고 있기 때문입니다. 저는 때때로 천박스럽게도 고혈압형인 사람들의 삶의 태도를 헐뜯기도 하지만 그런 분들의 삶에 대한 정열의 여택(餘澤)으로 제가 살고 있음을 깊이 느끼고서 감사 드리기도 합니다.

이 한 달 동안에도 다 말할 수 없을 만큼 여러 가지 일들이 있었습니다.

6월 초에는 나가자끼의 '성모의 기사'사에 가서 사흘 동안 꼼짝없이 갇힌 채로 《꼴베 신부 이야기》라는, 국민학교 상급생에서부터 어른까지 읽을 수 있는 극화(劇畵)풍의 그림책을 만들고 왔습니다.

아우슈비츠에서 다른 사형수를 대신하여 아사형(餓死刑)을 받고 돌아가신 이 신부님에 대해서는 얼마든지 더 많은 사람들에게 알려야만 한다고 생각하고 있습니다.

'성모의 기사'사에서는 고사끼(小崎) 수사가 정리하신 나가자끼에서의 꼴베 신부님의 생활 기록을 받았습니다. 그 무렵 꼴베 신부님 등은 일본어를 거의 알지 못했음에도 불구하고, '성모의 기사'라는 잡지를 찍어, 일본에서 인쇄에 의한 포교의 첫걸음을 내디뎠던 것이지요.

1930년에서 36년에 걸쳐 수많은 수사 및 신부들이 나가자끼의 생활에 참가하지만, 그 대부분은 너무나도 엄격한 생활을 견디지 못해 정신이 이상해지든가, 어떻게든 그 생활에서부터 도망치려고 물질적으로 되어 수도 생활에서 탈락되어 갑니다. 어떤 사람은 노이로제로 본국으로 송환되고, 또 어떤 사람은 반대로 큰 돈을 빌려서 미국으로 도망치기도 합니다. 그런 와중에서 제노 수사 같은 사람들만이 남게 되는 겁니다.

제노 수사의 일화 속에 다음과 같은 것이 있는데, 참으로 그의 면목이 뚜렷이 나타나는 것 같습니다.

비 오는 날 제노는 오사까에서 기사지를 나누어 주었다. 기사지를 받아 든 어떤 사람이, "이따위 잡지 읽을 줄 아느냐"라면서 던져 버렸다. 그러자 다른 사람이 지나갔다. 자전거를 탄 사람이었다. 푸른 표지의 기사지를 보더니 주웠다. 집에 가져가 읽었다. 이 사람은 노동자였다. 나중에 이 사람은 신자가 되었다.

제노는 도꾜에도 갔다. 잡지를 나눠 주며 걸었다. 도꾜 공원에는 푸른 표지의 기사지가 나뭇가지에 걸려 있었다. 그것을 읽은 사람이 신자가 되었다.

참으로, 거부당해도 화내지 않고 '사람을 줍는' 것은 하느님이라는 느낌이 듭니다.

저는 이 기록을 읽고 있는 동안에, 어떻게 해서든 〈기적〉이라는 작품의 이면사(裡面史)가 되는 나가자끼에서의 꼴베 신부님에 대해 쓰고 싶다고 생각하게 되었습니다. 이상스럽게도 벌써 제목마저 정해져 버렸습니다. 〈보통 사람들〉이라는 것입니다. 같은 제목의 영화가 있었던 것 같습니다만, 상관없는 일이지요. 그리고 다소 자기 변호 같습니다만 저는 이 견뎌내지 못했던 사람들, 탈락된 사람들에게도 많은 친근감과 호의를 품고 있습니다.

한 수사의 이야기에 의하면, 그들에게는 폴란드에서 가져온 두꺼운 수도복밖에 없었으므로 그냥 그 모습으로 손으로 돌리는 인쇄기를 돌렸다고 합니다. 처음 그들은 돈이 없어서 전기를 끌어오지 못했기 때문입니다.

　나가자끼의 여름은 덥고 습기로 가득했으므로 그들의 땀은 수도복에 고여 말라서 하얀 소금이 되었습니다. 그것이 발밑으로 떨어져 하얗게 고였기 때문에 젊은 수사 중의 하나는 때때로 발로 그 자가제(自家製) 소금을 차 버림으로써 주위의 사람들을 속이고 있었다고 합니다. 바로 그러한 상태였기 때문에 더욱 영혼이 만족했노라고도 말할 수 있겠지만, 저라면 역시 도망쳐 버리고 말았을 겁니다.

　〈보통 사람들〉은 아직 발표 무대가 결정되지 않았습니다. 첫 번째 이유는, 제가 얼마 만한 양을 쓸 수 있을지를 모르기 때문입니다. 눈 때문이 아니라 지금은 저혈압 때문이지요. 하지만 사실 나쁜 기분은 아닙니다.

　저의 일생은 아마도 이미 다 그 테마가 결정되어 있을 겁니다. 젊은 시절에는 이런 말은 기분이 나빠서 하지 못했습니다. 그러나 이 나이가 되어 보니 언제 죽을지 알 수 없고, 설령 약간 더 오래 산다 하더라도 그리 대단한 세월이 아닐 터인즉, 결과적으로 보면 그 사람도 슬슬 일하다가 쯧! 가엾게도 이도저도 다 미완(未完)인 채 죽었구나 하고 다른 사람들이 말하도록 정해져 있을 테니까요.

　한때 반(半)맹인 상태가 되어 보았던 덕택에 요즘 저는 이곳저곳 맹인 단체로부터 초청을 받고 있습니다. 죄송스럽게 생각하면서 그에 응하고 있지요.

　제가 이유도 없이 시력을 얻게 된 것을 어떻게 설명해야 좋을까요. 융통성 없는 바리사이파 유대교도였던 성 바울로에게조차 하늘에서 빛이 번쩍이는 충격과 함께 주어졌던 맹목(盲目)의 체험은 왠지 하느님께서 저를 기억해 주고 계셨는지도 모른다는 실감을 줍니다. 사실은 하느님께서는 그 누구든 다 기억하고 계시겠지요. 성 바울로가 〈에페소인들에게 보낸 편지〉 2장 10절에서 말하고 있듯이 우리는 모두 '하느님의 작품'이니까요.

하지만 어느 목사님께서는 동경의 유명한 대학 병원에서 백내장으로 눈을 잃었을 때 자신을 눈멀게 만든 의사와 더불어 폭사하려는 생각으로 몰래 다이너마이트를 수집하기도 했노라고 말했습니다.

"선생님, 눈이 보이지 않는다고 하는 현실을 자연스럽게 인정하기까지 몇 년이 걸리셨습니까?" 저는 그분에게 이렇게 여쭈어 보았습니다. 그러자 그분은 "3년 걸렸습니다"라고 말씀해 주셨습니다.

저는 그 말씀 앞에서 고개를 숙일 수밖에 없었습니다. 죽고 싶은 생각이 들 때는 3년간 견뎌 봐야 하겠군요. 하지만 저는 그 고통을 이해합니다. 지금의 제게 있어서의 3년은 시간에 날개가 돋친 듯이 날아갑니다. 그러나 눈에 갈색 비늘이 덮힌 듯한 느낌으로밖에 사물을 볼 수 없었던 때, 저는 순간순간을 견디어내기가 어려웠습니다. 그래도 완전히 눈먼 사람들보다는 얼마나 다행스런 일인가, 하고 제 자신을 타이르고는 있었지만 말입니다.

그러나 그러는 동안에 이 목사님께서도 이미 폭사를 생각하지 않게 되었고 밝고 온화하며 부드러워져 사람들에게 희망의 별이 되셨던 것입니다.

요즘 들어 절실하게 느끼는 일인데 만약 병에 걸리게 되면 병에 걸려 다행이라고 생각해야 한다고 여겨집니다. 낫느냐, 낫지 않느냐보다 그것이 훨씬 중요하다고 생각합니다.

그렇지만 그렇다 하더라도 신부님의 눈은 방치해서는 안 되겠군요. 여름 휴가 일정을 빠른 시일 내에 알려 주시기 바랍니다. 누님 되시는 루치아 수녀님과 동생 되시는 기(毅) 신부님께서 인간 도크 예약을 하실지도 모르겠습니다만, 제가 준비해 드리면 어떨는지요. 특히 눈에 대해서는 만약의 일이 일어날 경우 B 선생님께 봐 주십사고 부탁 드릴 수 있도록 말입니다. 다중시(多重視)라면, 난시가 아닐 경우 백내장 탓이 아닐까 싶어지는군요. 하지만 신부님께서도 대단한 근시이시니 수술을 한다 하더라도 희망이 있는 게 아니겠어요.

일본 펜클럽은 내후년 일본에서 국제 회의를 가지는데, 그 테마로 '핵 상황하에서의 문학——우리들은 왜 쓰는가'를 이사회에서 선택했습니다. 저 역시 이사의 하나입니다만, 그날 결석하는 바람에 신문으로 그 결과를 알았습니다.

그때 저는 이런 제목이 결정된 것은 전체 회원들에게 배포되었던 앙케트의 결과임이 분명하다고 생각했습니다.

앙케트에는 세 가지 후보 제목 중에서 하나를 고르도록 되어 있었습니다.

1. 작가의 자유란 무엇인가——우리들은 왜 쓰는가
2. 핵 위협하에서의 문학의 역할——우리들은 왜 쓰는가
3. 내셔널리즘과 문학 또는 인터내셔널리즘과 문학

앙케트 결과는 1에 2백12표, 2에 1백23표, 3에 76표였습니다. 이사회는 '투표 결과를 존중하긴 하되 그 결과에 좌우되지는 않겠다'는 이유로 2를 선택해서 '핵 위협하'를 '핵 상황하'로 고치고는, '우리들은 왜 쓰는가'라는 1에도 있는 공통된 부분을

집어 넣어서 80퍼센트의 지지를 얻었다고 한다는 것입니다.
　남편은 그 신문 기사를 읽는 즉시 펜클럽에 편지를 보내, 이사 및 국제 펜클럽 대회 개최에 관한 일을 사임했습니다. 저는 이사직을 그만두지는 않겠지만 국제 펜클럽 대회로부터는 손을 뗄 작정입니다. 한 사람의 작가가 문학을 핵 상황하에 있다고 보는 것은 완전히 자유입니다만, 단체로서의 작가들에게 문학이 핵 상황하에 있노라고 강요하는 것은 전체주의입니다. 인간의 영혼이 어떠한 외적 상황 아래 있다고 보는 것은 각자가 나름대로 생각해야 하리라고 봅니다.
　그래서 저는 다음 달 이사회에 나가 보았습니다. 거기에서는 국제 대회를 위한 모금 이야기가 나왔는데, 저의 예상과는 달리 누구나가 다 국제 교류 기금으로부터 돈을 받을 것을 기대하고 있었습니다.
　왜 국가나 기업의 돈을 기대하는 걸까요. 국제 교류 기금 자체가 반은 정부로부터, 나머지 반은 재계(財界)로부터 나오는 돈인데 말입니다. 제가 이렇게 묻자 국제 교류 기금의 돈을 받는 것은 그후의 모금에 대해 면세 조치를 받기 위한 것이며, 재계로부터의 돈도 무기 산업체로부터만 받지 않으면 된다는 답변이었습니다.
　이 얼마나 어린애 같은 태평스러움인지요. 그때 이사 한 분이, "만년필 회사는 무기 산업이 아니지 않소? 그 만년필을 전쟁에 사용한다면 또 별 문제지만 상식이라는 게 있으니 말입니다"라고 하더군요. 그런데 바로 그분은, 10년 전 일본에서 국제 회의가 열렸을 때 국가로부터 돈을 받으려든다며 다른 이사들을 호되게 비판했던 분이셨습니다. 돈을 받는다면 만년필 회사로부터만 받을 리가 없지요. 그렇다면 철광, 전력 등은 어떻게 생각하는 걸까요? 그리고 근대 무기의 근간이 되는 소프트웨어는요?

인간이 해야 할 말을 자유롭게 하고자 한다면 최소한 돈을 배후에 둔 관계는 맺지 말아야 한다는 건 상식이지요. 만약 돈을 받게 되면 저항이건 뭐건 있을 수가 없는 것입니다.

저는 인간이 자기의 마음을 나타내려면 그리고 정신의 자유를 확보하려면 언제나 자기가 손해를 보고 생명을 내던져야 한다고는 결코 말하지 않겠습니다. 그러나 뭔가 상처를 받으리라는 것 정도는 각오를 하고 증거를 보여야만 하리라고 생각하고 있습니다. 하물며 돈 같은 것은 가장 간단히 증거를 보이는 방법입니다.

이제 앞길이 그다지 길게 남지 않았으니만큼, 이제는 저도 슬슬 제게 맞지 않는 세계로부터 멀어져서 제 주위에 얼마든지 존재하는 마음 떨릴 정도의 훌륭한 인생을 바라보기 위해 시간을 보내야 하겠습니다.

신부님께서도 말씀해 주신 바와 같이, 제 눈이 보이기 시작한 지 1년째가 되어 몇몇 분들로부터 '1주기' 축하를 받았습니다.

저는 그동안 신세를 진 분들께 마음 속으로 감사 드리면서 이번에는 제 쪽에서 기도 드릴 차례라고 생각하고 있습니다. 제 눈이 어떻게 될지 알 수 없었던 때—일부에서는 소노 아야꼬의 눈이 이제 끝장 난 것 같다는 소문이 떠돌아다니던 때—그런 것과는 관련없이 제게 용기를 북돋아 주려고 하셨던 분들을 저는 귀중하게 기억하고 있습니다.

수술받는 날에 저는 고베(神戶)의 다까끼(高木) 수녀님으로부터 받은 자그마한 성모상을 병원으로 가지고 갔었는데, 신기하게도 바로 1년 후인 지난 7월 8일, 친한 친구의 딸이 큰 수술을 받게 되어 그 성모상은 그녀 옆으로 옮겨 갔습니다. 그녀가 건강해 지는 날 그 성모상을 틀림없이 다음 차례로 고통을 체험하지 않으면 안 되게 될 사람에게 준다는 약속하에서였습니다.
　수술은 대단히 잘 끝났고, 그녀도 아픔으로부터 회복되고 있는 중입니다. 병에 걸린 사람에게는 병자로서의 특별한 사명이 있다는 것을 이 스무 살 난 아가씨도 알게 되겠지요. 현명한 아가씨니 병 덕택에 자신이 훌륭해졌다고 말할 수 있게 될 날이 금방 찾아오리라고 생각합니다. 7월 8일의 성모상은 병 치유뿐만이 아니라 영혼을 살리는 힘을 갖춘 신비로운 성모상이 되는 듯한 기분이 듭니다.
　10월의 꼴베 신부님 시성식(諡聖式) 때 신부님께서 일본으로 돌아오신다고 들었습니다. 정말로 유감스럽군요. 저는 지금 예정으로는 10월 7일 로마에 들어갈 것 같습니다. 시성식 날 성 베드로 교회에 들어갈 수 있는 표를 한 장 얻어 놓아 주실 수 있을까요? 봄에 로마에서 예수회의 피타외 신부님을 만나 뵈었을 때 준비해 주시겠다는 말씀을 들었습니다만, 그래도 시리에다 신부님께 부탁 드리는 것이 마음이 편합니다.
　저는 로마에 나흘만 머물고 11일에는 뉴욕으로 갑니다. 뉴헤이븐에 옛 친구가 있는데 30여년 만에 그녀를 동경에서 만났지요. 이 만남 역시 명암(明暗)이 풍부한 것이었고 씌어지지 않은 장편 소설을 읽는 듯했습니다.
　그리고 내년의 마다가스카르 행도 결정되었습니다. 성 바울로회의 마끼노(牧野)라는 수녀님께서 그곳 산원(産院)에서 일하고 계셨는데, 그곳에는 틀림없이 제가 항상 생각하고 두려워하며 희망을 지니고 있던 문제가 실로 단순 명쾌하게 나타나 있는 것이 아닐까 생각하기 때문입니다.

아프리카의 인구 문제는 선진국의 양심의 '후미에'(踏繪 : 그리스도교 신자인지 아닌지를 식별하기 위해 그리스도나 마리아를 새긴 판을 밟게 한 일)가 되겠지요. 즉, 아프리카가 자연 도태에 가까운 형태로 인구를 억제당하고 있다는 바로 그 사실에 힘입어 우리들은 스스로 무엇 하나 침범당하는 일 없이 '아프리카에 구원을!'이란 식의 인도적인 말을 하고 있을 수 있는 것입니다.

그러나 만약 아프리카 사람들이 경제적으로 '무거운 짐'이 되었을 때도 선진국이 지금 정도의 일을 하겠느냐는 의문의 여지가 있죠. 우리들은 사실 일상의 이곳저곳에서 증거를 요구받고 있는 것입니다.

그럼, 안녕히. 여름 휴가의 중요한 계획, 인간 도크 일정을 되도록 빨리 알려 주시기 바랍니다. （1982. 7. 20）

성서는 인간의 죄 이야기입니다

바티칸에 대해서 말씀 드려 봅니다
시리에다 마사유끼

인도네시아에서 돌아와 도꾸시마로
소노 아야꼬

바티칸에 대해서 말씀 드려 봅니다

시리에다 마사유끼

소노 아야꼬 여사.

7월의 이탈리아는 끔찍스런 더위였습니다. 그런 가운데 저널리스트들의 스트라이크가 1주일 가까이 계속되었지요. 신문, 라디오, TV의 정보가 일상 생활로부터 배제되고 나니 왠지 별세계에 살고 있는 듯한 느낌이 들었습니다.

월드컵 축구 시합 보도만은 특별 취급을 했기 때문에, 서민들은 스포츠 뉴스에 열중했고, 그런 만큼 월드컵 축구 우승 소식은 이탈리아 전체를 열광의 도가니로 몰아넣어 버린 듯싶습니다. 한편 문화인들은, '정보의 홍수가 그친 덕분에 인간은 본래의 사고력을 되돌이킬 수 있다. 참으로 좋은 일이니까 앞으로도 스트라이크를 많이 해 주기 바란다'는 태도였어요. 그런 때문인지 이 스트라이크는 용두사미(龍頭蛇尾)로 끝나 버리고 말았습니다.

 명저 《세속 도시》를 발표하여 일약 유명해진 미국의 신학자 하비 콕스는 그후에도 《바보들의 축제》, 그리고 이어서 《정신의 유혹》이라는 책을 써서 재미있는 '매스컴 종교론'을 전개시키고 있습니다. 그 속에서 콕스는, '현대의 하느님은 매스컴이다'라고 말합니다. 확실히 현대는 매스컴의 언어 마술에 움직이는 시대라고 말하지 않을 수 없습니다.

 파스칼은 '자기 스스로 본 일이 아니기 때문에 런던에 불이 났는지 어땠는지는 알 수 없다. 그러나 한 사람이 그렇게 말하면 "과연 그럴까" 하고 생각하게 된다. 두 사람째 되는 사람이 그렇게 말하면 "역시 그런가" 하게 된다. 세 사람째가 되면 "확실히 그렇다"가 되어 버린다'고 말하고 있습니다. 즉, 그는 어떤 사상의 대합창(大合唱)과 반복이 점차로 확실성을 만들어 마지막에는 진리가 되어서 인간의 사고에 정착하고 마는 위험을 지적하고 싶었던 것일 겁니다.

 더우기 오늘날과 같이 정보 조직이 완비되면 모든 것을 매스컴에서 생각해 주게 되므로 개인은 사고를 정지시켜 버리고 맙니다. 개체가 집단(매스)에 매몰되는 좋은 예이지요. 주체적 인간이 흐름을 타고 있는 동안은 괜찮습니다만, 흐름에 휩쓸려 주체성조차 잃어 버리면 그야말로 이익은 고사하고 본전마저 잃는 셈입니다. "나는 1백 킬로미터로 달렸다"고 말할 때, 달린 것은 자기가 아니라 자동차입니다. 매스컴이라는 대형차가 운반해 갖다 준 것과, 자기의 사고력으로 도달하게 된 것을 혼동하면 곤란하지요.

 일본인의 왕성한 지식욕 역시 사고 정지의 표리(表裏) 현상이라고 보는 사람이 있습니다. 생각이 텅 비게 되면 지식이든 무엇이든 집어 넣고 싶어지는 것이지요. 아무 생각도 하지 않은 채 TV 앞에서 멍하니 몇 시간 앉아 있으면 지식량은 늘어납니다. 하지만 사고는 멈춰 버리기 때문에 그만큼 인간이 천박스러워지는 것입니다.

성 바울로의 카리스마론은 이와 완전히 반대지요. 바울로는 언제나 개개인이 지닌 능력과 사고력을 최대한으로 끄집어내서 그것을 공공 선(善)에 도움이 될 만한 공동체로 형성시켜 나갈 것을 생각했습니다. '생각하는 갈대'로서의 인간의 사고력을 부활시켜 준다는 면에서 보면, 때로는 매스컴의 스트라이크도 나쁜 것은 아닌 듯합니다.

소노 여사는 어떻게 지내고 계신지요? 덕택에 처는 매일 건강하게 바티칸을 드나들고 있습니다. 세월이 정말 빠르군요. 저의 바티칸 근무도 그럭저럭 9년이 됩니다. 바티칸이라고 하면 현재 8억이 넘는 세계 가톨릭 교회의 중추입니다. 가톨릭이라면, 일본에서는 결이 없이 하나로 되어 있는 바위처럼 생각하는 분들이 많은 듯한데, 실제로는 나라에 따라 그 사정, 역사, 체질, 특징을 현저하게 달리하고 있습니다. 이 각지의 서로 다른 교회를 같은 신앙 아래 통합하는 가장 중요한 일을 하는 곳이 바티칸이지요.

교황의 자리는 그 일치의 표시, 화합의 보증으로 받아들여지고 있습니다. 예를 들어 일본의 가톨릭 교회로부터 이웃 한국의 가톨릭 교회로 통하는 직통로(直通路)는 의외로 있는 것 같지 않습니다. 재미있게도 두 교회가 각자 로마와 통하고 있음으로써 서로 연결되어 있는 셈이지요. 중심이 있기 때문에 존재하는 주변인 셈입니다.

초대 교황 베드로의 유해가 길게 누워 있는 바티칸은 2천 년 가톨릭의 역사와 걸음을 같이하여 왔지만 국제적 지위를 지닌 바티칸 시공국의 존재는 비교적 새롭지요. 그것은 1929년의 '라테란 조약'(로마 라테란궁전에서 교황 바오 11세와 이탈리아의 무솔리니 사이에 조인된 조약)이 발단이 된 것입니다. 그때의 교황 비오 11세는 "이 바티칸 정도의 좁은 영토에서도 교황이 정신적 권능을 발휘하는 것은 충분하다"고 말했습니다. 사실 이 지구상의 어떠한 국가의 법적 규제나 정치적 간섭을 받는 일 없이 교황이 자유롭게 그리스도의 메시지를 현대 세계에 공언할 수 있는 것은 바로 사방 4백50미터의 이 바티칸 시공국 덕택인 것입니다.

제2차 세계대전중, 바티칸의 영향력에 놀란 스탈린이 처칠에게 '바티칸은 도대체 몇 개 사단 병력을 갖고 있느냐'고 물었던 이야기는 유명합니다.

현재는 폰 알티스호펜 대장 이하 1백 명의 스위스 병사들이 경비를 맡고 있습니다. 시스티나 성당을 지은 시스트 4세가 1480년, 스위스로부터 호위병을 불러들인 것은 이탈리아 병사로는 왠지 불안스러웠기 때문이겠지요. 그들은 지금도 미켈란젤로가 디자인한 군복에 중세의 창을 들고서 이 '정신의 왕국'을 지키고 있습니다. 아마 기관총이라도 들게 한다면 세계 최소의 군대가 될 것이 틀림없을 겁니다.

바티칸에서 일을 하다 보면 원하든 원치 않든 간에 2천 년 역사의 무게를 느끼게 됩니다. 좋은 의미의 역사와 문화를 몸에 익히게 해 주는 것은 고마운 일이지요.

바티칸에는 '사물의 시비는 인간이 아니라 역사가 재정(裁定)

한다'는 판단에서 나온 '모든 것을 기록하고 보존하라'는 불문율이 있습니다. 이것도 '역사의 주인이신 하느님'이라는 신앙으로부터 나온 것이리라 생각됩니다.

바티칸은 현세의 인간들로부터 이러쿵저러쿵 트집 잡히는 것은 조금도 두려워하지 않지만 후세의 역사가 어떻게 심판할 것인가에 대해서는 신경을 씁니다. 그리하여 매일 방대한 양에 달하는 자료가 분석, 분류된 후에 공문서관에 납입되어 봉인됩니다.

원칙적으로는 1백 년이 경과되지 않으면 이 봉인을 뜯을 수 없게 되어 있지요. 정보가 열기를 띠고 있을 때는 역사의 재정이 내려지지 않기 때문입니다. 교회는 그 냉각 기간으로 듬뿍 1백 년을 둔 것입니다. 1백 년이 지나면 역사는 모든 것을 상대화하며, 인간이 신화화(神話化)시켰던 것들은 산산히 부서져 버리고 말게 됩니다.

맑은 역사의 프리즘을 통해 보면 이 세상의 영웅이라는 것이 얼마나 그 사람에 대한 오해의 총합(總合)인가, 또 자유, 평등, 우애, 정의, 평화 등등의 미명(美名)이 얼마나 '권력만이 사실적인 것'이라 생각하는 승자(勝者)가 발행한 면죄부(免罪符)인가가 보여지게 됩니다.

선대인 바오로 6세가 역사가의 편의를 위해 비오 9세(1846~1878년) 치하의 문서 일괄 공개를 단행한 것을 본받아 현 교황 요한 바오로 2세도 3년 전에 레오 13세(1878~1903년) 치하의 자료 공개를 허가하셨습니다. 그러므로 현재 1903년 7월 20일까지의 바티칸의 역사 자료가 입수 가능해졌습니다.

소노 여사와 왕복 편지를 주고받기 시작한 이 1년 동안에도 세계 정세는 현기증 나게 변화했습니다. 아프가니스탄, 폴란드,

포클랜드, 레바논, 이란, 이라크 등등 분쟁의 불꽃은 계속 타올랐지요. 곤란하게도 이 세상의 보도는 한창 사건이 열기를 띨 때가 승부를 낼 시기이므로 이런 일들을 '쇼킹한 사건'이라는 수준에서 조리하기 쉽습니다. 그리고 문제의 핵심을 건드리기 전에 보다 센세이션한 다음 사건이 일어나면 흥미는 당연히 그쪽으로 옮겨 가 버리고 맙니다. 이리하여 예전의 문제는 미해결인 채로 잊혀져 사라져 버리지요.

체스터턴은 〈아시시의 성 프란치스꼬전〉 제2장에서, '저널리즘의 무서운 해독은 문제의 기원과 이유를 설명하지 않은 채 사실을 그냥 그대로 독자에게 제공하는 것이다'라고 말합니다. 어떤 사건이든 거기에는 나름대로의 역사적 배경이 있는 법입니다. 역사를 빠뜨리고서 문제의 올바른 이해로 통하는 길이란 없습니다.

예를 들어, 가톨릭 국가인 이탈리아에 왜 공산당이 존재하는가 하는 질문에 대한 답변은 공산주의조차 없었던 수세기 이전으로 거슬러 올라가지 않으면 나오지 않는 것입니다. 실로 역사야말로 사상(事象)의 올바른 측면과 의의를 보여 주는 지혜의 학교라는 것을 이곳 바티칸에서 가르침받았습니다.

여기에서 눈을 돌려 르네상스 예술의 극치를 나타내는 바티칸 궁을 바라보고 있으면 또다른 갖가지 생각이 솟아오릅니다. 바티칸 궁은 헤브라이어의 '헤카르(신전)'의 개념에 가장 가까운 것으로 생각됩니다.

헤카르라고 하면 가장 먼저 예루살렘의 신전이 머리에 떠오르지만 그것은 '신궁(神宮)'임과 동시에 '왕궁(王宮)'(열왕기 상 9, 1)이었습니다. 이 양의성이 이미 하느님의 은총과 인간의 죄의 공존을 말해 주고 있는 것입니다.

기원전 10세기께 다윗 왕이 예루살렘 신전 건립을 생각하고 있을 때, 하느님은 예언자 나단의 입을 빌어서 다윗에게 '내가 살 집을 네가 짓겠다는 말이냐? 나는 이스라엘 자손을 이집트에서 이끌어내던 때부터 지금까지 천막을 지고 옮겨 다녔고, 집 안에서 살아 본 적이 없다'(사무엘 하 7, 5 – 6)라고 말씀하심으로써 야훼가 천막 아래의 계약의 궤 속에 계시면서 백성들과 더불어 이동하는 이스라엘 본래의 전통을 나타내셨습니다. 그리스도도 '영적으로 참되게'(요한 4, 24) 지닌 보이지 않는 마음의 신전을 강조하셨지요.
  그래도 다윗의 아들 솔로몬은 예루살렘에 영화의 극치를 이룬 신전을 짓습니다. 그 방자함이 드디어는 왕국이 유태와 이스라엘의 남북조로 분열하게 되는 계기가 되고 맙니다.
  그리스도 시대에 헤롯 왕은 예루살렘의 신전을 재건했습니다. 그러나 그것은 로마 제국과 유태 왕국의 불화의 중심이 되었으며, 그리스도는 그 신전이 '돌은 어느 하나도 제자리에 얹혀 있지 못할'(루가 19, 44, 마태오 24, 2) 것임을 예견하시고 눈물을 흘리셨습니다(루가 19, 41). 사실 기원 70년에 헤롯의 신전은 티도 장군이 이끄는 로마 군에 의해 완전히 파괴되었고, 유태인은 유랑민이 되어 세계 곳곳으로 흩어져 가게 되었던 것이지요.
  시대가 변해 그리스도교 세상이 된 후에도 인간은 깨닫지 못한 채 신전을 동경해 4세기 콘스탄티누스 대제 시대에 박해가 끝나자 기다리고 있었다는 듯 로마에 장려한 바실리카(그리스어로 왕궁이라는 뜻)를 짓기 시작했습니다. 이것은 드디어는 동서 가톨릭의 분열, 더 나아가서는 그리스 정교회의 이반(離反)으로 번져 가게 되지요.
  시대가 르네상스의 교황들 대에 이르면, 그들은 베드로 대성당의 신축을 계획하고 당시의 예술가를 총동원하여 미증유의 대성당을 건립합니다. 이것이 종교 개혁이라는 불꽃을 당기게 되었고, 당시 가톨릭 인구의 3분의 1이 프로테스탄트(반대파, 개신교)로 떨어져 나가는 계기로 작용했음은 이미 주지하는 바와 같습니다.

성서는 성스러운 책이기도 하지만 그 자체가 인간의 죄의 이야기이며 그곳에 하느님의 구원의 역사가 전개되어 갑니다. 바티칸 역시 마찬가지죠. 그곳은 인간의 어리석음, 연약함, 죄 등을 품에 안고 있으면서도 그리스도의 구원의 신비가 빛나는 장소라고 할 수 있는 겁니다.

초대 교회의 교부(敎父)들은 교회를 달에 비유하는 일이 많았습니다. 예를 들어 성 암브로시오는 '달의 신비(미스타리움 루네)'에 대해 이야기합니다.

달에 다녀온 우주 비행사들은 달에서 도대체 무엇을 보았느냐는 질문에 "울퉁불퉁한 바위산과 사구(砂丘)와 어둠의 세계를 보았다"고 대답했습니다. 말 그대로 달 그 자체는 어둠의 사막 이외의 그 아무것도 아닙니다. 그러나 지구에서 바라보면, 우주시대인 오늘날에 있어서도 그것이 빛이라는 사실엔 변함이 없습니다. 단, 달 그 자체가 광원인 것이 아니라 태양의 빛을 받아서 빛나는 위성인 것입니다.

교회 역시 인간의 집단인 이상 인간이 범하는 죄의 어둠으로 덮여 있습니다. 그런데도 그리스도는 교회를 제정하셔서 자신의 빛을 반사하는 기본체로 만드셨습니다. 바티칸의 사명은 인간적인 약함을 인정하면서도 그리스도의 빛의 충실한 반사경 역할을 다하는 데 있다고 생각됩니다.

그렇게 생각하고서 바티칸을 바라보면 확실히 거기에는 달과도 같은 광휘가 있습니다. 많은 성스런 교황들의 훌륭한 언동도 그렇습니다만, 예술의 광휘 또한 그렇습니다.

성 토마스 아퀴나스는 예술을 정의하여 '신앙의 빛으로서의 광휘'라고 말했습니다. 바티칸에 있노라면 위대한 예술가들의 풍모를 통해서 이 정의가 지닌 진실을 깊이 깨닫게 됩니다. 미켈란젤로만을 예로 들어도, 조각가로서의 피에타, 화가로서의 시스티나 성당 벽화, 축성가(築城家)로서의 레오니나 성루, 디자이너로서의 스위스 병사 제복, 시인으로서의 바티칸 도서관 소장 소네트, 건축가로서의 베드로 대성당 등 헤아릴 수가 없을 정도지요.

미켈란젤로는 만년에 젊은 날의 회심의 역작 피에타를 회상하면서 "그때 나는 하느님의 영감(靈感)에 이끌려 대리석에서부터 그리스도와 마리아의 모습을 끌어냈다"고 말했다지요. 참으로 그 말대로 지금도 피에타 앞에 서면 그 영감이 전해져 옵니다.

오랫동안 물끄러미 응시하고 있노라면 어느 사이엔가 피에타 쪽에서 말을 걸어 오지요. 그러고는 저의 내부에서 어떤 종류의 말을 추출해 줍니다. 그 '말'을 하게 되면, 설령 그것이 자기 식의 것이라 하더라도 같은 체험을 지닌 사람들의 마음을 묘하게 일치시켜 줍니다. 미켈란젤로의 영감이 한 줄기 통하고 있기 때문일까요.

언제였던가 일본의 한 정치가를 안내하여 피에타 앞에 섰던 일이 있습니다. 그는 어깨에 메고 있던 다섯 대나 되는 카메라를 쥐고는 찰칵찰칵 사진을 찍어대기 시작했습니다. '지금은 천천히 바라보고 있을 시간이 없다. 일본에 돌아간 후, 목욕이나 한바탕 한 다음에 내 방에서 천천히 감상하겠다'는 것이 그분의 이유였지요. 결국 그는 육안으로는 피에타를 보지 못한 셈입니다.
  영상이란 진짜와 똑같이 보이는 것일지라도 모조품에 불과합니다. 그것이 어떻게 미켈란젤로의 영감을 전해 줄 수 있겠습니까. 일본의 관광객들은 그런 따위 일이야 어떻든 상관없는 것일지도 모르겠군요. '보고 왔노라'는 증거만 입수된다면 말이지요 …….
  제3기의 미켈란젤로는 자기의 신앙과 생명을 베드로 대성당 건축에 걸었습니다. 불결하다고 하여 보수는 한 푼도 받으려 하지 않았지요. 직경 42미터나 되는 장대한 돔은 미켈란젤로의 자기 내면을 응시하는 신앙의 눈이라고 일컬어집니다. 그 '내관(內觀)'의 아치가 지상 1백 20미터 지점으로 집중되었을 때 미켈란젤로의 목숨이 다했고, 그는 '나의 이 설계를 변화시키는 패거리는 영원한 진리로부터 멀어지리라'고 내뱉았습니다. 그것은 허언(虛言)도 아니며 호언(豪言)도 아닙니다. 그의 거짓 없는 신앙 고백인 것입니다.
  외관상 보기에는 아름답더라도 낡아서 더럽혀지게 되면 어떻게도 할 수 없게 되어 버리는 근대 건축과는 달리, 내밀한 깊은 곳에 본질적인 아름다움을 지니고 있는 미켈란젤로의 베드로 대성당은 4백 년이 지난 오늘도 점점 더 표면이 그을린 은(銀)과도 같은 아취를 더해 가며 신앙의 빛으로서의 영원한 광휘를 우리들에게 보여 줍니다. 바티칸이기 때문에 볼 수 있는 광경이지요.

  일본의 제 가장 좋은 친구 쯔도무 군을 안내하여 바티칸 내의 미켈란젤로나 라파엘로의 작품을 보면서 돌아다녔던 것은 바로 6년 전의 일이었습니다. 쯔도무 군에게는 가장 좋았던 날이었겠지요.

  그는 중증 신체 장애자로서 그때까지의 삶을 필사적으로 살아왔습니다. 그의 수기를 읽으면 그것을 잘 알 수 있지요. "절대로 자살해서는 안 돼요, 어머니, 아버지. 하느님께서 슬퍼하시니까요. 아니, 그보다 자살은 제 자신의 멸망입니다. 감정적이 되어서는 안 됩니다. 틀림없이 후회하게 될 테니까요"라고 자기 자신에게 계속 타일러 왔던 것입니다.

  그해 유명한 수학자이신 그의 아버지가 1년 동안 본 대학 연구실에 가시게 되었을 때, 쯔도무 군 역시 함께 유럽으로 따라왔었지요. 쯔도무 군은 '세상에, 가엾게도!' 하는 연민의 눈으로밖에 보아 주지 않는 일본과는 달리 유럽에서는 하나의 인격을 갖춘 '사람'으로서 동등하게 취급받는 것이 몹시 기뻤던 것 같았습니다.

  쯔도무 군은 몸은 비록 부자유스러웠지만 명석한 두뇌와 투명한 영혼의 소유자였습니다. 그런 만큼 자기 자신을 응시하는 눈초리는 날카로웠고, 바울로의 인간론 그대로인 내부 갈등으로 고통스러워했지요. '내가 이 세상에서 가장 죄가 많은 인간임은 명백하다. 나는 하느님을 알고 있는 만큼 누구보다도 엄하게 처단될 것이다. 곤란한 일이다. 나는 지옥으로 가리라'라고 말하는 쯔도무 군과 '내 속에는 하느님의 성령이 움직이고 있다. 성령의 본질은 사랑이다. 사랑하지 못하는 것이 죄이다. 사랑하는 사람은 결코 지옥으로 가지 않는다'고 말하는 쯔도무 군이 치열하게 서로 싸우고 있었습니다.

  예를 들어, 쯔도무 군을 경멸하고 비웃었던 F군에 대해 '나는 죽어도 그 녀석을 용서하지 않겠다'고 생각하는가 하면 'F군을 용서하자. 그의 행복을 빌자. 절대로 그의 파멸을 바라서는 안 된다. 사랑은 용서만으로는 부족한 것이다. 그 사람의 행복을 진심으로 원하지 않으면 안 된다'고 이를 악물기도 하는 쯔도무 군이었습니다.

하지만 유럽에 온 쯔도무 군에게는 이미 싸움에서 이긴 부드러움과 기쁨이 느껴졌습니다. 휠체어를 밀고 가면서 미켈란젤로나 라파엘로의 신앙의 걸작을 설명하며 거닐었지요. 교황님의 얼굴도 뵐 수 있어서, 쯔도무 군은 매우 행복해 하였습니다.

그때에도 쯔도무 군의 눈은 우리들이 보지 않는 곳을 보고 있었습니다. 그는 〈천국에 가는 사람〉이라는 시를 남겨 놓고 있습니다.

> 천국에 가는 사람
> 교회에 있었던, 손이 몹시 짧은 소녀
> 교회에 있었던, 다리 없는 아저씨
> 나는 로사리오를 움켜 쥐며 기도했다
> 그들이 그리스도를 희망 삼아 기쁘게 살아갈 수 있기를
> 천국에 가는 사람
> 어머니, 미쯔꼬 아줌마, 아버지!

그후 쯔도무 군은 프랑스의 루르드를 순례하고, 오스트리아의 빈으로 가서 가장 좋아했던 바하의 음악을 칼 리히터의 지휘로 감상했으며, 스위스로 옮겨 가 새하얀 구름을 머리에 인 알프스를 바라보며 25년의 생애를 끝마쳤습니다.

오늘처럼 이렇게 무더운 7월 한밤중이었습니다. 쯔도무 군의 어머니는 국제 전화로 "쯔도무가…" 하는 한 마디만 하시고는 오래오래 흐느껴 우셨습니다. 저의 평생 그토록 엄숙한 전화를 받

았던 것은 그때뿐이었지요. '쯔도무는 모든 사람들의 행복을 빌며, 어느 누구든 다 용서하며, 모두에게 감사해하면서 즐거이 죽어 갔습니다. 어머니와 함께 로사리오(묵주)를 꼭 쥐고, 필사적으로 기도 드리면서 평온하게 눈을 감았습니다'라는 그의 아버지 편지가 도착한 것은 며칠 후의 일이었습니다.

유럽 여행중 쯔도무 군은 곧잘, "아버지, 어머니, 죄송해요. 제가 건강하다면 어머니 아버지를 뒷좌석에 태우고 제가 운전하면서 유럽을 안내해 드릴 텐데 말예요" 하고 말하곤 했습니다. 하지만 그의 뜻은 이루어졌습니다. 지금 그 아버지와 어머니를 태운 인생이라는 차를 운전하고 있는 것은 다름아닌 쯔도무 군이니까요. 우리들도 쯔도무 군이 걸음을 끝냈던 그곳에서 우리들의 인생을 끝낼 수밖에 없는 것입니다.

지금 두 분은 쯔도무 군에게 힘입어 함께 살아가고 계십니다.

제가 좋아하는 철학자 엠마누엘 므뉘에에게도 신체 장애자인 딸이 있었지요. 어느 날 그는 아내 포레트에게 '우리들이 서로 등을 돌리고 각각 이 괴로움을 견뎌내야만 한다면 그것이야말로 대단한 비극, 아니 이 세상에서 유일한 참된 비극이 될 것이오' 라는 편지를 쓰고 있습니다.

두 분은 함께 견뎌 나가실 수 있을 것입니다.

최근에 읽은 슈바츠 발트(현대 유태계 독일 작가)의 〈최후의 의인(義人)〉이라는 소설 속에 굉장한 유태의 전승(傳承)이 실려 있더군요.

'유태인 형제들이여, 그대들은 홀로 괴로워 하고 있는 이를 보게 되면 어찌하려는가?

──눈으로 그 친구의 고통과 접촉하겠습니다.

그대들의 눈이 부자유스럽다면?
―귀로 그 친구의 고통과 접촉하겠습니다.
그대들의 귀가 부자유스럽다면?
―손으로 그 친구의 고통과 접촉하겠습니다.
그대들의 손이 부자유스럽다면?
―마음으로 그 친구의 고통과 접촉하겠습니다.
상대방이 깨닫지 못한다면?
―그렇습니다. 상대방이 깨닫지 못하게끔 살짝, 언제까지나 그 고통과 접촉하고 있고 싶습니다.'

 이 구절을 읽고 저는 그리스도의 마음을 생각했습니다. 그리고 그 그리스도의 마음 속에서 쯔도무 군의 부드러운 눈길을 느꼈습니다. '교회에 있었던, 손이 몹시 짧은 소녀. 교회에 있었던, 다리 없는 아저씨….' 자신의 고통을 잊어 버리고 타인의 고통과 계속 접촉하며 조용히 기도 드리고 있었던 쯔도무 군의 눈길을 …….

 소노 여사, 이번에는 어쩐지 저의 독백으로 끝나 버린 듯한 느낌이 드는군요. 죄송스럽습니다. 동생 기(毅) 신부가, 도꾜와 바티칸 사이의 왕복 서간인 만큼, 조금쯤 바티칸 이야기를 쓰는 게 어떻겠느냐고 조언을 해서 바티칸에 대한 감상 비슷한 것을 써 본 것이지요. 소노 여사의 답을 기다리겠습니다.
 그럼 건강하십시오.   (1982. 7. 30)

인도네시아에서 돌아와 도꾸시마로

소노 아야꼬

인도네시아와 싱가포르 여행에서 돌아와 신부님의 편지를 받았습니다.

바티칸에 대해서 때때로 신부님으로부터 가르침을 받긴 했지만 저 베드로 대성당의 예술이 지닌 사상의 가장 뛰어난 특징은 그토록 전시적인 건물이면서도 그것을 만든 미켈란젤로에게 있어서는 지극히 내면적인, 이른바 하느님과 그와의 개인적인 대면 속에서 만들어진 것일 뿐 관람자들의 갈채를 받고자 하는 의도는 아니었다는 점이라고나 할까요. 인간을 목표로 하는 것과 하느님을 목표로 하는 것과는 확실히 근본 자세가 다르지요.

인간은 원래 눈이 어두운 존재여서 어떠한 일을 결정할 때 하느님께 기도 드리고 하느님과 최후까지 이야기를 나눔으로써 질척질척한 내부 저 깊숙이 빛이 비쳐들게 되는 것이겠지요. 그때 인간은 지금보다는 조금 현명해지고 근본적으로는 방황하지 않게 됩니다.
 일본은 지금 교과서 문제로 동남 아시아 여러 나라로부터 비난을 당하고 있습니다. 제가 보기에는 해결은 간단한 것 같습니다. 그것은 여러 외국으로부터 요구받았다고 해서 당황하여 무조건 고칠 것이 아니라, 그게 과연 적합한 것인지 어떤지를 다시 한번 천천히 시간을 갖고 생각하는 자세를 취하는 것밖에는 없다고 생각되기 때문입니다.
 저는 결코 문부성 편을 들고 있는 것은 아닙니다. 그러나 이번 문제는 신부님께서도 말씀하셨듯이 모든 역사적 사건의 배후에는 인간의 상상을 초월한 복잡한 이유가 있다는 것을 생각하지 못하는 오늘의 일본 매스컴과 '문화인'의 논조에 문부성이 옹고집으로 저항했기 때문이라는 생각만이 들 뿐입니다.
 '전쟁은 많은 비참함과 극히 사소한 좋은 결과를 낳는다'라는 당연한 말을 지금의 일본에서는 입 밖에 낼 수가 없습니다. 동남 아시아 여러 나라가 일본군의 군화에 짓밟혀 무서운 희생을 치렀다는 것이 사실이라면, 일본군 진주가 그 나라의 독립 기운을 형성했던 것도 사실입니다.
 그것은 결코 일본이 처음부터 의도했던 것도 아무것도 아니었지만 일본이 우선 서전(序戰)에 이겨 그때 그 나라에 있던 외국 세력을 쫓아내고 마지막으로 패함으로써 결국 그 나라에 주권을 돌려 준 우연이 몇몇 나라의 독립으로 이어지게 되었던 것입니다. 그리고 일본 자체는 패배한 덕분에 분발하여 소프트웨어에서도 하드웨어에서도 강력해졌고, 자원이 거의 없는 나라임에도 불구하고 빈곤과는 인연을 끊을 수 있었습니다. 그러나 뭐가 좋은 것이고 뭐가 나쁜 것인지 저로서는 도무지 알 수가 없군요.

일본인이 지닌 이상스런 점은 타국인이 일본인과 완전히 똑같은 역사적 판단을 한다고 생각하고 있다는 점입니다. 어느 나라의 역사든지 나름대로 강인한 주관으로 쌓여 있는 것이며, 그것은 아무리 봐도 외국인의 견해와는 다른 법입니다. 그러므로 아시아 지역의 여러 나라로부터 이의 신청이 들어오자마자 사죄하라고 말하는 것은 반대로 참된 국가의 독립이란 것을 판별할 줄 모르는 사람들이 하는 말일 것입니다.

　그리고 슬프게 생각되었던 것은 문제의 교과서를 편찬했던 위원 중의 두 분 대학 교수가 그 부분의 내용들이 적절하지 못했음을 시인하고 나선 것이었습니다. 만약 그것이 문부성의 압력에 의해 이루어진 것이었고 두 분은 처음부터 반대되는 견해를 갖고 있었다면 왜 그 시점에서 타협을 하셨던 걸까요. 이런 경우 그토록 중대한 문제라면 당연히 위원직을 사임했어야 옳았을 것입니다.

　그러나 그 두 분이 그렇게 하지 않으셨다는 것은 기껏 교과서 편찬위원이라는 직함에 집착했기 때문이라고밖에 생각할 수 없습니다. 위원으로서 권력에 굴복해 학문적 타협을 한 것이라면 적어도 그 책임을 최후까지 져야만 할 것입니다. 지금에 와서 자기들은 그 설에 찬성하지 않았다라고 한다는 것은 학문에 대한 태도에서뿐만이 아니라 인간으로서의 신념에 있어서도 비겁한 사람임을 나타낼 뿐입니다.

　본질적으로 교사 한 명이나 교과서 하나쯤 아무리 속임수로 이루어졌다 한들 상관없는 것이지요. 만약 교과서가 잘못되면 그것으로 배운 아이들 모두가 이상해진다고 한다면, 전쟁중과 전쟁 후의 1백80도로 다른 교과서를 사용해야 했던 우리들 세대는 정신 분열증(分裂症) 환자가 되었어야만 합니다. 저는 어떤 인간에게도 현명함과 자정(自淨) 작용 같은 것이 자연히 짜여져 있음을 믿는 편입니다.

물론 저는 이번의 이 문제에 대한 토론은 계속되어야 한다는 데 찬성합니다. 다만 요즘의 교과서가 인간의 독(毒)이라고나 할까, 어두움, 가시, 악 같은 것들을 언급하기 싫어하는 것은 곤란한 일이라고 봅니다. 즉, 이것은 대단히 재미있는 일인데 문부성이 침략을 진출이라고 표현했다고 해서 화를 내는 선생님들 가운데는 조금이라도 나쁜 이야기를 교과서에 집어 넣으려 하면 펄펄 뛰며 그런 교과서는 쓰지 않겠노라고 하는 정신 자세를 지닌 분들이 많다는 어느 교과서 회사 관계자의 말입니다.

만약 우리들이 인간이 범하는 악한 면을 똑바로 응시하고 있다면, '침략'의 이야기와 동시에, 예를 들어 차별을 하는 사람들의 이야기도 교과서에 실어야만 합니다. 인간의 어두운 면에 직면하기를 두려워해서는 안 되기 때문입니다. 요즘의 세론(世論)이 경박하게 느껴지는 것은 바로 그런 점에서 수미일관(首尾一貫)되어 있지 않기 때문입니다. 다시 말해서 휴머니즘이나 진실이 시류(時流)를 탄 표현을 취하는 한, 거기에서 유아성(幼兒性)을 느끼게 되는 것도 당연하다고 생각되는 것입니다.

1백 년 후에야 겨우 역사의 첫번째 판단을 한다고 하는 바티칸의 방식은 인간의 눈이 얼마나 어두운가를 뼛속 깊이 알고 있기 때문에 가능한 것이겠지요. 교과서 문제를 생각할 때 우리 일본인들에게는 그 겸허함이 결여되어 있음이 틀림없습니다.

오랜만에 싱가포르와 인도네시아에 다녀왔습니다. 특히 인도네시아에서는 자카르타에서 강연을 마치고 난 후 수마트라 섬으로 가, 아사한 강에 만들어지고 있는 탱거 댐 및 지하 발전소를 꼭 1년 반 만에 보고 왔답니다.

  그곳은 무섭도록 좁고 깊은 지협(地峽)에 계곡을 흔들 정도로 소리를 내면서 엄청난 수량(水量)의 흐름이 거대한 폭포로 이끌려지고 있는 곳입니다. 우리들은 빨려들어갈 듯한 골짜기 밑바닥의 댐 저 끝까지 광주리 같은 곤돌라를 타고 내려갔습니다. 고소(高所) 공포증이 있는 사람은 배꼽 근처가 근질근질해진다는군요.

  주위의 골짜기를 살펴보다가 양편 기슭의 열대 식물 잎새 하나하나가 똑똑히 보이는 것을 깨닫고 저는 정신이 멍해질 정도로 감동했습니다. 아, 앙리 루소의 세계로구나, 하고 생각했지요. 나뭇잎 하나하나, 사람들 하나하나가 잘 보인다는 것을 저는 하느님께 감사 드립니다. 그리고 볼 수 있는 은혜를 받은 만큼, 그 대상에게 성실하고 싶다고 생각합니다.

  이야기가 옆으로 샜습니다만, 댐 건설은 당연히 폭포를 없애는 게 되지요. 상류의 시그라그라 발전소는 엄청난 지열(地熱)을 지니고 있는 땅 속에 만들어졌는데, 그것은 3만 년 정도 전에 화산의 분화가 있었던 곳으로서 아직도 열기가 완전히 식지 않은 때문이라고 합니다.

  1980년 7월 7일 공사를 위해서 사람들이 3만 년 만에 신비로운 시그라그라 폭포 옆까지 도달했노라고들 말합니다. 사라진 폭포에 대한 애도를 댐을 만든 사람들은 어떻게 나타낼까요. 그들은 평소에는 사람 하나 없는 발전소 벽면에 강이나 폭포를 연상시키는 부조(浮彫)나 타일 무늬 등을 남기는 것입니다.

  교과서 문제에 관한 일면성(一面性)뿐만이 아닙니다. 댐을 만들어 왔던 사람들이 근래 4반 세기 동안에 받은 평가는 언제나 '자연의 파괴자'였습니다. 전기의 혜택을 입으면서도 발전소를 만든 사람들에게 감사를 표명하는 사람이나 매스컴의 움직임은 전혀 읽어낼 수 없을 정도로 미미했습니다.

예전에 저는 몇 번인가 인도지나(印度支那) 반도 및 그밖의 동남 아시아 땅 위를 비행기로 날아 본 적이 있습니다. 그때 눈 아래로 내려다보이는 초라한 집들에 전등이 아닌 등불이 문자 그대로 깜박거리는 것을 보곤 했습니다. 그것은 여정(旅情)에는 참으로 그럴 듯한 것이었지요. 생텍쥐페리의 세계로구나, 하는 생각이 저절로 드는 그런 광경이었습니다.

그러나 등불이 깜박거리는 땅에 발전소가 생기면 삽시간에 깜박거리지 않는 전등이 근처 마을들에도 켜지게 됩니다. 언젠가 필리핀에서 해외 청년 협력대의, 아직 젊은 축에 드는 어떤 분이 진지한 얼굴로 "인구 문제를 해결하는 것은 의외로 간단한 일이 아닐까요? 전기를 끌어다가 *TV*를 켜게 하면 됩니다. 그것만으로도 상당히 달라질 것이라구요"하고 말하는 것을 들은 적이 있습니다. 아무튼, 램프를 켜는 마을에 전등이 켜진다는 것은 멋진 일입니다.

아사한 강의 풍부한 물을 이용해서 일으킨 전기는 거기에서부터 1백20킬로미터 정도를 송전선으로 보내져 해안의 쿠아라완 준이라 불리는 지구에 있는 알루미늄 전해(電解) 공장으로 보내집니다. 알루미늄은 정련을 할 때 전기를 많이 소모하기 때문에 속어로는 전기 덩어리라고 말해진다는군요.

지금 그곳에는 수마트라 최대의 근대적 공장이 광대한 면적에 걸쳐 펼쳐져 있습니다. 긴 잔교(棧橋)—원료인 알루미나를 내리기 위한—끝에 섰을 때, 그 너무나도 눈부신 광경의 내부에서 저는 갖가지 무언(無言)의 역사를 느끼고 있었습니다.

그곳은 제가 예전에 두 작품 속에서 쓴 적이 있는 근위 보병

제5연대가 말레이시아와 싱가포르 작전을 끝내고 나서 수마트라로의 상륙 제1보를 내디딘 장소인 것입니다. 그들은 전쟁이 끝날 때까지 수마트라의 메단이라는 곳에 주둔하면서 독립전쟁에도 힘을 빌려 주었지요. 그후 4반 세기가 지난 오늘날, 이곳에 알루미늄을 만들기 위해 오는 젊은 세대들은 그런 것을 거의 기억하고 있지 않습니다.

알루미늄 공장 건설을 위해 처음으로 이 땅으로 들어선 사람은 ― 틀림없이 근위 사단이 상륙했었다고 생각되는 현장이 ― 그저 굉장히 많은 모기떼가 있음을 보았다고 합니다. 지독한 모기였다고 합니다. 그들은 우선 모기를 박멸하기 위해서 주위 일대에 살충제를 살포하는 일부터 시작했습니다. 그러자 고대로부터 수천 년의 역사를 통해서 그날 밤 처음으로 모기 없는 밤이 되었다고 합니다.

아시는 바와 같이 남방의 집들 대부분은 입구나 창문을 통해서뿐만 아니라 바닥으로나 벽을 통해서도 모기가 자유롭게 드나들게 되어 있다는 듯한 느낌을 줍니다. 어른도 갓난아기도 모기와 공존하며 살아왔는데 그날부터 갑작스레 모기소리가 그쳤던 것입니다! 그것은 아마도 틀림없이 대부분의 사람들에게는 그저 위화감(違和感)으로서만 받아들여졌으리라 생각됩니다. 잘됐다기보다는 뭔가 있어야 할 것이 떨어져 나간 듯한, 안정감 없는 밤이었겠지요. 그리고 그날부터 그들의 예로부터의 생활도 조금씩 자연스럽게 변해 가게 되었던 것입니다.

지금 와서 새삼스레 모기를 구제(驅除)하지 않고서라도 옛날 그대로의 모기와 바닷뱀 많은 자연스러운 해안을 남겨 두는 게 옳았다고 하는 주장도, 저로서는 이해 못하는 것은 아닙니다. 공장 건설이 시작된 후 어설프게 돈이 조금 생겼기 때문에 아들이 오토바이를 사서 타다가 사고로 죽었다, 라든가 남편이 여자의 유혹을 받고 도망가 버렸다는 등등의 가족도 있겠지요.

그러나 극히 상식적으로 말하면, 역시 사람들이 모기에 물린 채 방치되어 살아가는 것은 좋은 일은 아닙니다. 램프보다는 전깃불이 나은 거야 당연합니다. 돈이 생겨서 오토바이를 살 수 있게 된 편이 바람직스럽다는 건 상식이지요.

저는 이번에 처음으로 알루미늄이 투명한 액체가 되어 흘러나오는 것을 보았습니다. 저는 그토록 대단한 투명함을 본 적이 없었습니다. 맑은 물의 투명함 같은 것은 아무것도 아니더군요. 이 세상에 투명이라는 이름의 '무겁고도 무서운 순간적인 투명함'이라는 게 있다면, 그것은 용해된 알루미늄일 것입니다. 아무튼 그것은 상식을 넘어선 천진난만한 깨끗함을 지닌 물질이었습니다.

인도네시아에서 돌아오자마자 올해에는 아바(阿波) 오도리(일본 각 지방마다 독특하게 갖는 무용 축제. 여기서는 도꾸시마 지방의 것인 듯함)에도 참가했습니다. 신부님께서 여름 휴가를 받으셔서 일본에 돌아오셨더라면 틀림없이 함께 즐겼을 텐데요.

저는 예전에, 아주 조금 일본 무용을 배운 일이 있어서 겨우 이해를 하는데, 그 춤은 일본의 민중 참여 무용 가운데서 가장 개성적이며 또 사상이나 철학을 잘 드러내 주는 훌륭한 춤이라고 생각합니다.

여자들의 춤은 삿갓을 쓰게 해서 얼굴을 드러내지 않아도 된다는 점에서는 사우디아라비아의 전통 의상만큼이나 마음에 들지만 춤 그 자체는 단조롭고 별로 재미가 없지요. 다만 남자들의 춤은 똑같은 것 같으면서도 자신의 성격을 얼마든지 자유롭게 표현할 수 있으므로 재미있습니다. 그 춤은 사실은 가능한 한 에로틱하게 추는 게 좋지요. 그것도 명랑하게……

올해는 재일(在日) 로마 교황청의 가스파리 대사님과 프란시스칸의 크라우디오 신부님께서 같이 가시고 싶다고 해서 동행했답니다. 시장님이 아주 따뜻하게 맞아 주셔서, 도꾸시마(德島 : 일본 시코쿠[四國]의 지방 이름)는 바티칸에서도 아주 친절한 분들만 사시는 곳으로 기억되리라 생각했습니다. 저도 그곳 분들의 강요에 못 이겨 한 시간 정도 함께 춤을 추었습니다.

잘못 춘다 한들 어떠랴 하는 생각을 처음부터 갖고 있었기 때문에, 연습도 하지 않고 바로 뛰어들어 앞사람이 추는 대로 따라 추다 보면 뭔가 되겠지 하는 마음이었답니다. 안면 있는 편집자들 중 몇 분은, "모든 사람들이 다 나만 보는 것 같아서…" 하고 말씀하셨지만 저는 "그것은 자의식(自意識) 과잉"이라고 말하며 일축해 버렸습니다. 그래서 남편도 과연, 그 춤추는 이들 중에서 누가 저인지를 몰랐다고 합니다.

하지만 그것은 멋진 일이지요. 기분 좋은 몰입(沒入), 자연스러운 동화(同化) 없이, 우리들은 삶을 발견할 수 없습니다. 다만 신부님께서 말씀하신 대로 그곳에서 자아마저 잃어서는 안 되는 것이지요.

그러나 이 점에 있어서 지금의 일본은 그다지 좋은 상태라고 할 수 없습니다. 우리들은 작은 일에는 충분히 동화하되, 영혼에 관계된 삶의 방식에서는 누가 뭐라고 하든 양보해서는 안 되는 겁니다. 그러나 요즈음 대부분의 일본인들의 정열은 자기가 손해를 보지 않는 쪽, 타인으로부터 비난을 받지 않는 쪽으로만 향해 있습니다. 근처에 자폐증(自閉症) 아동을 위한 시설을 짓는다고만 해도 반대 운동이 일어나곤 하지요. 저 같으면, 제 부모나 남편이나 자식이 그런 태도를 보인다면 참으로 슬퍼질 것 같습니다.

〈아시시의 성 프란치스꼬〉를 읽고 있기 때문인지, 요즘 저는 문득문득 수도 생활을 동경하는 순간이 있곤 해서 신기해집니다. 그러나 안심하십시오. 설령 저 같은 사람이 입회를 허락받는다 하더라도, 수도회에 얼마나 폐를 끼치게 될 것인가를 잘 알고 있으니까요. 물론 제가 들어가고 싶다고 생각하는 곳은 트라피스트나 갈멜회처럼 외부와의 접촉을 끊고 완전한 침묵과 노동에 의해서만 살아 가는 관상(觀想) 수도회입니다. 제가 소설을 쓰지 않게 될 때에만 수도 생활이 참된 것이 될 테니까요.

저는 예전에 성심(聖心)학교에 다니면서 수녀님들을 무척 동경했지만 그래도 수도원에 들어가겠다는 생각은 한 번도 해보지 않았었지요. 도저히 저로서는 할 수 있는 일이 아니라는 생각이 들었기 때문이었습니다. 그러던 것이 왜 이제 와서 설령 꿈 같은 이야기라 할지라도 그것을 원하게 됐는지는 알 수가 없습니다. 나이를 먹으면서 안이하고 낙천적이 된 것일까요.

지금 바닷가 집에서 해풍을 맞으며 이 편지를 쓰고 있습니다. 밭이 있기 때문에 1주일에 한 번은 이곳에 오는 것이 좋습니다. 이른 새벽녘과 저녁에 한 시간 정도씩 밭에 나가지요. 큰소리로 말할 수는 없지만 저는 때로는 제가 소설보다 오히려 밭을 더 좋아하는 게 아닐까 하는 생각이 들기도 합니다.

올 여름 일본의 기후는 불순합니다. 어제는 한밤중에 이 집에서 격렬한 뇌우(雷雨)를 만났답니다. 너무나도 심한 천둥 소리에 눈을 뜬 저는 머리맡의 문을 열고 외돌토리로 서서 심야의 바다의 낙뢰(落雷)를 잠시 동안 구경했습니다.

번개가 치는 순간 천지는 믿을 수 없을 만큼 선명한 엷은 등(藤)색이 되더니 앞쪽의 고목(枯木)을 은회색으로 비추어냈습니다. 그리고 선명하게 허공을 가르면서 번개가 하늘로부터 땅으로의 메시지이기나 한듯 달려 내리는 것이었습니다. 그런 밤인데도 불구하고—라기보다, 그런 밤이었기 때문이었을까요—1킬로미터 정도 떨어진 건너편 언덕의 수족관에서는 강치(남태평양에 사는 것으로 물개와 비슷함)가 일정한 간격을 두고 계속 울어대는 소리가 들려 왔습니다. 강치는 과연 무엇을 생각하며 울고 있는지 궁금했습니다.

9월 하순 귀국하실 때 약간 시간을 내 주실 수 있으실 것 같다는 말씀 전해 들었습니다. 귀중한 시간입니다. 이 왕복 편지 출판 문제 협의를 위해서도 시간을 내어 주시기를 부탁 드립니다. 만나 뵙게 될 날을 기다리면서. (1982. 8. 21)

죽음은 미완성의 완성입니다

끝은 새로운 시작이며 목적이기도 합니다
시리에다 마사유끼

인생은 살 만한 가치가 있노라 자위하며
소노 아야꼬

끝은 새로운 시작이며 목적이기도 합니다

시리에다 마사유끼

소노 아야꼬 여사.

8월도 드디어 끝나 가고 있습니다. 올해 이탈리아는 20년 만인가의 폭서(暴暑)여서, 더위를 몹시 타는 저에게는 힘든 여름이었습니다. 그래도 즐거운 일이 여럿 있었습니다.

작년 8월 중순쯤에는 독일에 갔었습니다. 그리운 대학촌 에르랑겐의 옛 친구 한스와 로지 부부 사이가 나빠져 SOS전보를 저에게 보내 왔기 때문이었습니다.

저는 두 사람에게 필사적으로 그리스도의 말씀을 전했고, 디에고 파블리의 희곡 〈종교 재판〉에 나오는 말을 빌어 '사랑이란 상대방에게 변할 것을 요구하는 게 아니라 있는 그대로를 받아들이는 것'이라고 말해 주었습니다.

그렇지만 닷새 후, 에르랑겐을 뒤로 하고 떠날 때는 솔직히 말해서, '이젠 이미 글렀구나. 두 사람은 헤어질 것임이 분명하다'는 생각이 들었지요.

그러나 올해 8월 15일, 작년에 제가 독일을 방문했던 것과 같은 날에 한스는 아내 로지와 외동딸 수잔을 데리고 로마로 저를 찾아와 주었습니다.

한스 가족에게 사랑의 기적이 일어났고 평화가 되돌아온 것입니다. 한 마디로 말해서 절망적인 상태였는데도, 그때 뿌렸던 그리스도의 말씀의 씨앗이 두 사람의 마음 속에 싹트고, 그리하여 열매 맺어 주었는가 하고 생각하니 저는 너무나 너무나 기뻐서 닷새 동안 세 사람을 이끌고 로마 거리를 이곳저곳 돌아다녔답니다.

저는 그때 문득 안톤 체호프의 단편 〈밤의 산책〉의 한 장면이 생각났습니다.

이반이라는 이름의 대학생이 성 금요일 밤 과부인 바실리사를 찾아갑니다. 여자는 아궁이에 장작을 지피고 있었지요, '사도 베드로가 모닥불을 쬐고 있던 때도 이렇게 추운 밤이었다'고 하면서, 이반은 베드로가 예수 그리스도를 세 번 부인하는 이야기를 하기 시작합니다.

주님을 믿으면서 부정하고, 사랑하면서도 배반했던 베드로가 밖으로 나가 격렬하게 우는 정경을 묘사하면서 이반은, '그 장면이 눈에 보이는 듯하다. 조용한, 실로 조용한, 어두운, 실로 어두운 밤, 어둠의 정적을 뚫고 들려 오는 베드로의 통곡!'이라고 말하며 깊은 한숨을 쉽니다.

그때 갑자기 바실리사가 울음을 터뜨립니다. 커다란 눈물 방울이 끊임없이 끊임없이 뺨을 타고 흘러내립니다. 이반은 그녀에게 왜 우는가를 묻지 않습니다. 그저, '저 여자가 우는 것은 그 무서웠던 밤, 사도 베드로에게 일어났던 일이 저 여자와 뭔가 관계가 있기 때문일 것이다'라고만 생각할 따름이지요.

'20세기 전의 옛날 일이 현대의 저 여자, 어둠, 인적 드문 마을, 학생 자신, 아니 우리들 모든 인간들에게 관계 있다는 것은 얼마나 신비로운가, 그것이 한쪽 끝을 스쳤다. 그러자 다른 한쪽 끝이 감응하여 부르르 떨렸다'라고 덧붙인 체호프의 필력은 정말 대단합니다.

정말로 한스와 로지의 한쪽 끝이 그리스도의 말씀에 스쳤을 때, 또 한쪽 끝이 감응하여 사랑의 불이 번쩍 피어올랐다고 할 수 있을 겁니다.

이러한 체험은 사제의 마음에 자그마한, 뭐라 말할 수 없는 기쁨을 맛보게 해줍니다. 그것은 어쩌면 하느님께서 사제에게만 내려 주시는 은밀한 쾌락일지도 모르겠습니다.

지난번 소노 여사의 편지에서 일본 펜클럽 이사회에서 일어나는 일들을 읽었습니다. 그러고는 저까지도 왠지 거기에서 뭔가 석연치 못한 성인(成人)들의 응석 비슷한 것을 느꼈습니다.

미국의 사회학자인 그릴리가 올해 초 '미국'지에 실은 '제로 바티칸 공회의의 실패'라는 도발적인 기사가 미국에서 대반항을 불러일으켜, 이번에는 그 반응 기사가 특집 형식으로 동지(同誌)에 게재되었습니다. 그 속에서, 루터 파의 마틴 마티 교수(시카고 대학)는 '가톨릭 신자로서 있기 어려운 곳에서는 참된 가톨릭 신자가 되기 쉽다. 그러나 가톨릭 신자로서 있기 쉬운 곳에서는 참된 가톨릭 신자가 되기 어렵다. 예를 들어 폴란드와 미국을 대비해 보면 잘 알 수 있다'는 탁견(卓見)을 서술하고 있습니다.

자유에 대해서도 똑같이 말할 수 있을 것 같습니다. '자유로워지기 어려운 곳에서는 자유인이 된다는 것은 쉬운 일이다. 그러나 자유로워지기 쉬운 곳에서는 참된 자유인이 된다는 것은 어려운 일이다. 폴란드와 일본을 비교해 보면 잘 알 수 있다'라고 바꿔 써 보면 어떨지요.

폴란드와 같이 자유를 인정하지 않는 체제 아래에서, 지금은 불법화된 자유 노동 조합 '연대(連帶)'의 의장 레프 바웬사 씨(현 대통령)는 감옥에 붙들려 가면서도 자유인으로서의 모습을 우리들에게 보여 줍니다.

그런가 하면, 특히 일본처럼 자유가 아무 대가 없이 하늘에서부터 내려오는 것으로 생각되는 곳에서는 무책임하고 연약한 어린아이의 생떼 같은 발언이 당당하게 통용됩니다. 이상한 이야기가 아닐 수 없습니다.

원래 자유란 그냥 주어지는 것이 아니라 싸워 이겨서 얻는 것입니다. 그것은 체제라든가 사회적인 틀로부터의 해방 이상으로 자기의 이기심이나 자기 본위로부터의 해방을 의미합니다. 베르나노스(프랑스의 작가 : 1888~1948년)는 '자유란 그 어느 누구에게나 가르칠 수 있고 받아들일 수 있는 물건이 아니며, 무엇보다도 내면의 힘, 영혼의 에너지이다. 자유의 혜택을 듬뿍 받고 있는 사람들이 자신들이야말로 자유의 편이라고 의기양양하게 말하는 것을 자주 본다. 그러나 그들은 자유를 위해서 무엇 하나 희생하려 하지 않는다. 그들이 말하는 자유는 모든 희생으로부터의 자유, 즉 어떤 일로도 번뇌하지 않고 평온 무사하게 살며 사욕(私慾)을 채우는 그런 자유이다. 이것이 얼마나 커다란 착각인가는 아무리 여러 번 말해도 결코 지나친 것이 아니다'라고 말하고 있습니다. 저 역시 이 말에 완전히 동감입니다.

일본의 문화인을 대표하는 펜클럽의 여러분들에게 참된 자유인의 절조(節操)가 결여되어 있다면 일본인이 '이코노믹 애니멀'이라는 평을 받는다 해도 어쩔 수 없는 일이 아니겠습니까.

내일부터는 9월로 접어드는군요. 9월 하순에는 휴가를 얻어 일본에 가 있으리라 생각하니 가슴이 뜁니다.
묘하게도, 일본을 떠나 열 달 정도만 지나면 제 내부의 일본인성(日本人性)이 일종의 산소 결핍과 같은 상태에 빠짐을 느끼곤 합니다. 마치 물 밖으로 방출된 물고기가 입을 뻐끔뻐끔거리고 있는 듯한 상태입니다. 그것은 '일본을 그리워하는' 그런 감상적인 것은 아닙니다. 단지 제 내부의 '일본인'이라는 배터리가 방전(放電)되어 버렸으므로 그것을 충전시키고자 하는 만부득이한 정(情)인 것입니다.
저는 바티칸에서 일하는 유일한 일본인 신부입니다. 그래서 그런지 일본인이기 때문에 부딪히는 곤란이 참으로 많습니다. 사고 방식, 얘기하는 방식, 느끼는 방식, 받아들이는 방식, 삶의 방식이 전혀 다른 세계에서의 생활이기 때문에 자신의 능력의 한계와 코를 맞대고 살아가고 있는 듯한 느낌이 듭니다. 언어 한 가지만 예를 들더라도 사무실에서 매일 서너 나라의 말을 구사하지 않으면 안 됩니다.
그러나 이렇게 한계투성이인 저의 일본인 성향이 사실은 바티칸에 있어서의 제 유일한 공헌이기도 한 것입니다. 단순한 능력만이 문제라면 저보다 우수한 구미인들이 얼마든지 많습니다. 바티칸이 저에게서 구하고 있는 것은 단순한 인간적 우수함이 아닙니다. '일본인으로서 이 일을 어떻게 생각하는가?', '일본인이라면 이 경우 어떻게 하는가?' 등등의 질문에 대한 대답을 제가 하는 것입니다.

저는 매일같이 제 내부의 '일본'과 대치하고서 그 산소를 확실히 계속 연소시켜 갑니다. 1년도 못 돼서 허덕허덕대는 상태가 되는 것도 무리는 아니지요.

로마에는 3, 40년씩 이곳에서 계속 살고 있는 일본인 가족들이 있습니다. 그 아버지들 중 한 분이 '나는 내 딸을 국제인으로 키웠다'고 자랑했습니다.

어느 모임 석상에서 저는 바로 그 자랑스러운 따님과 딱 마주쳤지요. 아름다운 기모노를 차려 입고, 얼굴 역시 확연한 일본인으로서, 일본어도 아주 유창했습니다. 그런데도 왠지 심한 위화감이 들더군요.

일본인이 지닌 '여성다움'의 편린조차 그녀에게서는 발견하기 어려웠기 때문입니다. 로마에서 태어나 그곳에서 자라났고, 밀라노 대학을 졸업한 후 현재 이곳 회사에서 근무하고 있으니 그럴 수밖에 없는 일이지요. 다만 언어만큼은 영어, 프랑스어, 이탈리아어, 일본어가 모두 그지없어 유창하다니 놀랄 뿐이었습니다.

그러나 저는 그때 '이런 것이 바로 그 아버지가 자랑스러워하는 국제인이라면 큰일이다'라는 생각이 들었습니다. 국제성이라는 것은 일본인이라면 일본인으로서의 확고한 기반이 있고 나서야 비로소 그 위에 쌓여지는 것입니다.

이러한 기반이 없는 국제인이라는 것은 괴물의 별칭(別稱)에 불과할 뿐이지요. 실제로 이탈리아인들은 그 아가씨를 보면서 일본인이라고 말할 것이고, 일본인들은 일본 여성이 아니라고 할 테니까요.

일본화는 일본 고유의 그림이면서도 어디까지나 세계에서 통용되는 예술입니다. 마찬가지로, 뼛속 구석구석까지 일본인이면서, 더 나아가 세계에 통용되는 인물이야말로 국제인이라는 이름을 얻을 가치가 있다고 생각합니다.

그렇다 하더라도 섬나라 일본인이 국제성을 지니기 위해서는 역시 상당한 도정(道程)을 거쳐야 하는 것 같습니다. 수상 회의 같은 것만 보아도, 왠지 일본의 수상에게서는 국제성이 스며 나오지가 않습니다. 거기에는 여러 가지 이유가 있겠지요.

예를 들어, 지금 일본에서 논란을 불러일으키고 있는 교과서 문제가 유럽 TV에도 보도되었습니다만, 여기에서는 왜 그런 문제가 일어나는지 이해하지 못하는 듯 모두들 머리를 갸웃거리고 있습니다.

그도 그럴 것이 일본에는 국사(일본사)와 세계사의 두 줄기 역사관이 있으며, 어느 편인가 하면 국사를 통해서 세계사를 보고자 하는 경향이 강한 데 반하여, 유럽에는 단 하나의 인간사 밖에 없으며 설령 작은 마을의 역사라 하더라도 세계사 속에 위치시켜야만 쓸 수 있다는 역사관을 지니고 있습니다. 이것은 두 말할 필요도 없는 국제성이지요.

언어에 있어서도 일본에서 태어난 자만이 배울 수 있는 국어와, 그 일본인을 위한 외국어라는 식의 언어 교육으로는 일본어의 매국을 하고 있는 것이나 마찬가지입니다. 유럽 어느 나라에서나 다 하고 있는 것처럼 문부성도 자국(自國)만을 위한 국어 교과서가 아니라 세계에 통용되는, 세계인을 위한 일본어 교과서를 만들어 문호를 세계에 개방하는 것이 좋으리라 생각됩니다.

일본 민족의 영혼이며 그 정신의 맥박인 일본어를 익숙하게 익힐 수 있는 외국인이 늘어나지 않는다면 문화 수출의 필요성은 아무리 말한다 해도 공론(空論)에 그치고 말 것입니다. 이것은 일본 상품의 수출보다 더 급한 일이라고 저는 생각하고 있습니다. 소노 여사께서는 어떻게 보시는지요.

생각지도 않던 곳에서 이야기가 옆길로 들어섰군요. 일본에 돌아가면 예년과 같이 일본의 정신적인 지하수, 다시 말해서 '진짜 일본적인 것'을 찾는 행각에 나설 생각입니다.

저희들의 왕복 편지도 드디어 이번으로 끝이군요.

유럽의 언어들은 '끝'을 나타내는 단어가 라틴계(피네)든, 게르만계(엔데)든 동시에 '목적'이라는 의미를 지니고 있습니다. 사실 '끝'과 '목적' 사이에는 깊은 관계가 있습니다. 그 관계는 크게 나누어 두 가지로 귀착된다고 생각됩니다.

첫째는, 끝이란 그대로 끝이 아니라 그 끝에 목적이 있다는 겁니다. 예를 들어 초가 다 타서 불이 사라져 버렸을 때 그 초는 목적을 달성한 것이 되는 겁니다.

불교가 목적으로 하고 있는 열반(범어로는 '니르바나')은 '바'(불다)라는 동사에서 유래합니다. 다 타 버린 초와 마찬가지로 번뇌의 업화(業火)가 불려가 버림으로써 고해(苦海)로부터 해탈하는 것을 의미하고 있지요.

죽음을 모든 것의 끝으로 생각하고서 지금 주어진 삶만을 살아가고자 하는 사람은 결코 적지 않습니다. 25년 전 제가 아직 토리노의 대학에서 철학 공부를 하고 있던 무렵, 《루르드의 환각》이라는 책을 써서 의학적으로 '루르드의 기적은 사기'임을 증명하고자 했던 테레즈 발로 여사가 교통 사고로 횡사한 사건이 있었습니다.

다음날, 파리 의과 대학의 교수였던 그녀의 남편 기 발로 씨의 글이 신문에 게재되었습니다.

'나는 아내의 사고사에 강한 충격을 받았다. 그것을 솔직히 고백한다. 테레즈는 내게 있어서 아내였을 뿐만 아니라 나의 정신적인 딸이기도 했다. 사실 대학 연구실에서의 12년 동안 그녀는 나의 가장 좋은 제자였다. 그리고 나는 그것을 언제나 자랑으로 여겨 왔다.
생각해 보면 꿈 많고 행복했던 12년이었다. 그리고 지금 그것이 끝났을 뿐이다. 그렇게 생각하면 그뿐인 일이다.
그녀는 자신이 왜 이 세상에 왔는지 모른 채 이 세상에 왔다가, 왜 이 세상을 떠나는지 모른 채 이 세상을 떠나 갔다. 테레즈의 인생은 두 개의 허무 사이에서 흩어진 불꽃이었던 것이다. 일생 연구를 계속하다가 고통 없이 죽고 싶다던 그녀의 꿈은 결국에는 열매를 맺었고, 그리고 사라졌다. 그렇다면 오히려 기뻐해야만 할 것이다.
그럼에도 계속 내가 울고 있다면 그것은 이기적이게도 나 자신을 위해서 우는 것이다. 그리고 나는 두 아이 때문에도 울고 있다. 그리고 딸이 지옥에 떨어졌다면서 도저히 위로할 방법을 알지 못할 만큼 슬퍼하는 테레즈의 어머니 때문에도 울고 있는 것이다.'

저는 지금도 이 문장을 되풀이 읽으면서 조용히 머리를 숙이게 됩니다. 거기에서도 하나의 인간의 진실을 보기 때문입니다.
끝과 목적 사이의 또 하나의 관계는, 끝이 사실은 새로운 시작이며 그 시작에 목적이 존재한다고 하는 것입니다.
그 좋은 예가 미켈란젤로의 피에타죠. 그가 피에타를 조각하면서 최후의 망치질을 하는 순간 조상(彫像)은 완성되었고 훌륭한 피에타가 탄생했습니다. 작업의 종료는 사실은 피에타의 시작인 것입니다.

자신이 의도한 대로 작품이 완성되었을 때, 그때 비로소 미켈란젤로는 자기의 이름을 라틴어로 성모의 어깨 깃 위에 새겼습니다. 'MICHEL ANGELUS BONARTUS FLORENT. FACIEBAT'(플로렌스 출신의 미켈란젤로 보나로티가 만듦)이라는 문구였지요.

이것은 그대로 그리스도교의 인생관과 연결됩니다. 그리스도교에 있어서는 죽음이란 삶의 완성인 것이며 하느님과 함께 하는 참된 생명의 시작인 것입니다. 죽은 날을 '디에스 나타리스'(라틴어로 탄생일)라고 칭하는 가톨릭의 전통은 여기에서 발단된 것이지요.

다만 여기에서 죽음을 인생의 완성이라고 보는 경우, 미켈란젤로의 피에타를 예로 드는 것은 타당하지 못할지도 모르겠습니다. 바티칸의 피에타는 순수한 완성품이지만 인간의 죽음은 많은 경우 소노 여사께서도 자주 말씀하시듯이 '미완성의 완성'이며 사람들은 모두 각자 나름대로의 '미련'을 남기고 죽어가기 때문입니다.

저는 여러 화가 중에서 특히 프랑스의 세잔느를 좋아하는 편입니다. 그는 '그 누구보다도 위대했음에도 불구하고 르느와르나 마네의 10분의 1 정도의 가치로밖에 평가해 주지 않는 파리'(마네의 말)를 떠나 고향 에이스로 돌아가서 그곳에서 일생을 보냈습니다.

세잔느는 자신의 성격의 단점을 잘 알고 있었기 때문에 자신의 약함을 척도로 해서 모든 것을 응시했습니다. 그래서 당연히, 자기처럼 약하고 가난하고 애처로운 서민들을 사랑했지요. '나는 이 세상에서의 습성을 거부하지 못하고 그 시대의 규범에 몸을 맡기며 늙어 가고 만 인간의 모습을 보는 것이 어느 무엇보다 좋다'고 말하면서 만년에는 늙은 서민이나 장인(匠人)들의 모습을 즐겨 그렸습니다.

죽음이 가까웠던 무렵에는 정원사인 발리에 노인 앞에 캔버스를 놓고서, 몇 장이고 몇 장이고 그 초상을 그려댔지요. 마지막 그림이 완성되었을 때 그는 '이럭저럭 간신히 셔츠가 잘 그려진 것 같다'고 말하며 죽어 갔습니다.

현대 미술의 선구자라 일컬어지는 위대한 화가의 최후의 말로서는 얼마나 조심성스러운 것인가요. 눈도 아니고, 얼굴도 아니며, 몸도 아닌, 한 장의 셔츠가 간신히 잘 그려진 것 같다니 말입니다. 우리들의 인생 역시 그런 것이었으면 하고 바라는 바입니다.

조금 전에 미켈란젤로의 피에타를 예로 드는 것은 적절치 못하다고 말했습니다만 그에게도 네 개의 피에타가 있지요. 바티칸의 피에타를 제외하면 그밖의 셋은 모두 다 미완성품입니다. 마지막 론다니니의 피에타는 죽기 엿새 전까지 새기고 있었던 것입니다. 그는 그리스도의 죽음을 묵상하면서 죽음의 잠자리에 들고 싶었던 것이겠지요.

하지만 이 미완성이라는 말 자체가 사실은 문제입니다. 우리들 문외한의 눈으로 본다면 확실히 대리석에서부터 조상(彫像)이 돋아 나와 있지 않으니 미완성품이라 해도 될 것입니다. 그러나 미켈란젤로 자신은 원숙해지면서 예술에 대한 눈이 한층 맑고 뛰어나짐에 따라서 대리석 속에서 자신이 새겨낸 조상이 보이는 순간 끝을 놓게 되고 맙니다. '내가 보았던 모습이 너희들에게도 보이는가'라고 우리들에게 질문을 던지고 있는 것 같습니다. 미켈란젤로로서는 그것은 그것대로 하나의 훌륭한 완성품이었던 것입니다.

　죽음을 '미완성의 완성'이라고 하는 것도 어디까지나 인간적 측면에서의 표현이며, 신적인 측면에서 본다면 인생 가운데서 그 사람이 가장 충실된 모습을 보였을 때 하느님께서 그 사람에게 죽음을 주시는 것이 아닐까요.

　지난번에 소노 여사께서도 인용하셨듯이, 인간은 누구나가 다 더할 나위 없이 귀중한 '하느님의 작품'(에페소 2, 10)인 것이며, '하느님께서는 그 하나하나를 이름으로 불러 주신다'(요한 10, 3)고 성서가 기록하고 있을 만큼 인간은 하느님의 사랑의 대상이기도 하니까 말입니다.

　소노 여사, 우리들의 왕복 편지도 이것으로 끝인가 하고 생각하니 감개무량할 뿐입니다.

　노르웨이 속담에, 노르웨이 사람이 노르웨이 사람과 만나면 언제나 노르웨이 얘기밖에 하지 않는다는 말이 있습니다. 아름다운 노르웨이의 자연 풍광(風光)과 노르웨이 사람의 생활의 신비가 언제나 화제가 된다는 뜻입니다.

　소노 여사와 제가 만나도 화제는 언제나 똑같은 곳에서 멈추고 말더군요. 그것은 우리 두 사람이 사랑해 마지않는 이 세상과, 하느님의 신비를 머금은 아름답고 서글픈 인간이라고 하는 것입니다. 그런 데에 이르면 우리들의 화제는 끊이지 않습니다. 아직도 더 오래, 언제까지고 이야기를 나누고 싶지만 역시 이쯤에서 안녕을 고해야겠군요.

저희 어머님은 생전에 늘 '좀더 함께 있고 싶구나 하는 생각이 들 때가 바로 안녕을 고해야 할 때이다. 더이상 함께 있고 싶지 않다는 생각이 들 때는 좀더 함께 있어 줘야만 할 때이다'라고 말씀하셨습니다.

  저희들에게 있어서 '헤어지는 날까지'는 언제나 '다시 만날 날까지'의 전주(前奏)인 것처럼, 이 편지의 종료 역시 어쩌면 새로운 그 무엇인가의 시작이 될지도 모르겠습니다.

  모든 것이 하느님 안에서 이루어지시길 빌겠습니다.

  안녕히 계십시오.   (1982. 8. 31)

인생은 살 만한 가치가 있노라 자위하며

소노 아야꼬

　이번에도 신부님께서 누님 되시는 루치아 수녀님과 동생 되시는 기(毅) 신부님과 함께 단란한 하룻밤을 동경 저희 집에서 보내 주셨으니 엇갈려서 제가 곧 로마로 떠나게 되었어도 결코 불평을 해서는 안 되노라고 제 자신에게 타이르고 있는 중이랍니다.
　저는 원래 수다쟁이라서 그런지 그날 밤 참으로 많은 여러 가지 이야기를 나누었는데도 아직도 여쭙지 못한 말들이 가득합니다. 그것들을 여기 편지에 쓰는 것도 나쁜 일은 아니겠지요.
　첫째는, 마더 데레사의 강연록을 읽은 것입니다. 저는 일본에서 마더 데레사를 한 번도 만나 뵙지는 못했습니다. 그러나 그분의 말씀들은 저 정도의 영어 실력으로도 95퍼센트는 알아볼 수 있을 만큼 간결하고도, 어떤 의미에서는 통렬한 비판과 슬픔으로 가득 차 있었습니다.

"일본은 풍족한 나라입니다"라고 마더 데레사는 말씀하십니다. 그러나 일본은 늙으신 어머님이나 신체가 불편한 아이들 옆에 단 5분 정도 앉아서 위로의 말을 건네 줄 시간조차 없는 가난한 나라이기도 하다고 말씀하시기도 합니다. 이 말은 제 가슴을 아프게 찔렀습니다. 저 역시 오래 전부터, 몇 번인가 병든 분들을 위문하러 가야지 하고 마음만 먹었을 뿐, 그 기회를 놓쳐 버렸던 쓰디쓴 기억이 있기 때문입니다.

저와 가장 가까운 분으로는 어머니가 계십니다. 어머니는 이미 1년도 더 전부터 단단한 물질을 씹지 못하십니다. 생명력 없는 갓난아이처럼 유동식을 흘려 넣는 데만도 오랜 시간이 걸리지요. 제가 어머니와 대화를 나눌 수 없게 된 지가 벌써 몇 년이 흘렀는지 모르겠습니다. 제가 뭔가 이야기를 해도 대개의 경우 어머니는 멍하니 계십니다. 두세 번 큰소리로 말하면 약간 반응을 나타내시기도 합니다만······.

그런 어머니 곁에 몇 분을 앉아 있어도 마음을 통하게 할 방도가 전혀 없었습니다. 처음에 저는 두세 마디 애써 큰소리로 말을 걸었습니다만 계속되지 않았지요. 그러나 신부님, 요즘 저는 아주 좋은 방법을 발견했답니다. 어머니와 함께 기도를 드리기로 한 것입니다. "기도 드리지요" 하고 말하면, 신기하게도 어머니는 두 손을 모으려고 하십니다. 물론 이미 손이 자유롭지 못하기 때문에 완전히 두 손이 모아지지는 않지만 말입니다. 그러고 나서 저는 '주의 기도'를 세 번 암송합니다. 그러면 어머니도 입을 달싹달싹 움직이시지요.

저와 어머니와의 대화로서 마지막으로 기도가 남겨져 있다는 것은 제게는 참으로 행복한 일이었습니다. 성 바울로가 몇 번이고 반복해서 쓰고 있는 '주님께 있어서(엔 큐리오)'가 여기에서도 자그마하고도 자연스럽게 이루어져 있는 듯한 느낌이 들기 때문입니다. 그다지 대단한 신앙심은 없지만 그래도 뭔가에 있어서 일치된다는 것은 즐거운 일이지요.

마더 데레사는 '돌보아지지 않고, 사랑받지 못하는 사람이 없도록'이라고 쓰고 계십니다. 그럼에도 불구하고 신부님께서 쓰셨던 것과 같이, 일본이 물질적으로 계속 풍성해지면 풍성해질수록 점점 더 버림받고 불필요한 취급을 당하며 내버려지는 사람들이 늘어나겠지요.

동남아시아에서든 다른 곳에서든, 가난한 이들은 서로 바짝 달라붙어 살아가고 있습니다. 경제력이 별로 없다는 이유로 아이를 파는 부모도 있지만, 그것은 일본인보다 훨씬 가난한 사람들입니다. 일본은 우리들의 영혼을 극히 보통의, 정상적인 인간의 것으로 유지시키기가 퍽 어려운 나라가 되어 버렸습니다. 그렇다고 제가 일본의 번영과 평화가 좋지 않은 것이라고 말하려는 것은 아닙니다. 다만 조심스러운 평상심(平常心)을 지닌다는 것이 얼마나 어려운가 하는 것을 생각할 따름입니다.

두번째로 알려 드리고 싶은 것.

신부님의 형제분들께서 오셨을 때 저희들은 손자가 태어나기를 기다리고 있었습니다. 다로오가 결혼한 지 2년 반이나 되었으니 아기가 너무 늦게 생긴 셈이지요. 저희들의 첫 손주는 퍽이나 태평스런 녀석인지 예정일이 열하루나 지나서야 겨우 이 세상에 나왔답니다. 이상적인 출산이어서, 초산 치고는 참으로 가볍게 끝났지요. 그것은 모두 의사 선생님과 아기 엄마가 훌륭했기 때문이라고 생각하고 있습니다.

며느리를 보고 있노라면, 저는 아기를 기다리고 있는 엄마의 빛나는 행복감 같은 것을 언제나 느끼곤 했습니다. 그것은 마치 찬연한 햇살 속에 있는 듯한 것으로, 이론으로도 그 무엇으로도 설명할 수 없는 것이지요. 물론 며늘아이에게 고통이나 곤란이 없다는 뜻은 아닙니다. 그 아이 나름대로 이 세상은 힘든 것이 겠지요.

그리고 이제부터는 제 고백이 됩니다만, 저는 제가 태어나서 지금까지 공포나 슬픔의 감정을 곁들이지 않고 순수하게 기쁨이나 희망을 지녀 본 적이 별로 없었음을 깨달았습니다. 물론 저 역시 때로는 순간적으로, 빛나는 듯한 투명한 기쁨이나 도취를 맛보긴 했지요.

저에게 있어서 자연은 커다란 영향력을 갖고 있었습니다. 바닷가에 있는 집에서 바라다보이는 조망(眺望)을 제가 때로는 사랑하기도 하고 때로는 무서워하기도 하는 것은 그곳에서 바다를 바라보고 있노라면 제 존재가 엷어지는 것처럼 느껴지기 때문입니다.

일체의 것들이 이 지구상에서 사라져 감을 생각할 때—저는 사라져 가는 장소로서 바다를 보고 있었습니다만—더우기 그것이 장미빛 저녁 노을의 축복으로 물들어 있는 듯이 보일 때, 신부님, 저는 이 세상에서 그 무엇에 집착할 수 있는 것일까요. 저는 욕심이 많고 이기적인 편인데도 그 모든 것이 웃음거리인 듯 느껴졌습니다.

그러나 자연 이외의 사물의 운명에 대해서는 제 마음은 언제나 분열되어 있었습니다. 정말로 저는 1분 이상, 아니 5분이나마 지속해서 끓어오르는 기쁨 속에 잠겨 본 기억이 별로 없습니다. 말하자면 자연스럽게 숨김 없이 그대로 드러난 삶의 환희는

우리, 헤어지는 날까지 301

언제나 서글픔과 오버랩되는 것이 보통이었습니다.

  그것을 심리학적으로 말한다면 왜곡된 관계의 부모에게서 태어나 자라났기 때문이라고 할 수 있을지도 모르겠습니다. 저는 아이답게 자연스레 살아간다는 것을 허용받지 못한 환경에서 성장했으니까 말입니다. 그러나 그 이후가 중요합니다. 바로 그러한 면이 있었기 때문에 저는 의식적으로 이 세상의 멋진 점들을 발견해내는 기술 역시 익혔습니다.

  자유롭게 쑥쑥 자라난 사람은 오아시스의 물을 푸른 초원으로 이루어진 언덕에서 편안히 빨아 먹지만 저는 건조한 아시아의 카나트(지하수)로부터 고생해 가며 물을 빨아올린 셈이었지요. 물가에서 편안히 빨아 마실 수 있는 물도 대단한 것입니다. 그러나 저처럼 의식적으로 이 세상의 멋진 점들을 발견하여 인생은 살 만한 가치가 있는 것이라고 스스로에게 계속 타일러 가는 일 역시 그 나름대로 또한 대단한 것이라고 생각합니다.

  다로오가 태어났을 때 저는 이 아이를 죽지 않게 키우려면 어떻게 해야 좋은가, 그것만을 생각했습니다. 아이 키우는 게 너무나 재미있어 죽을 지경이라는 식의 여유 있는 감정은 없었습니다. 다로오가 조금씩 커감에 따라 저는 최저의 목표를 정해 두려고 했습니다. 그것은 아이에게 지나치게 밀착하여 아이의 무거운 짐이 되어서는 안 되겠다는 것이었지요. 하지만 이 최저의 희망조차 장래에까지 철저하게 지켜 나갈 수 있을지는 알 수 없습니다. 저의 노년이 신체적, 정신적인 면에서 어떻게 될지 예측조차 할 수 없기 때문입니다.

  신부님의 어머님처럼 깨끗이 헤어져 가면서 언제나 멀리서 지켜보되 만일의 경우 아이가 돌아올 수 있는 장소만을 준비해 두는 그런 어머니의 모습을 저는 일찍부터 동경하고 있었던 것입니다.

　이 지구는 앞으로 점점 나빠지기만 할 테니 아이를 낳지 않겠다, 태어나는 아이가 불쌍하니까, 하고 말하는 사람들이 있다지만 저는 그런 생각을 한 적은 없습니다. 이 지구는 옛날에도 지금처럼 참혹했으니까 말입니다. 그 어느 것도 지금 비로소 시작된 것은 하나도 없습니다. 그러나 그 가운데서 인간의 빛나는 위대함도 계속 이어져 왔지요.

　인류는 점점 멸망의 방향으로 치닫고 있는 것인지도 모르고, 또 그렇지 않은지도 모르겠습니다. 인간의 예측이라고 하는 것은 언제나 빗나가니까요. 인류가 존속한다고 하는 것은 참으로 재미있는 드라마라고 생각하니 저 역시 존속을 바라긴 하지만 맘모스가 사멸돼 버렸듯이 인류 역시 멸망해 버린다 한들 어찌 그것을 부당하다고 할 수 있겠습니까. 그러나 그것과 설령 내일 사멸의 위기에 휩싸인다 하더라도 살기 위한 노력을 계속하는 것은 전혀 별개입니다. 설령 이루어지지 않는 희망이라 할지라도 그를 위해 애쓰는 것은 인간의 미학(美學)에 관한 문제입니다. 그것이 바로 산다는 것, 그것이니까요.

　손자 녀석은 아직 이름이 없습니다. 다로오가 이것저것 생각만 하고 있을 뿐, 아직 정하지를 못해서지요.

　저는 제가 손자 녀석에게 바라는 것이 무엇인지를 생각해 보았습니다. 재미있게도 바라는 것은 딱 한 가지뿐이었지요. 그것은 그가 네 사람을 지탱해낼 수 있는 일생을 보내는 사람이 되어 주었으면 하는 것이었습니다.

　네 사람이라는 숫자는 갑자기 튀어 나온 것일 뿐 별다른 이유가 있는 것은 아닙니다. 20년 후에는 네 사람 중 하나가 노인이 된다는 것 때문인지, 그가 결혼하게 되면 네 사람의 부모가 생긴다는 뜻인지, 그가 결혼하여 아내와 아이 셋을 거느리게 되리라는 생각인지는 저도 확실히 잘 모르겠습니다.

그러나 어쨌든, 만약 그가 자기 이외의 네 사람을 훌륭히 비호(庇護)해 갈 수 있는 사람이 된다면 저는 그의 직업이 무엇이든 간에 그의 인생은 성공적인 것이라고 생각할 겁니다. 왜냐하면 그러한 보잘것없는 삶의 모습은 사회로부터는 별로 높이 평가받지 못하겠지만 하느님께서 원하고 계신 것이 틀림 없으리라 생각되기 때문입니다.

그렇지만 저는 아들 내외에게 손자에 대해서는 아무 말도 하지 않을 생각입니다. 일반적으로 말해서, 손자에게 있어서 조부모의 존재는 결코 크지 못합니다. 게다가 아들 부부가 의외로 손자 녀석이 탤런트라든가 총리 대신이 되어 주기를 바라고 있을지도 모르니까요. 시정(市井)의 한 구석에서 네 사람 정도를 지탱할 수 있다면 그 인생은 성공적인 인생이라는 생각을 강요한다는 것도 쓸데없는 간섭이 되겠지요.

다행스럽게도, 만약 손자 녀석이 좋아해 준다면 어릴 때에 많은 책을 읽어 주리라고 생각하고 있습니다. 어린아이의 부모들이란 늘상 바쁘게 마련이니까요.

어제 남편에게 말했답니다.

"시리에다 신부님과의 편지에서 딱 한 번만 손자 얘기를 쓰고 앞으로는 밖에서 결코 손자 얘기를 떠들거나 글로 쓰지 않을 거예요."

"왜?"

남편이 그렇게 묻더군요.

"손자 얘기, 자기 아픈 얘기, 골프 얘기 이 세 가지는 다른 사람들은 전혀 흥미없는데도 당사자가 제일 얘기하고 싶어하는 나쁜 화제의 견본이니까요."
 다만 저는 하느님께 기도 드리고 싶습니다. 손자는 기다림 속에 태어난 아이지요. 행복한 아이인 셈입니다. 마더 데레사는 다른 사람들로부터 외면당하는 사람이 병든 사람들보다 훨씬 더 가련하다고 쓰고 계십니다. 손자가 주변 사람들에게 부드러운 마음을 쓸 수 있는 사람으로 자라 주기를…….

 '군상(群像)'에 연재하고 있었던 소설 〈그 사람의 이름은 여호수아〉를 다시 시작하느라 요즘 애를 먹고 있습니다. 소설이 이미 1천 장을 넘고 있으므로 등장 인물도 수십 명에 이르러, 상세하게 노트를 해서 각각 인물들의 움직임이 잘못되지 않게 하려고 애쓰다 보니, 2년 반 전 눈이 나빠지던 무렵의 악몽과도 같은 자료와의 투쟁이 기억나더군요. 하나를 찾아내는 데 서너 시간이나 걸리다 보니, 밤이 되면 눈동자가 풀려 버릴 것 같았던 게 기억났습니다.
 실은 컴퓨터 구입을 봄부터 생각했지만 소설이란 것은 원래 손으로 하는 작업이 아닌가 싶기도 하고, 또 돈이 너무 드는 것도 싫어서 이럴까 저럴까 망설이고 있었답니다.
 그러나 성서(聖書) 관계 자료는 앞으로도 무한정 많을 것이고, 제가 글을 쓸 수 있는 시간은 그리 많지 않을 것이므로 이번 기회에 사무적인 처리를 하는 편이 역시 좋겠다 싶더군요.
 지금 사용하려고 생각하는 것은 광(光) 디스크라고 불리는 방식입니다. 어제는 도시바(東芝)에서 나오는 '토스파일'이라는 기계를 보러 갔었지요. 제가 그것을 사용할 수 있을지는 모르지만 값이 롤스로이스(?) 정도는 되더군요. 롤스로이스를 탈 필요도 전혀 없고 설령 롤스로이스를 탈 수 있다 하더라도 저는 결코 기쁘지 않을 테지만 저 기계가 있다면 참 좋겠구나 하는 생각이 들더군요.

남편과 아들, 그리고 저의 금전 출납을 맡아 주시는 사촌오빠께도 상담을 해 보았습니다. 허무적인 성격인 사촌오빠는 허무적이기 때문에 제가 '무엇이든' 해 보려는 데 찬성이라고 말하더군요. 그는 겸허하며, 서글픔과 애처로움을 알고 있습니다. 다로오는 "노화 방지에도 좋지 않겠어요? 그리고 모처럼 컴퓨터 시대의 개막과 더불어 살고 계시는 셈이니, 그것을 체험하는 것도 좋지요"라며 여느때처럼 경박하게(?) 찬성을 했답니다. 남편은 "나는 사용하지 않겠소. 하지만 당신이 써 보고 싶다면 써 보지 뭐" 하고 대개 예측했던 대답을 했구요.

제가 이렇게 구질구질한 가정 내의 얘기를 쓴 것은 컴퓨터라는 것에 대한 인간의 전형적인 초기적 반응의 하나의 예라고 생각되기 때문에 자그마한 역사로서 써 남겨 두고 싶었던 것입니다. 지금으로서는 10월 말쯤 기계를 들여오게 될 것 같군요. 소설은 데이터가 완비된 다음에 시작하려고 마음 먹고 있습니다.

'성모의 기사'회의 사까다니 신부님께서 10월 9일 로마에서 교황님을 만나 뵙게 될 때, 저의 《꼴베 신부 이야기》와 《기적》 두 작품을 전해 주시겠다는 말씀을 해주셨습니다.

하지만 그날은 바로 신부님이 존경하시는 친구 파티나 학장님께서 저를 아시시에 데려가 주시겠다고 하신 날입니다. 저는 〈성 프란치스꼬 이야기〉를 쓰기 위해서도 그 무대를 알아야 할 필요가 있다고 생각하고 있습니다. 교황님께 책을 헌상하는 일은 누군가에게 대신 부탁하고 저는 소설가로서 예정대로 아시시 취재차 떠나겠노라고 말씀 드렸지요.

시성식(諡聖式)에 나갈 수만 있다면 그것으로 충분합니다. 움

브리아의 아름다운 가을을 단 하루라도 볼 수 있게 되기를 기대하고 있으니까요. 돌아오는 길에는 미국의 뉴헤이븐에 들릴 예정입니다.

누군가가 일본의 낙엽은 '살랑살랑' 떨어지지만, 미국이나 캐나다의 낙엽은 바람에 흔들리면 '휘익!' 소리를 내며 떨어진다고 가르쳐 주더군요. 그러한 격렬한 가을 소리 한가운데 서게 될지 모르겠습니다.

신부님께서 바쁘신 가운데도 지난 1년 동안 시간을 내주신 것에 대해 진심으로 감사 드립니다. 저희들은 지금 저희들이 서 있는 시간을 도려내고자 시도했던 것일까요. 누구를, 무엇을 위해서냐고 누군가가 묻는다면 정확하게 답변할 수는 없지만 어쩌면 그것은 하느님께 대한 인간의 찬미 방법의 하나가 아닐까 생각됩니다.

그리고 언젠가 헤어짐이라는 것이 찾아오지 않는다면 그 누구나 다 자기에게 눈길을 던져 준 모든 이들에게 참으로 감사 드리고 그 존재를 귀하게 생각하는 일도 없을 테지요.

신부님께서 하느님의 계획하신 바대로 어떤 활약을 하시게 될지 제가 지켜볼 수 있도록 해 주십시오. (1982. 9. 29)

우리, 헤어지는 날까지

1판 1쇄 발행 / 1984년 7월 10일
4판 1쇄 발행 / 2007년 8월 10일

지은이 / 소노 아야코. 시리에다 마사유키
옮긴이 / 이송희
펴낸이 / 김경선
펴낸곳 / 도서출판 제삼기획

등록 / 2000. 8. 4 제 15-479
주소 / 서울시 관악구 봉천10동 50-62호
전화 / 878-2701
팩스 / 875-2703
E-mail / je3gh@hanmail.net

ISBN 978-89-7340-106-2 03830
가격 9,000원

* 잘못된 책은 바꾸어 드립니다.